スーパービジョンへの招待

「OGSVモデル」の考え方と実践
（奥川グループスーパービジョン）

奥川幸子 監修
河野聖夫 著

中央法規

スーパービジョンへの招待

「OGSV(奥川グループスーパービジョン)モデル」の考え方と実践

監修のことば

　河野聖夫さんは、社会福祉の方法論を極めるべく勤勉努力を重ねてきた人です。
　その彼がこのたび、ご自分が新人の時からスーパービジョンを受け、仲間同志で切磋琢磨し合うピアグループスーパービジョンで鍛えながらご自分が主体となって多岐にわたるスーパービジョン実践を積み重ね、一冊の本にまとめました。
　縁あって河野さんが新人の頃から関わってきた私は、30年かけて「よく、ここまで体系化し、書いた」の一言あるのみです。
　本書は OGSV・奥川グループスーパービジョンを銘打っていますが、河野聖夫さんによるグループスーパービジョンを主としたスーパービジョン実践書です。
　OGSV のルーツは、第1回目からの招集者が奥川であることによります。
　私自身が新人のときにスーパービジョンを受けたことによってこれまでソーシャルワーク実践を続けてこられました。スーパービジョンは、臨床実践の場で＜臨床知・経験知＞を鍛え、身体に貯め込んでいくための基礎を構築する上でとても重要な技術であると実感しています。
　河野聖夫さんが新人の頃、若い新人ソーシャルワーカーたちが高度専門職だらけの医療機関で右往左往している姿を見かねて勉強会を始めました。その後、入れ替わりはありましたがコアメンバーを中心として常時7～8人の小グループで一緒に精進してきました。
　当時のメンバーはとても優秀な方たちばかりでした。私がアセスメントと面接の基本をスーパーバイザーの故・深澤道子先生に教えていただいていたことと老人医療・リハビリテーション領域におけるソーシャルワーク実践の経験値を貯め込んでいたこと、学際的な知識をたくさん仕入れていたことで太刀打ちできたのだと思います。
　当時のコアメンバーたちが鍛練を続けた結果、すばらしいピアグループに成長しました。コアメンバーたちが各々の名前を冠につけたスーパービジョンを実践する時期に到達しましたので、グループは解散しました。

OGSVの特徴は、河野さんも本書で熱く語っています。
　生の実践事例を題材にして参加メンバーが事例提出者に質問を投げかけていくことによって、事例提出者がひっかかっていた実践課題を自ら発見できるよう気づきを引き出し、解き明かしていくしくみになっています。スーパーバイザーの役割は、事例提出者がまな板の鯉にならないように、その日のグループスーパービジョンのゴールに沿ってその場を制御しながら進行していくことにあります。その進行手順はライブ性が強いのですが、初期の段階は、私たちがソーシャルワーク実践で駆使している視点、知識・技術をアセスメント過程を中心に訓練していけるようになっていますから、大切な実践技術を安全な環境のもとで訓練できるしくみになっています。
　さらに河野さんの独自性は、ポジショニングの概念をスーパービジョン実践に組み込んで展開させている点にあります。本書にたっぷりと解説されていますので、実践力向上のためにお役に立つと思います。

　　スーパービジョンはどういうものなのか知りたい方
　　スーパービジョンを受けてみたいと思っている方
　　グループスーパービジョンをこれから実践したい方
　　スーパーバイザーとしての上達を願っている方
　部下であれ同僚であれ、スーパーバイザーとしての役割を職場内で求められている方も多いようです。
　本書はスーパーバイザーの立場にある方にとっては必携書になるほど、スーパービジョンの全体像と細部に至るまで著わしている労作です。
　どうぞ本書を手にとり、参考にしていただくことを願っています。
　これからの河野聖夫さんには、お仲間と育み育まれる実践を重ねて、本書を踏まえてさらにスーパービジョン実践論に磨きをかけられることを期待しています。

奥川幸子
平成30年7月9日記

はじめに

　本書は、「奥川グループスーパービジョン（OGSV）」として始まり、「OGSV モデル」によるスーパービジョンとして形作られてきたスーパービジョン実践について、その伝達を志している立場から集約を試みた案内書です。本書での記述は、奥川グループスーパービジョンあるいは OGSV モデルによるスーパービジョンに出会い、対人援助やスーパービジョンについて学んできている方たちが、その歩みをさらに一歩前に進めるために役立てたらとの思いを軸にまとめています。また、この書籍との出会いをきっかけとして、新たにスーパービジョンに取り組んでいただける対人援助職者が現れてきていただけることを願って、テキストを意図した編集になっています。

　本書で紹介しているスーパービジョンの実践モデルは、『身体知と言語』（中央法規出版）および『未知との遭遇』（三輪書店）において先述されている内容への学びを土台とするものであり、それらの内容への理解を必要とする部分が少なくありません。それは、OGSV モデルによるスーパービジョン（本書では「スーパービジョン実践」と表現しています）が、対人援助職者に必要と考えられるポジショニング視点の習得や、対人援助職者としての成長を意図する実践であることに基づいていることによります。

　もしかすると OGSV モデルを通じた対人援助職者としての学びの過程は、他のスーパービジョンを通じての学びの過程よりも難しいのかもしれませんし、学びの過程そのものの本質が異なっているのかもしれません。それでも、OGSV モデルによるスーパービジョ

ンの目指すところは、対人援助の対象となるクライアントの福利であり、対人援助職者の社会貢献の実現であることに揺らぎはありません。

　本書の内容においては、著者の経験に基づく部分が少なくありません。その経験は、対人援助職者として、対人援助のスーパーバイジーとして、そしてOGSVモデルを基盤とするスーパーバイザーとして得られてきたものです。言い換えるならば、これまでに出会ってきた多くのクライアントとその関係者の方々、スーパーバイザーである奥川幸子氏、そして共にスーパービジョンに取り組んできた多くの対人援助職者の方々との出会いがあって得られてきた経験です。

　縁を得て本書を手にされる方々においても、それぞれの経験とそこからの学びや気づきをもっておられることでしょう。できることなら、本書の内容との出会いを活かしていただきながら、それぞれに得られてこられた経験や学び・気づきの内容をこれまで以上に他の対人援助職者に伝えていって欲しいと思います。同時に、周囲におられる多くの対人援助職者の方々の学びや気づき、成長の過程に触れていただき、それらの方々の支えになっていただきたいと願っています。何よりも、本書が皆様のご活躍の一助になれば幸いです。

河野聖夫

スーパービジョンへの招待
「OGSV（奥川グループスーパービジョン）モデル」の考え方と実践

目　次

監修のことば

はじめに

第1章
OGSVとは何か
第1節　スーパービジョンとしてのOGSVモデル ──── 09
第2節　OGSVモデルによるスーパービジョン実践 ──── 23

第2章
基盤とするポジショニング視点の理解
第1節　ポジショニング視点とスーパービジョン実践 ──── 31
第2節　ポジショニング視点を習得するための基礎知識 ──── 42
第3節　ポジショニング視点を基礎に置くスーパービジョン ──── 66

第3章
スーパービジョン実践における事例のまとめ方と情報収集の枠組み
第1節　実践事例を通じたスーパービジョン実践と資料作成 ──── 84
第2節　スーパービジョン実践における情報収集 ──── 100

第4章
OGSVモデルの実践過程
- 第1節　スーパービジョン実践の基本的過程 ―― 114
- 第2節　個人スーパービジョンの実践 ―― 125
- 第3節　グループスーパービジョンの実践 ―― 134
- 第4節　OGSVモデルにおける展開方法と実践スキル ―― 143

第5章
スーパービジョンの実践展開
- 第1節　提供事例の概要 ―― 160
- 第2節　臨床像の共有と言語化に向けて ―― 172
- 第3節　グループの力を生かしたスーパービジョン実践 ―― 191
- 第4節　個人スーパービジョンの実践に向けて ―― 213

第6章
実践編
- 第1節　自主活動としてのスーパービジョン実践 ―― 224
- 第2節　業務に一体化して実施するスーパービジョン実践 ―― 236
- 第3節　外部からの招聘を伴うスーパービジョン実践 ―― 250
- 第4節　地域で展開するスーパービジョン実践 ―― 263

第7章
Q&Aによる解説
- 第1節　スーパービジョン実践への基本姿勢を整える ―― 273
- 第2節　スーパービジョン実践を始める ―― 283

巻末資料 ―― 299
あとがき

註；本文中の表現

❶本書においては、記述上の意図、意味づけの都合から、次のように用いている。

スーパービジョン	→	一般的なスーパービジョンを示す
スーパービジョン実践	→	OGSV モデルによるスーパービジョンを示す
クライアント	→	『身体知と言語』（奥川幸子著）との整合性を図るため対人援助の対象をクライアントと表記
クライアントシステム	→	特に区別しての説明の場合を除き、上記のクライアントと同義として使用
スーパーバイザー	→	原則は略さず表記。スーパービジョンの実践者・実施者
スーパーバイジー	→	同スーパービジョンの対象者・受け手
ポジショニング視点	→	「援助職者としてのポジショニング」を意味する表現
援助実践	→	相談援助の実践、相談援助の過程、相談援助面接等を示すときの表現（基本的に統一）

❷本書では、OGSV モデルによるスーパービジョンの実践を説明する上で、その説明の枠組み（内容の範囲）を、「〈上位〉スーパービジョン実践⊃実践過程⊃展開（展開過程、展開手法）⊃（各）作業過程〈下位〉」の順で階層化しており、上位概念（用語）は下位概念（用語）の意味や内容を包含するものとしている。

＊スーパービジョン実践	→	OGSV モデルによるスーパービジョンの全体
＊実践過程	→	OGSV モデルによるスーパービジョンの流れ・方法
＊展開（展開過程、展開手法）	→	OGSV モデルによるスーパービジョンの過程や手法に焦点化
＊（各）作業過程	→	OGSV モデルによるスーパービジョンの過程における特定の段階・場面とそこでの対応

第1章
OGSVとは何か
協働によって作り上げられてきたスーパービジョン

第1節
スーパービジョンとしてのOGSVモデル

スーパービジョン実践への理解　　仲間とともに

「OGSV（奥川グループスーパービジョン）モデル」によるスーパービジョン実践は、援助職者（スーパーバイジー）に何が出来るのか、何が出来ていないのか、を援助職者自身が見つけ出していく過程である。その目的は、対人援助に関係する多くのスーパービジョンと同様に、援助職者の実践力の向上にある。そして、援助職者としての自立と向上を志した多くのスーパーバイジーたちと、その思いを受け止めて導いてきたスーパーバイザーによって形作られたスーパービジョンの一つのモデルである。OGSVモデルによるスーパービジョン（スーパービジョン実践）は、モデル化する以前、おそらくは集いとして開始されたその最初の段階から、「問われて考える」という過程をその基礎的な特徴としてきた。それは、スーパーバイザーである一人の医療ソーシャルワーカーが、自らの実践と身体知を通じて定めた指導と支援の神髄であり、個の力を引き出し高めていこうとする姿勢の表れから始まったものである。「問われて考える」過程は、自らの求める答えを自分自身で見つけ出そうとする取り組みである。教えを求めて集まったそれぞれの思いや目的は、一人ひとりにおいて様々であり同一のものではなかったはずである。残念ながら私はそれらを知る立場にはなかったが、自らの意思をもって集いに加わった一人として、同一と感じたことは一度もなかった。同時に、共通するところ、共有するところがたくさんあると感じら

れたこともまた、確かな記憶となっている。例えば、「本物でありたい」という思い。本物であること、それは確信をもって実践できるということ、有用な存在であるということの意である。その思いや志においては共有された認識にあるが、何者であろうとしていたか（してきたか）やどのようになろうとしていたか、目指す姿はそれぞれにおいて異なっていたと言える。それは、いま誰一人として同じような姿にはなく、一人ひとりが援助職者として歩んできている道筋にも表れている。

　スーパーバイジーの一人として、私が山梨から東京・板橋区まで通って学びの場（グループスーパービジョン）に参加していたころ、ある時期に長期に欠席する状態に陥ったことがある。それまで私は、毎月一度の頻度で実施されていたグループスーパービジョンが終わると、二時間ほどの帰路の電車の中で、その日の振り返りを行うようになっていた。事例提供者は毎回異なっており、およそ年に一回程度の間隔で自分の役割となる以外は自分以外のメンバーの事例を通じた学びの場となっていた。そして、どのような事例や実践の話題が提出されるかわからない状況で臨み、臨場感をもってその日の事例の理解と問われる課題にひたすら向き合っていた時期でもある。そのような状況に充実した時を感じ、自分自身の実践に反映させていく学びの手ごたえも感じられていた。ところが、ある日の定例会では、向かう途上で重たい気持ちを抱える自分を自覚し、新宿駅から会場のある板橋へは向かわずに折り返しの中央線の電車に乗ってそのまま山梨まで引き返してしまうことになった。その日（時期）の自分自身と向き合うことが辛いと感じていたため、どうしても足を定例会の場に向けることができなかった。特に何らかのきっかけや失敗などがあったという訳でもなかったが、強いて言えば、グループの場に身を置くことで感じる自分自身の現状、達成段階への自覚から逃げ出したかったように思う。俗な言い方をするならスランプ状態であり、自分自身の考えや感覚への自信が失われていたことで、意見を述べたり考察を深めたりすること自体にネガティブになっていた。

　OGSVモデルによるスーパービジョン実践では、事例の内容を耳で

聞き（聴き）、頭で聴いて考えるだけでは、わかったとはならない世界（クライアントの生きる世界、臨床像）に向き合うことが常となっている。当時の私が参加していたスーパービジョン実践でも、私自身の五感・六感を含む身体すべてを駆使して全力で聴き（感じて）、スーパーバイザーから発せられる思考とリンクしなければ見えてこないクライアントの世界（時間・空間）が常に広がっていた。私は、援助職者であるスーパーバイジーとしてスーパービジョン実践の過程に適応し、スーパーバイザーとリンクすることで伝わってくる臨床像、すなわち身体知によって発せられてくるメッセージ（言語）を解読していく。スーパーバイザーは言わば、事例として登場しているクライアントの生きる世界と援助職者である私とをつなぐ中継的な伝達装置、異次元間の通訳・通信役という存在であった。このようなスーパービジョン実践は、スーパーバイザーの力を借りて獲得していくクライアントへの認識と理解を通じて、充実した学びと発見を私に提供してくれるとともに、援助実践への魅力とやりがいを与えてくれていた。スーパーバイザーが一方的に教えてくれるわけではなく、能動的に考え発言する場、「問われて考える」過程によって得られる達成感は、当時の私の学びの原動力となっていた。

　では、なぜあの時の私はネガティブな状況にあったのか。スーパービジョンを通じて鍛えられ、クライアントの世界が見えるようになってきても、それを生かすだけの実践力が伴わなければ援助実践は立ち行かない。わかっているのに出来ない。（実は、わかっているつもりであって、実際にわかっていたかどうかは不明である。）グループスーパービジョンの場で自分が述べたことを、自分自身では実践できない。このような状況と自分自身に疑問を感じ、自問自答を繰り返していた時期であった。スーパービジョン実践の場において「問われて考える」という状況は、外から見ていると苦しんでいるようにも見えるらしく、ともすると責め立てている、責められて苦しんでいる、というような指摘を受けることもある。確かに、スーパーバイジーは、自分自身の思考の中で苦し

み、苦悩している。ただ、それはトンネルの中にあるからであり、そこを抜けることで未来（成長）への道筋が見える感覚を体験していれば、苦痛に感じられるものではないし楽にもなれる。それは信頼に基づくスーパービジョン関係が形成されていてこそ成り立つものであり、理解（認識）できる関係性である。ネガティブな状況にあった当時の私は、実践の言語化を問いかけられていた時期であり、スーパービジョン実践における学びと自分自身の実践とを対比しながら思考していた。そして、学びの思考ばかりが先を行き、自分自身の援助実践がそれについていけていない状況に苦しんでいたのである。

　欠席が一年近くに及んだのだろうか、正直どれほどの時間が過ぎたのかわからない頃に、「そろそろ戻ってこない」「みんな待ってるよ」といった電話や手紙がメンバーたちから届いた。加えて「もうよいでしょう」というスーパーバイザーの声がけは、長期欠席によって参加し難くなっていた私の気持ちを引き戻してくれた。私は、欠席に至るまでの間に得たスーパービジョン実践での学びを、欠席している間の自身の援助実践において何度も繰り返し取り入れてきた。思考的な学びの時間を休止しながら、実践の場での反復を繰り返すことで、知と身体がようやく一体感をもって感じられるようになっていたそのころ、どこかで見ていたのだろうかと思うようなタイミングでの声掛けだった。ただ、スーパーバイザーからの声がけだけであったら、グループスーパービジョンの場に素直に戻れていたかは自信がない。スーパーバイザーからの声がけと合わせて、バイジーとしての仲間、メンバーからの複数のメッセージがあったからこそ、私の安心感と戻りたいという気持ちの高まりがあったことを覚えている。私はこれらの経験から、ともに取り組み鍛え合う仲間の存在は、スーパービジョン実践における不可欠な要素であるように思っている。信頼に裏付けられたスーパービジョン関係と仲間からの支援、これがない中での形だけの「問われて考える」過程は、まさに責められるがごとくの苦悩の姿になってしまうのかもしれない。

スーパービジョン実践の意義と必要性　援助職者としての成長へ

■ 援助関係への自己覚知

　大学を卒業して新人として着任したばかりの私のところに、私にとっては８人目のクライアントとなる女性患者から、最初の電話相談が入った。かかりつけの病院に医療ソーシャルワーカーが採用されたことを知って、自ら相談依頼の電話をかけてきたその女性は、自殺未遂による後遺症の治療のために通院していた。嫁ぎ先の県外の地で焼身自殺を図り、一命をとりとめたものの離婚となって、郷里に戻っての一人暮らしの生活にあった。それまで相談先となっていた県外にある病院の医療ソーシャルワーカーからは、郷里に戻る際に新たな通院先での相談の継続を促されていたものの、その病院には相談窓口などがなく医療ソーシャルワーカーもいなかった。自らを担当できる専門医がほかの病院にはいなかったため、相談先を得られないまま通院を続けていたところに、医療ソーシャルワーカーとして私が着任したというわけである。そして、自分には医療ソーシャルワーカーの援助が必要であり、前任の医療ソーシャルワーカーからもそのように言われているので、継続的に相談にのってほしいという依頼だった。その時の私は、自らが新人でありとても期待に応えられる自信がないことを伝えながらも、この依頼を断ってはならないという使命感のようなものも感じていた。そのため、当面の間は話を伺うだけになってしまうというような主旨で私が返事をすると、それでよいという申し出となって相談援助が始まった。

　私は、院外に契約していたスーパーバイザー（奥川幸子氏）に報告し、自らの電話対応の内容や今後の対応についての指導を求めた。この女性患者への援助実践は、私にとっての重要な多くの学びと経験を提供してくれており、この女性患者は私を成長させてくれた大切なクライアントの一人であったが、それはスーパービジョン実践が得られていたからこそでもある。このクライアントに関して、直接的なスーパービジョン実践を受けたのは電話での相談を含めての三回程度であるが、先述の定例会を通じた学びも大いに役立つ経験の場となっていた。面談は一時

間を限度として約束していながらも、毎回のように三時間以上にも及んでおり、私の電話相談での最長記録も持っている。長時間の面談や電話対応はほかの来談や電話への対応ができない状況を作り出し、私に対して苦痛と苦労を与えることが多かったものの、決して嫌にはならなかった。また援助職者としての私の動きに対して、クライアントの親族から非難されたり、行政機関から疑問を呈されたりというような様々なエピソードを共に体験しながらも、クライアントの力の回復と自立への過程を信じて援助を継続することができた。「話を伺うだけ」では展開できない相談（訴え）の主旨をとらえ、時に話し合い、時に一緒に考え、時折提案や意見も出してみるなど、スーパービジョン実践を通じた自身の成長を実感できていた。そして、他者の視線を極度に感じることで呼吸困難に陥っていたクライアントが、自己決定を重ねるなかで苦難を乗り越え、地域社会との交流を深めるようになって全国的な民間団体から表彰されるに至ったときには、私まで報われたと感じてお互いに喜び合った。長く辛い社会復帰と自立へのクライアントの道のり、それを支えている援助職者としての歩みは、スーパーバイザーからの後方支援、後ろ盾があってこそ途切れずに完結することができた。そう確信できる経験のひとつである。

■ **支えられる専門性と援助実践**

医療ソーシャルワーカーとして私が働き始めての一年目、新人であるからと言っても決して許されない間違いを犯した。専門性を欠いていた私が一片の知識に縛られてとった行動は、クライアントを命がけの賭けへと踏み出させてしまうことになった。

その患者は、いわゆる身寄りのない状況で一人暮らしをしていたが、借家の自室内で転倒して骨折、動けなくなっているところを家賃の集金に訪れた大家さんによって発見されて救急搬送となった。転倒から４日目のことであり、必要な荷物の準備を行うために大家さん立ち合いで私が自宅を訪問した時には、通電したままの炊飯器の中でご飯が焦げあがっていた。このような事情から大家さんはじめ地域近隣からは、患者

に老人福祉施設への入所を強く迫るという状態が生じてきていた。手術後の経過に合わせながら退院後の生活について相談援助を始めていた私は、患者自身の自己決定を尊重しつつも、これまで同様に自分で生活できるという患者の主張に対しては、私自身の心配の念を隠さなかった。自宅に退院しての生活を継続するためには、反対する近隣とそれに押されている大家さんの理解を得る必要があり、生活支援のサービス利用も必須と思われた。だが、患者は施設入所だけでなく、在宅でのサービス利用も拒んでいる状態にあった。そんな中に何度となく面談を重ねていたある日の面接場面で、患者は大量の眠剤を包んだティッシュペーパーを広げて私に見せた。入院前からの処方薬であり、入院中も毎晩処方されていた。「何かの時はこれがあるから心配はいらない」と、自らの覚悟を示すかのような発言に、私は脅されたような心境になった。何とかその薬を回収したいと思った私だが、「だめだめ、これはあなたにだけ内緒で話したのだから」といって包みをしまい込む患者に対してどうすることもできなかった。さらに「このことは、絶対に誰にも言ってはダメだ」と強い口調で言われてしまい、薬を回収するどころか、口外しないという約束までしてしまった。

　しかし、このような事態を放置するわけにはいかず、約束を違える形で私は上司（整形外科医で、当該患者の主治医の部下でもある医長級；医療相談室長）に報告し、対応を相談した。病棟管理者でもある看護師長（病棟婦長：当時）に情報を伝えておくように指示を受け、私は患者との約束事を含めて報告した。そのときの看護師長と私の間での確認の内容は、私からの報告は看護師長の胸の内に止め、患者の様子を見守っていくという趣旨になった。主治医の気性、患者と私の約束（守秘義務の意識）を考えての看護師長の判断であったが、医療ソーシャルワーカーとの協働経験のない当時の認識不足も大きく影響していたと言える。看護師長は、私からの報告の事実（眠剤を貯めおいていること）は明かさない状態で、病棟内の看護師に服薬の確認を徹底するように指示を出した。当然ながら、患者は看護師の対応の変化に気づき、「（約束を

破って、看護師に）話したでしょう」と私に問いただしてきた。看護師長の対応を想定できていなかった未熟な私は、患者からの責めを受けて初めてその事実を知り、動揺するばかりでどうして良いかわからない事態に陥った。結局、私は上司に相談した事実を認めることも、謝罪もできずにその場を終えることになった。翌朝、患者は貯めおいていた眠剤を多量に服用した。患者は服用に際して、同室の患者に「私は今から眠るから」と声をかけて、見えるように服薬していた。その様子に疑問を感じた同室の患者は看護師に連絡し、薬らしきものを飲んだ事実も伝えた。看護師長は、看護師からの連絡を受けて緊急対応を指示、命に別条のないままに患者は目を覚ますことになった。ただ、この服薬の事実に激高した医師の即断によって、患者は転院させられていった。私は、患者の命も生活も守れないまま、その顛末の結果だけを知らされた。

　私は、自己決定や守秘義務の趣旨を十分に理解せず、一片の認識に捕らわれてしまって面接場面で生じた事態に即応しないまま、貯めおかれた薬剤を回収する努力さえも後回しにしていた。これらの対応では、面接場面での患者の真意も理解できず、それに応じるだけの専門性や実践力が欠けていたことに課題があった。事後になってしまったスーパービジョン実践の場面では、「患者が（包み込まれた薬剤を）見せた理由はなんであった（と思う）のか」「なぜ、（見せられた面接の）その場で薬を取り上げなかったのか」が、問いかけられた。患者に対する心配の念を表す援助職者としての私の真実性を試そうとした患者の思い、自らの生死を私や病院職員の行動に委ねた行動の切実さは、約束を破ったことにばかり罪の意識が向いていた私の認識を根本から正すものであった。本気で心配しているからこそ、見せられた薬を放置できない。そんな当たり前の感覚を大事にできず、自己決定や守秘義務を理由に自らの行動を制限してしまっていた私は、患者の命と生活を守るという専門性を果たすどころか、自分自身の在り方ばかりを気にしていたということになる。その場で援助関係を深めることによって薬の回収ができる、そこまでの実践力に至っていないのであればその場で看護師長を面接に同席さ

せてことにあたる、戻ってから面接の振り返り行い間を置かずに話し合いを再開する、など例えばそのような思案が今なら頭に浮かんでくる。そもそも当時の私が、上司への報告と同時にスーパーバイザーにも連絡をしていたなら、患者の命を危険にさらすというような事態は回避できていたはずである。つまり、スーパービジョン実践に対する認識の甘さが招いた、私の苦い失敗体験でもある。

スーパービジョン実践の効能　　鍛えられる専門職としての私的身体
■ 人間理解の深まり

　ところで、スーパービジョン実践では、頭で聴いて考えるだけではわかったことにはならないクライアントの世界に向き合うが、そこにスーパービジョン実践（OGSVモデル）の存在意義があるように思う。例えば、私がそこそこの仕事をできるようになったかなと自負し、他職種からも評価を得て様々な依頼が届くようになっていたころ、退院援助を担当する患者から「（河野に）閉じ込められて無理やり嫌な話をさせられた」という訴えに晒されることになった。退院を望まないその患者との退院調整に難航する中、ここが私の生活の場と訴えんばかりに増え続けるベッド周りの荷物が問題視された。回診にも支障が出始めたころ、荷物整理を求める主治医と何度となく声がけしても改善されない状況に苦慮した看護師長からの要請を受けて、私が患者と面談することになった。荷物に込められている意味などをとらえたいと考えつつも、未だに関係性の築けていない患者との話は気が重かった。病棟への階段をゆっくりと昇りながら、どう話を切り出したものかと考えながら病室へ向かっていた。いつも長話となる患者との面談に対して、話がまとまらなくなった場合の切り上げのタイミングも策略しながら、夕食の配膳時刻から逆算しての訪問になっていた。考えの定まらないままの私が「少しお話ししたいのですがよろしいですか」と声をかけると、「私には話すことはありません」と語気強く返事があった。思わず私は「今日は退院についての話ではないのですが」、と切り返していた。「じゃあ（面談の

場所に）行きましょう。どこに行けばいいのかしら……」と言って、その年配の女性患者は私よりも先に歩き始めた。

　病棟内にある医師の執務室を借りての面談となる中、荷物の話題を私が口にすると、女性患者は自ら、荷物一つひとつが大切なものであることやそばに置く必要性などを事細かに話し始めた。やはり退院しないための抵抗なのだなと思うと同時に、今日は退院についての話はしない、と言ってしまった自分の反応を悔やんだ。一方その女性患者は、退院について触れることができなくなっている私の気持ちを見透かすように、なぜ自分が病院にいる必要があるのかを話しはじめ、それまでには触れられたことのなかった過去、結婚した戦時中のころの生活歴にまで話が及びだした。そして、ある話題に話が及んで後の面談内容の記憶が、翌日以降の私にはなくなっていた。さらに、面談の翌日の総回診において、女性患者は「（河野に）閉じ込められて無理やり嫌な話をさせられた」と訴えたのである。「あの部屋は鍵がかからないし、彼（河野）はあなたのことを心配して話をしているのであって、無理やりではないでしょう」と医師が応じてその場を終えたと、看護師長から報告を受けたときの私には何が起こったのか理解できなかった。そして定例会でのスーパービジョン実践を希望した。

　この場面に関するスーパービジョン実践は、自ら希望する形で三度にわたって受けることになった。初回では、聴きすぎてしまった面接であること、その内容についての取り扱いを整理しないままに面接を終えてしまった援助職者としての課題などが、確認された。入院継続を望む患者が、退院方針の中で関わってくる医療ソーシャルワーカーに対して何とか味方につけようと話した内容は、なびいてこない相手に対して自身の意図を越えた話にまで及んでしまった。聞き手である私の方も、患者の意図を感じながらも入院にこだわる理由を理解したいと思ってその話に聞き入ってしまった。しかし、衝撃的で生々しい語りに聞き入っているうちに、催眠術にでもかかったかのようにクライアント（患者の語る物語）の世界に立ち入っていた。「今日はこれぐらいにしましょう」、そ

1 OGSVとは何か 協働によって作り上げられてきたスーパービジョン

う言う患者の言葉で我に返ったような状況の中、聞きすぎてしまったことに思いが及ばず、疲労感の中でそのまま面接を終えた。初回のスーパービジョン実践を通じて、クライアントの世界や思いについての整理と再確認がなされ、そこは腑に落ちた。どうすればよかったのかについても、面接途中で「そのような話まで伺ってしまってよいのか」と制止（もしくは確認）を試みる必要性や、聞きすぎてしまった内容を含めてどのように扱うことになるのか、例えば「今日のお話は、今回限りのお話として胸の内にとどめるものとし、一切口外もしない」と約束するといった対応を示す必要があったと指導を受け、これも理解できた。

そして、事後の振り返りを通じて、なぜ私の中に面談途中の記憶がなく、その後も戻らないのかが改めて気になっていた。いったい何があったのだろうか、また同じようなことが起こるのではないか、疑問や不安が残る中で二度目の検討の場を求めた。空白の記憶は戻らないままだったが、その前後を再確認することで、クライアントの世界に引き込まれてしまった私自身の状況は再整理された。面談の切り上げに悩みながら私が病室へと向かったのは夕刻であり、夕食の配膳時刻の一時間ほど前であった。荷物についての話に始まり、外泊時の様子や日常の身体状況についての訴えなど、これまでと同様の話が繰り返されるまま配膳の音が聞こえてきた。事態の進展が望めないとあきらめていた私は、それを機に面談を切り上げようとした。だが、そんな私に対して「まだ大丈夫だから（聞いてください）」と、患者は自らの過去の話を始めた。この時に患者の話し始めた夫婦関係の過去にまつわる物語は、その内容と主旨が記憶にある。一方で、語られている間の私自身の行動や感情に関係する記憶がない。まるで心身が凍り付いていたようなその時間は一時間以上にわたるはずである。空腹感や疲労感が影響したようにも思えるが、それでは納得できない自分がいた。結局、その時のスーパービジョン実践は時間切れの様子もあり、スーパーバイザーから課題を出される形でその場が終った。

出された課題は一冊の本を読んでみることであり、三度目のスーパー

ビジョン実践に向けた準備でもあった。その本（『昔話と日本人の心』[1]）には、様々な日本の昔話に秘められた人間や心理、人間社会の姿への示唆が描かれていて、興味深さとともに人の心への恐怖も感じた。なぜこの本を読むように言われたのだろうか、を考えながらいくつもの物語を読み進めるうちに、ひとつの物語に心が留まった。初めてではない内容の昔話であったが、喰われてしまう私の姿が見えたような気がして、身震いする恐怖を身体に感じていた。あの時に似ている、そう感じていた。見てはならないものを見た者の顛末、化粧によって隠された素顔（＝患者として見せる日常の姿によって覆い隠されている本質；問題の中核）に触れてしまった私の苦難は、人間（患者）が自らを守ろうとする行動（もがき）の渦に呑み込まれたものだった。「素顔をこれまで夫にさえも見せたことがない」と話していた女性、その患者は手術室にさえ白粉による化粧を落とさずに赴いていた。その女性にとって知られてはならない素の自分、見せてはならない弱み、そんなものを見てしまった私は、記憶を消されるとともに口をふさがれてしまっていたのである。（面接中の私が防衛的に自ら聴くのを止めて受け身になっていたことであり、翌日に患者から訴えられてしまったことである。）そして、その考察内容を持って、三度目のスーパービジョン実践の場に臨んだ。このスーパービジョン実践を通じて、私は論理的に頭で考えようとする（思考）だけではなく、身体で感じてみること（身体知）に意識を向けるようになっていった。

■ 培われる人間性と実践力

　自分の身体症状は毒物によるものであると考え、息子も毒殺されたと説明するクライアント（患者）、その女性の主訴は肩から背中にかけての痛みだった。病理的には痛みの原因が特定できず、本人の直接的な望みは痛み止めの注射を受けることであった。しかし本人の望むままに注射を行うことは、医学的にも制度的にも困難なことであり、本人が注射を求めて騒ぎ立てる毎日となっていた。困り果てたスタッフから依頼を受けて対応を始めた私に対して、女性は自らの事情と苦悩を話し始

た。そして女性が私と面談した日は訴えが落ち着きを見せるようになり、女性が強い訴えをはじめると看護師から出動を要請されるようになった。もちろん注射の回数が増えることはなかった。
〔自分のかわいい息子は何者かに毒殺され、自らも毒を盛られたためにこのような体になってしまった。体の苦痛を取り除くには注射（薬）に頼るしかないが、その注射は医師しか出来ないものであり、毎日するのは体に良くないと担当の医師が言う。その医師は自分を救ってくれた良い人だがまじめで頑固な人、どんなに頼んでも１週に２回が限度と言われてしまう。何とかMSWから主治医に注射をしてくれるよう頼んでほしい。（女性の二人の息子は、一人は知的障害を抱えて長年の施設生活をしており、もう一人は音信不通となっていた。娘も一人いて特に親身になって女性を支援していたが、本人にはうるさい存在としてしか認識されておらず、その存在は話に出ない）〕
　私には身体的な苦痛とともに寂しさを抱えた母親の姿が感じられた。私は女性との面接において話の内容を否定することはせず、身体症状の解決と今後の生活の方法を主な話題として相談を進めていた。実際の目的は、女性の感情表現を支援することで一時的な平穏を提供することと、少しづつでも具体的な生活の展望に目を向けた考えを始めていただくことであった。私は女性の生きている世界を理解し、女性が苦痛を感じて助けを求めている現実をどうしたら少しでも改善できるか、援助職者として何がサポートできるかを考えていた。数え切れないほどの面談を繰り返した後に、女性は自ら施設への入所を希望してきた。女性は病院が治療の場と理解しており、自分の状態が根本的には改善しないとも考えていた。一人暮らしの生活への退院は望まず、娘との同居も口にせず、「自分の世話をしてくれるところがいい」といって施設を選択した。
　私は、信頼できる相談員がいる施設をいくつか提案した。その中から女性はひとつを選んで退院していったが、ほどなく注射を求める訴えが再び始まった。対応に追われた施設の相談員（私のスーパーバイジーでもあったソーシャルワーカー）より報告を受けて協議し、私は入所中の

本人を見舞った。女性は私の姿を見ると、「よく来たわね、ここにお掛けなさいな」と、自らベッドに端座位で腰掛けた上で隣を示した。私は、言葉のままに女性の隣に腰掛けて30分ほど話した。そしてその面会後から、女性の訴える先とその内容に変化が現れた。実はこの面会によって変化したのは女性だけではなかった。この面接に立ち会った施設の相談員は、面接時の女性の様子や面接の展開に驚き、女性に対する考え方や面接の方法を変えていた。それまでのように女性の訴えや行動を制止したりせず、訴えに対して一層の傾聴を心がけるようになった。その結果、女性の訴え（相談）の相手は、施設の相談員へと移行した。つまり女性は、自らの訴えを受け止めてくれる存在を求めていた。多くの人たちは女性の話を疑い、否定し、現実的に説得しようと試みた。一方の女性は、息子との親子関係を求めながらも叶わず、寂しさと苦痛の中で生きていた。その様な中で女性は助けを求め、訴えに応えてくれる人を求めていた。さらには、言葉だけではなく自分のために行動してくれる存在、手助けしてくれると感じられる存在を求めていたのである。

　女性は、まず私との相談を経て自らの生活問題と現実的に向き合い始め、施設の相談員との交流を通じて自らの寂しさをより具体的に表現できるようになった。さらにはその対象を、現実的な支援者となりえる娘に向け始めた。このとき相談員は、根気強く女性と娘の双方に向き合い、「家に帰りたい」という女性の本音と「どこまで出来るかわからないが、本人の希望のようにさせてみたい」という娘の理解を引き出した。さらに女性は、自宅に帰るための支援を自ら娘に対して要請するまでに至った。娘の結婚を機に関係が悪化していたとはいえ、もともとは仲の良い母娘だったのである。両者は、相談員との援助関係を通じて自らの感情や考えを整理し、現実的な対応方法を模索し始めることが出来た。

　施設の相談員は私のスーパーバイジーであり、ポジショニング実践から始まる一連のスーパービジョン実践に継続して臨んでいた。だからこそ、女性と私の面接展開を見ただけで自らの援助実践を振り返り、認識や対処方法を変化させることができた。クライアント（女性）の人と状

況、思いへの理解を深めるとともに、援助職者としての私の意図（河野の中にあった援助職者としての認識と理解、判断や対処の内容）を体験的に読み取ることで、自らの実践力の糧としていったのである。時折、（私の行っている）面接場面を見てみたいと求められることがあるが、援助実践の本質や基盤を持たないままでは、見て得られるものは多くないように思う。スーパービジョン実践においては、臨床像という視界（認識と枠組み）を通じて援助関係を捉え、援助実践を言語化していく。この過程を通じた振り返りによってなされる訓練と検証は、援助実践とスーパービジョン実践の場を行き来することで反復され、実践力の向上へと結びついていく。つまり、スーパービジョン実践は援助実践の場と通じていてこそ、効果を発揮できるものであると言えるだろう。

第2節　OGSVモデルによるスーパービジョン実践

スーパービジョン実践の魅力と力

　数多いスーパービジョンの方法、展開手法において、OGSVモデルによるスーパービジョン実践はどのような存在であるのだろうか。スーパービジョン実践の方法や手法としての特徴については、次章以降で詳しく述べていくことになるが、ここではスーパービジョン実践による活動の意味や存在感を自己検証してみたい。

　そもそも、OGSVモデルがスーパービジョンの実践モデルの一つとして認知されることになったのは、スーパーバイザーである奥川幸子氏の存在なくしては語れない。スーパービジョンは、スーパーバイザーとスーパーバイジーの存在、その関係性によって成り立つものである。両者の出会いや関係性は、就職先や職業によって定まってくることが通常であり、スーパービジョンも業務の一環として行われるものである。しかし、奥川氏の下に集まったスーパーバイジーたちは、私を含めて個別の経緯や事情による自由意志と契約関係を契機に集まった者が大多数で

あり、職務上の上下関係や上司部下の関係にあった者はごく限られている。あまりにも多様であり、その経緯や事情を把握できない私がその全体を語ることは困難であるが、誰しもが奥川氏に魅力を感じ師事を求めて集まっていることに異論はないだろうと思う。さらに言えば、奥川氏を通じて何らかの職業モデルをそれぞれが感じており、そこに向かって自らも実践していこうとする援助職者としての意欲が存在するはずである。そして、その意欲が交差し融合することによって、共有化できるOGSVモデルを作り上げ、広がってきたと言えるのかもしれない。

時期を前後するが、まずOGSVモデルという表現を始めることになったのには、第6期介護支援専門員指導者研修（2000年）において、奥川氏をスーパーバイザーとするスーパービジョンの取り組みが、研修内容のひとつに取り入れられたことから始まっている。それまでは、仲間内の活動として「奥川グループスーパービジョン」と呼んでおり、単にスーパーバイザーである奥川氏の下で行われるグループスーパービジョンをそのように表現していた認識である。もちろん、実践モデルとしての基本的な要素はほぼ確立していたと言える段階にあり、奥川氏の下に集まるスーパーバイジーたちは、それぞれの立場でスーパーバイザーとしての活動を始めていた。そしてモデル化に向けた動きは、遡って1997年より全国社会福祉協議会中央福祉学院によって実施されていた施設職員向けの指導者養成研修での実績が後押しすることになった。研修が始まった当初から、奥川氏の下にあるスーパーバイジーたちがグループスーパービジョンを実演し、演習におけるファシリテーター（会場担当の講師）を担っていた。この際に説明のための一定の共通資料が必要とされ、OGSVモデルの最初の文書化が図られた。これらの資料は、マニュアルという類のものではなく説明時の基礎資料の位置づけであったと言える。ファシリテーターは、演習を担う講師であるとともにスーパーバイザーとして受講者によるグループスーパービジョンを展開しており、その内容と展開は各自に任されていた。一方で、ポジショニング視点や臨床像の形成、問題の中核を捉えることなど、OGSVモデルの

構成要素は一定の共通認識の中で受講者に示しておくことが求められた。そのための基礎資料がOGSVモデルの言語化を図る新たな一歩となった。そして、この資料づくりを通じた言語化の作業が、私たちの実践力を押し上げてくれることにもなった。(「OGSV ―グループスーパービジョン実践モデル」奥川幸子監修、OGSV研修企画、2001年)

これらの研修と資料作成がきっかけとなり、スーパーバイザーとしての奥川氏の思いも加わりながら、スーパーバイジーとして取り組んできた多くのメンバーが、研修の場などにおいてスーパーバイザーや講師としてスーパービジョン実践に取り組むことになった。その結果、奥川氏をスーパーバイザーとしないスーパーバイジーが増えるとともに、スーパービジョン実践をスーパーバイザー役（指導者や主任介護支援専門員など）として指導する仲間を増やしていくことにもなった。ただ、研修に参加したからといって皆がOGSVモデルに取り組むようになったということでもない。自由意志によるスーパービジョンの場合、実践力を高めたいと考えるスーパーバイジーが、自らの判断や意思によってスーパーバイザーや学びの内容を選出することになる。スーパーバイザーの立場においても同様であり、スーパーバイザーは、その方法や展開のしかたを自らの意思で習得することになり、その選択や用い方にも個別性が現れる。私自身においても、OGSVモデルを含めて継続的に取り組んだものだけで少なくとも三種三人のスーパービジョンの実践方法を体験しており、単回の研修での体験も含めればさらに増える。

では何故、OGSVモデルよるスーパービジョン実践に求めるのか。図1は、研修で奥川氏やOGSVモデルと出会い、スーパービジョン実践への取り組みを自ら開始した私の仲間の一人がまとめたOGSVモデルの特徴と構造の概念図である。本人は、奥川氏が講師を務める研修に参加した経験はあるものの、同氏による継続的なスーパービジョン実践を受けた経験はなく、OGSVモデルやスーパービジョン実践については自身の仲間とともに知識と実践を積み重ねてきている一人である。(「スーパービジョン実践における対人援助職者の力量形成プロセス」佐

図1 スーパービジョン実践における対人援助職者の力量形成のプロセス

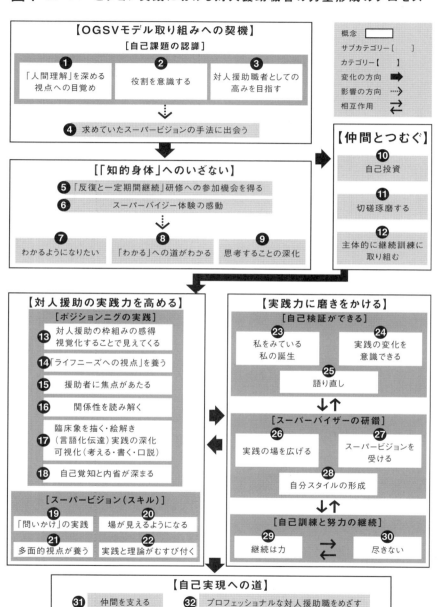

藤はるみ；新潟医療福祉大学大学院修士学位論文；指導教授　横山豊治、平成24年1月）一方この概念図は、私が継続的に行ったスーパービジョン実践のプログラムに参加し、自らもスーパーバイザーとして歩み始めた者を対象として行った調査研究を基に、共通概念を抽出する形でまとめられている。奥川氏との接点の有無やその内容はそれぞれにおいて異なっており、その経歴もさまざまである。ここで示されている内容を基にスーパービジョン実践の魅力を考察するなら、「わかる」ことと「できる」ことに集約されるのではないだろうか。援助職者として「わかりたい」「わかるようになりたい」と思うことは多様であると考えられるが、臨床像の視野（援助職者の立場）を通じて見えるクライアントの世界を理解しようとする実践過程が、各々が持つ援助職者としての問題意識や課題に添うことになったときに魅力を感じるのかもしれない。そして、わかったと感じられる体験や充実感がさらなる取り組みへの原動力となり、継続することで「できるようになりたい」と思う段階へと進んでいくのではないだろうか。ここで言う「できる」は、援助実践ができるという段階からスーパービジョン実践ができるという段階まで、援助職者としてのすべてのステップアップ（熟成過程）の内容によってとらえられるものである。（参照『身体知と言語』[2]）

スーパービジョン実践を深めるために
■ 必要となる体験的な学び

　OGSVモデルによるスーパービジョン実践は、当初からグループによる事例検討を基本スタイルとしてモデル化されたものであり、相互に高め合う関係性、グループダイナミクスの活用を意図した実践過程として理解することができる。そのため、グループの立ち上げや編成など、グループメンバーの関係づくりを含む運営への取り組みなども、スーパービジョン実践における効果と無関係ではないと考えられる。また、スーパーバイジー一人ひとりの達成感や意欲の持続性（意識）においては、自らが属するスーパービジョン実践のグループの存在（感）を不可

欠としている。そして、スーパービジョン実践は、援助職者としての実践力を相互に高め合う訓練プログラムとして、仲間づくりの意識にも支えられながら活動が広がってきている。(第6章第4節参照)

その一方で、スーパービジョン実践の基礎をなすポジショニング視点や相談援助面接の習得訓練(コミュニケーション技法や面接技術の深化)においては、個人スーパービジョンによる実践経験を必要としており、その機会の有無が、それぞれの成長や実践力向上に大きくかかわっているのではないかと考えられる。その理由として、スーパービジョン実践のモデル化が、実際の援助実践の場面を個別援助や相談援助面接に想定したスーパービジョンの実践過程としてまとめられてきていることが挙げられる。また、OGSVモデルに限らず、多くのスーパービジョンにおいてはスーパーバイザーとしての面接力、すなわちコミュニケーション技能や関係形成技能を必要としている。(OGSVモデルによるスーパービジョン実践においては、さらにアセスメント力とコーチング技能が必要と考えられる。)つまり、個人スーパービジョンの形態によるスーパーバイジーとしての体験は、クライアント体験と同様の意味をもっており、この体験を通じた面接力の研鑽の有無が、援助職者として行う相談援助面接においてや、スーパーバイザーとしてスーパービジョン実践を行う際の実践力に大きく関わると考えられるのである。(第6章第1節参照)

クライアントとの関係形成は、援助実践において欠かせない過程であり、中核的な技能である。また、スーパービジョン実践においても、スーパーバイジーとスーパーバイザーとの関係形成が不可欠であり、そこでの信頼関係はスーパービジョン実践の効果に大きく影響していく。さらに、クライアントと援助職者の援助関係と、スーパーバイジーとスーパーバイザーとの関係(スーパービジョン関係)は、パラレル関係として相関性が示唆されている。これは、スーパーバイジーである援助職者が、スーパービジョンによって得られた体験や思考によって、クライアントとの関係形成や援助実践に臨むとする認識である。そのため、

ポジショニング視点を基礎とするスーパービジョン実践においても、スーパーバイザーにはポジショニング視点による援助実践の体験と思考を提供できる実践力が必要である。もちろんグループスーパービジョンの場においても、個別に指導する場面や方法が取り入れられているならば、ポジショニング視点に関係する技能訓練やクライアント体験の提供は可能ではある。重要なことは、スーパーバイザーとしてただ単にスーパービジョン実践の実践過程を展開するだけでは十分ではなく、個人スーパービジョンの実践を通じて得られるクライアント体験と、ポジショニング視点への学びや技能訓練を組み込んで実施できているかということである。まずは、自らがスーパービジョン実践のスーパーバイジーとして、スーパービジョン実践の諸要素を体験していくことが求められているのである。(第2章第1節参照)

■ 多様な知識の援用

ところで、ポジショニング視点やOGSVモデルによるスーパービジョン実践は、特定の理論や科学に基づくものではなく、むしろ様々な理論や諸科学と連結することを意図している。これは、スーパーバイザーである奥川氏の学びと実践を基盤としながらOGSVモデルが創出され、共有できるモデルとして発展してきたことによる特徴と言える。さらには、数年にわたるスーパービジョン実践の場が、それぞれに異なる学びや知識に軸足をもつ多様なメンバーによって構成されていたグループであったことも、その発展の過程に影響していたと考えられる。そもそもポジショニング視点を深めるためには、まず人間や社会への理解、人間関係や社会関係などへの多面的な洞察とそれらを支える多様な知識を必要としている。また、スーパービジョン実践においては、援助関係や問題の中核、臨床像を捉え言語化していく上で必要となる諸科学の知識と学びの過程が欠かせない。しかし、それらを一人で充足させていくことは、卓越した援助職者でもなければ、困難な道のりである。そこに、共有して取り組むグループの存在やメンバーの多様性の意義がある。多様な知識を持ち寄るというグループとしての学びの場は、スーパーバイ

ジーの実践力を高めてくれるとともに、多様な理解と洞察への気づきを提供してくれる。そして大切なことは、メンバーによって発せられる多様な視点や意見に自らが謙虚に耳を傾けていくことである。

　ポジショニング視点を通じて援助職者が向き合おうとするクライアントの世界は、その多くが経験だけでは言語化できないものであり、また知識だけでは捉えきれないものでもある。そしてスーパービジョン実践は、ポジショニング視点を基盤としながら様々な知識と経験を結び付け、その活用によってクライアントの世界を含む臨床像の意識化を図り、言語化までを展開していこうとする過程である。当然ながら、諸科学における知識の蓄積や経験の積み重ねは基本的な条件であり、必要不可欠な取り組みの要素でもある。つまり、知識の活用をめぐる議論や訓練と、それらの場としてのグループを必要とする。さらに私自身の経験から考えるところでは、この議論や訓練の場としてのグループでは、グループを構成するメンバー相互の信頼関係、敬意と尊重に基づく支持的な関係性が欠かせない。議論においては、多様な主張の中での正解探しをするのではなく、連結と対比による発見（気づき）を求めたい。そして訓練においては、それぞれの経験に基づく助言や情報提供と、忌憚のない示唆を図りたい。例えばこのとき、思いつきや不完全な発言に対して、許容し参考にしてみるというような柔軟で寛容な雰囲気と、それでいて反論や討論を活性化できる適度な緊張感があるならば、議論における発見や訓練の効果を後押ししてくれる。支持的な関係性とは、非難や中傷を行うことなく、言うべきは語り、訊くべきは問うという、真剣で真摯な協働作業であり、妥協や同調を意味するものではない。そこに何より必要なことは、まとまろうとする意志、まとめる力（結論の共有に向けて集約できること）であると、私は考えている。（第7章第2節参照）

註釈／参照
1）河合隼雄『昔話と日本人の心』岩波書店、1982
2）奥川幸子『身体知と言語』中央法規出版、2007

第2章
基盤とする
ポジショニング視点の理解

第1節
ポジショニング視点とスーパービジョン実践

ポジショニングと臨床像

　本書で紹介するスーパービジョン、OGSVモデルではポジショニング視点と臨床像の考え方を基盤に置いている。ここでいうポジショニング視点とは、援助職者がクライアントの人と問題の置かれている状況や場を理解する際に、クライアントの生命・暮らし・人生の時間軸と、暮らしの場としての生活空間のなかで、クライアントを取り巻く相互関係や意味を定めるという考え方である。そして、そのクライアントの相互関係の中に、クライアントに向き合う援助職者自身の状況や立ち位置を意識化することが含まれる。つまりポジショニング視点は、援助関係を通じての様々な「読み取りの作業」として理解されるが、合わせて援助関係を形成していく上での「位置取りの方法」（アプローチ手法）としての解釈も含まれている。例えば、クライアントが援助職者である「私」をどのような存在としてみているかを認識することが「読み取りの作業」であり、クライアントの理解力や置かれている状況に応じて援助職者としての「私」の役割を説明したり、担ったりすることが「位置取りの方法」に該当する。

　さらに臨床像とは、援助関係や援助の過程を通じて援助職者が捉えている、クライアントの姿とクライアントが置かれている状況のことであり、「クライアントの臨床像」と表現されることもある。援助職者が捉えるクライアントの姿は、生い立ちやこれまでの経験、現在直面してい

る状況、自身の将来像や人生指標といったクライアント自身の「過去・現在・未来」のライフ（生命・暮らし・人生）の流れと、場所・地域・情勢・人間関係などの環境的な影響への解釈の中で語られる。また置かれている状況は、クライアントと周囲や援助職者とのかかわり（相互作用）、直面する課題の影響などから捉えられ、さまざまに表出している問題状況の根底にある本質的な問題（問題の中核）、クライアントが直面している課題を生じさせている要因や直面する状況として認識され、援助職者の見解として表出される。例えば、一人の介護支援専門員によって「認知症を自覚できない要介護者と受け入れられない家族」と表現されるとすれば、この表現の元になっている介護支援専門員の認識が、援助職者としての臨床像ということになる。認知症にある当事者がどのような自覚をもっているかはその方に特有のもの（個別性）であり、要介護者に対する家族の認識も同様である。「自覚できない」ことや「受け入れられない」ことは、あくまで援助職者の立場からの受け止め（クライアントの姿とクライアントが置かれている状況）なのである。

　OGSVモデルによるスーパービジョンにおいては、その実践過程においてポジショニング視点に基づく臨床像の明確化、言語化が図られる。ポジショニング視点や臨床像という考え方は、モデルの特徴を形成する基礎であると同時に、スーパービジョンを通じて習得を目指す実践力の要でもある。

　図2は、私がポジショニングと臨床像の説明に用いている概念図である。Ⅰ─Ⅲ─Ⅱがポジショニング視点の基本枠組みであり、その配置が相互の位置関係を表している。ポジショニング視点の構造は、そもそもは相談援助面接や支援場面におけるリアルタイムな援助関係の状況を捉えることを意図して構成されている。面接や支援の対象となるクライアント〔Ⅰ〕においては、クライアント自身が直面する問題状況についてどのように認識し行動しているのか、またどのような理由や背景を抱えているのかといった、クライアントがどのような人でありどのような状況に置かれているのか、人と状況に視点を置く。この〔Ⅰ〕の枠組みで

図2 ポジショニングと臨床像

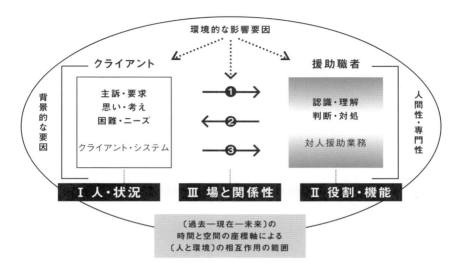

は、クライアントから表出してくる様々な情報にも目を向けることになる。どのような訴えや要求がなされてきているのか、その時のクライアントの思いや考えはどのような内容であるのか、それらの表出はどのような困難状況やニーズによって生じてきているのかなど、クライアント・システム（OGSVモデルでは、「いま目の前にいるその人」と表現する）を明確化するのに役立つ情報への関心がより重要となる。

一方で、援助関係はクライアントに対する援助職者の個別性によって大きく左右されることから、援助職者自身にも視点を向ける必要がある。援助職者である「私」はどのような機関に所属し何を担う立場であるのか（役割）、自らの実践を通じて何事を果たしていくのか（機能）、その基盤となる専門性（特性）や人間性（個性）の軸足はどこにあるのか〔Ⅱ〕、役割・機能とその背景を意識化する。この〔Ⅱ〕の枠組みでは、クライアントに向き合っている援助職者が、クライアントに対してどのような認識を形成し、どのように理解しているのか、支援に向けてのアセスメントやアプローチの方法にどのような判断を行っているの

か、そしてどのような対処を行ってきているのか、対人援助業務としての役割・機能に基づく援助職者の行動の表出や内面に関心を向けることになる。

そして、相互交流としてのコミュニケーション場面〔Ⅲ〕に視点を向け、ある場面の「いま」に何が起こっているのか（場）、どのような関係が構築され積み重ねられてきているのか（関係性）という場と関係性を捉えることで、援助関係の全体像に視野を定めていく。ここでは、クライアントから主体的に発信されてくるメッセージ①、そのメッセージ応じての援助職者からのメッセージ②、そして援助職者からのメッセージを受けてさらに発信されるクライアントからのメッセージ③、三つの方向①②③[1)]の内容や交流の意味〔Ⅲ〕の分析を試みることになる。同時に、そこでの相互交流をクライアントと援助職者の双方がどのように受け止めているかにも関心を向けるとともに、それらに影響していると考えられる環境的な影響要因、たとえば面接環境や周囲の様子といった取り巻く環境の把握にも視野を広げる。

これらの視野、視点のあて方がポジショニング視点であり、その結果として援助職者の中に形成される援助関係への認識が臨床像である。なお、ポジショニング視点やそれに基づく臨床像は、クライアントの生きる「過去〜現在―現在〜未来」という時間軸と、その経過がどのような生活環境の中で移り変わってきたのかというような「環境の状態や変化」（空間）を意識した上で、クライアントと援助職者の間で重ねられる相互交流の「いま」その時を捉えようとするものである。それは、特定の場面だけを切り取って分析や解釈を加えようとする三次元的な世界観（画像的視覚化が可能）ではなく、特定化された枠組みに応じた捉え方でもない。クライアントの生きる世界観を通じて、四次元的な枠組みによってクライアントの「いま」を理解しようとする変動性のある捉え方である（変化の全体を視覚化することは困難であり、一定の不可視的な解釈を必要とするもの→OGSVモデルでは「絵解き作業」と表現している）。

実践力を高めるスーパービジョン

　対人援助における知識や技法は、実際の援助実践におけるひとつの道具に過ぎない。援助実践における効果的な課題解決を目指すには、それら多くの道具を使いこなしていくことが求められる。多様に展開する実際の対人援助の実践場面で、適切な知識と技法を効果的に使いこなしていくには、まずその土台となる技能を身につける必要がある。そのための方法のひとつが、スーパービジョンである。そして、スーパービジョンは様々な目的をもって行われており、目的に則した多くの方法が存在する。それ故に、援助職者が取り組むスーパービジョンは、自身に求められる役割や実践力、自分の取り組む課題などを明確にして、その達成に合った方法を選択していくことが必要である。

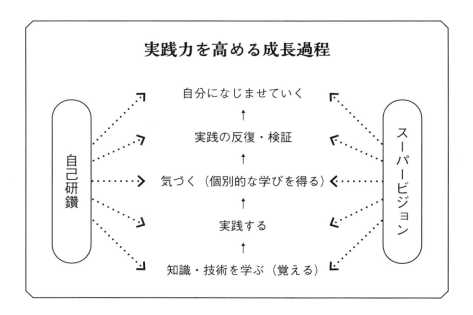

　対人援助において求められる知識や技術は、必ずしも専門的な内容には止まらない。仮にも地域社会での実践を行っていく上では、地域の様子や特性にも応じていかなければならない。例えば地域で用いられる言

葉や生活習慣などの知識が必要となるし、物価状況や自治会組織の仕組みやルールも知っておく必要がある。このような知識は業務や業務外を通じて広く手に入れる必要があるが、その知識をどこで手に入れたらよいかという知識も求められるし、インターネットなどを通じて情報を手に入れるための技術なども必要になるだろう。地域で馴染みのある言葉を用いて対話しようとすれば、使いこなすだけの技術も必要である。

　専門的であるか否かを問わず、知識・技術を得てそれを実践してみる。知識・技術を用いてみることで様々な発見があるし、結果を手にする。成果だけではなく、失敗や不具合も生じるだろう。失敗を反省し不具合を見直すことで、新たな実践を試みる。この繰り返しの中で知識や技術を活用する力は高まっていくことになり、成果の積み重ねによる繰り返しによって自分自身に馴染んだ実践が実現されてくる。この一連の過程とその各段階での挑戦と習得が、対人援助の実践力向上には欠かせないものである

　そもそも、援助職者が自らの実践力を高めるための取り組みには、様々な方法が考えられる。知識拡大のための研修やスキルアップ（技能向上）の研修、そしてスーパービジョンなどである。その中でもスーパービジョンは、クライアントをいかに効果的に援助するかを監督・指導していく方法として位置づけられている。また、社会福祉援助実践の教育内容においては、社会福祉の援助職者を援助し、教育・指導する方法として、関連援助技術のひとつに位置付けられている。[2] つまり、スーパービジョンとは、先に示した「実践力を高める成長過程」に通じる具体的な援助実践を重ね、実践に即した考察と検討を行いながら、援助職者が技術的な実践力を身につけて専門的な実践力を高めていく上で有効な方法のひとつであると言える。図3は、対人援助に関係するスーパービジョン実践の基本的な構造を示したものである。当然のことを敢えて確認すれば、スーパービジョンの主体はスーパーバイジーとなる援助職者であり、その先には必ずクライアントが存在している。スーパービジョン実践は、スーパーバイジーである援助職者にとって意義あるも

図3 スーパービジョン実践における構造（相互の位置関係）

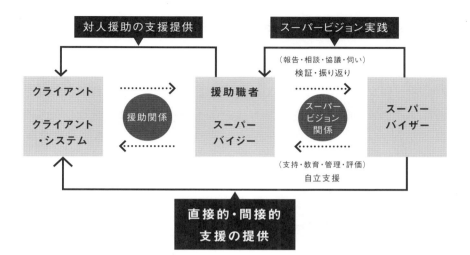

のであると同時に、クライアントにとっても価値あるものであることが求められる。つまり、クライアントの福利を最優先に考えてのスーパービジョン実践こそがスーパービジョンの本質であり、職場や組織のための実践ではないし、援助職者の関心や欲求に基づく取り組みでもない。むしろ、援助職者としての責務であり、業務である。

今日に行われる対人援助のスーパービジョンは、図3のようにスーパービジョン関係を通じて少なくとも支持・教育・管理・評価という四つの大きな働き（目的と機能）をもつと考えられる。スーパービジョン関係とは、スーパービジョンの受け手となるスーパーバイジーとしての援助職者とスーパービジョンの提供者となるスーパーバイザーとの契約に基づく協働の関係である。この関係は、責任の共有と相互信頼による質的に対等な関係性が基本とされ、一方的な指示命令の関係性とは区別される必要がある。組織的位置づけとしては、上司・部下といった権限上の上下関係になることが多い。しかし、この場合であっても主従関係とは異なり、専門性（職）としては対等に協働していく。そして契約と

いう相互の合意に基づく協働として、諸機能に応じた様々な取り組みを通じたスーパービジョン実践が図られていくことになる。支持とは、援助職者が、例えば確かな自信と安心に基づいて援助実践が行えるように、総合的にサポートすることである。気持ちの支持はもちろんだが、実践内容の充実に向けた情報提供を図るなど実務的に支えることも含んでいる。教育は、資質と実践力の向上を中心とした知識・技術の習得を意味する。職場内での講習や学習会、ロールプレイや実務を通じた訓練などがこれに該当する。管理とは、援助職者の提供する援助の質を保ち、不適切な対応やトラブルの発生を予防する働きである。業務管理はもちろんだが、担当する援助職者の未熟な部分を補完したり、任せる業務を調整するなど、責任を共有してともに業務にあたることなどが含まれる。評価とは、援助職者の実践力を把握し、実践力や援助の質を高めるために必要な取組み課題を明確にしていくことである。評価は、支持・教育・管理の土台となるもので、それら三つの機能に含めて説明されることもある。何れにしても、スーパーバイジーに対する適切な評価に基づく支持・教育・管理の内容でなければ、スーパービジョン実践の効果は期待できないということを忘れないで欲しい。

OGSVモデルによるスーパービジョン
■ OGSVモデルの基本姿勢

　スーパービジョンの場面に持ち込まれる多くの事例は、援助職者が直面している困惑や苦悩、具体的対処への苦慮や困難状況に関係する。そして、その殆どは援助職者の実践力を増すことによって、新たな展開を手に入れていく可能性を見出すことができる。もちろん、根本的な問題の解決が困難である場合も多く、具体的な展開においては援助職者を取りまく機関、関係者、地域、行政やサービス提供者の理解と協力を必要とする。しかし、それらを引き出し創出していくためにも、援助職者の実践力が鍵となる。援助職者のつまずきは、援助そのものの停滞を意味しており、援助職者が利用者への的確な理解を持ち、専門性に裏付けら

れた適切な態度と対処を示すことが、真に求められる利用者への支援を可能にしていく。OGSVモデルでは、このような認識の上に立ち、まず「いま目の前にいるその人」(クライアント・システム)を理解し、直面している困難状況を把握する実践力が必要であると考えている。
　「いま目の前にいるその人」に向き合おうとする姿勢は、それぞれのクライアントにとって望ましい援助を提供する援助職者の基盤であり、多くの援助職者に共通して求められる基本視点に通じている。例えば、社会福祉に関わる援助職者は、様々な生活場面でサービス利用者の生活を支援していく。適切な支援の提供には、サービス利用者に固有の生活習慣や生活観を理解しておく必要がある。また支援を必要とする理由や生活背景、起こっている困難状況、根底にある問題(問題の中核)を捉えておくことが不可欠となる。一方的と思えるような主張をしてくるサービス利用者に対して、「わがまま」という認識で決め付けてしまうのではなく、その理由や背景を推し量ってみる。頼ってくるばかりで「依存的で困る」と感じてしまったときに、そのような状況に至った経過を振り返ってみて援助関係を吟味する。「困難事例」「問題利用者」と安易にレッテルを貼ってしまうのではなく、援助職者としてクライアントに対する自らの認識を謙虚に吟味し、クライアントの個別性に向き合い直してみる。正に、そのための視点や取り組みとして、OGSVモデルでは「いま目の前にいるその人」の生きる世界、現実に近づいていこうと挑んでいく。

■ スーパービジョンの視点

　OGSVモデルによるスーパービジョン実践は、基本的には「いま目の前にいるその人」はどこにいるのか、というポジショニング視点に立つことから始めていく。その実践過程は援助職者自身を直接の対象としながら、まずは図2の〔Ⅰ〕クライアント(サービス利用者自身)、〔Ⅱ〕向き合う援助職者、そして〔Ⅲ〕その両者の関係(援助関係)とそこで起きている出来事や状況(相互交流、場の関係性)に焦点をあてて検討が進められる。もちろん、サービス内容やプランの中身に関わる検討場

面もあるが、これら三つの枠組みへの理解を深める上でのことであり、カンファレンスのように特定の結論やサービスプランの決定を求めたりはしない。スーパービジョン実践において見解を導き出す主体を、事例を提出する援助職者自身（スーパーバイジー）に置いているからである。

　しかし、この基本的な流れとは異なり、援助職者や場のポジショニングから展開を開始する場合もある。それは、例えばスーパービジョン実践の場に提出される内容が、職場内の関係性や地域の支援チームに関わる内容であって特定のクライアントが明確ではない場合、事例提出者である援助職者の情緒が過度に乱れていたり、クライアントに対する何らかの強すぎる感情（特に私的と思われる感情など）が表出されている場合、そして新人などまだ自立した支援過程に取り組む前の準備・見習い的な段階の場合などである。このような場合には、最初にスーパーバイジー（事例提出する援助職者）自身に視点が向けられることになり、クライアント支援とは異なった内容や場面を通じて、［Ⅱ］［Ⅰ］［Ⅲ］の順でポジショニング視点による検討が進められることになる。

　つまり、OGSVモデルによるスーパービジョン実践の特徴の一つはポジショニング視点にあり、「いま目の前にいるその人」としてのクライアントのポジショニング、援助職者自身のポジショニング、そして場のポジショニングの三つのステージによって構成されている。詳しい実践過程と展開方法は次章以降で述べることになるが、これら三つのステージでのポジショニングを深めながら問題の中核を捉え、ポジショニング視点に基づく臨床像の明確化と言語化を通したスーパービジョンの実践過程こそが、OGSVモデルの最大の特徴であると言えよう。

■ **スーパーバイザーの役割**

　OGSVモデルが目指しているスーパービジョン実践の効果は、援助職者に要求される専門的な態度の点検や確保、援助職者自身に必要となるサポートの提供によって図られるクライアントに対する安全の保証、クライアントの福利の保証とそれに基づく所属機関の機能や目的に添っ

た役割と立場の達成などにある。[3]

　そこでのスーパーバイザーの役割は、第一に援助職者であるスーパーバイジー自身の発見や気づきをサポートし、スーパーバイジーの抱える思いを受けとめながら、学びや成長の場を提供していくことにある。スーパーバイジーとなる援助職者は、所属する機関や基盤となる専門性によって求められている役割や業務の範囲は異なる。一方で、対人援助専門職である援助職者として必要とされる実践力では基盤として共通する部分も多い。OGSVモデルは、当初は医療ソーシャルワーカーを対象として作り上げられてきたスーパービジョン実践であったが、ポジショニング視点を基盤とした対人援助の実践を目指したことによって、様々な対人援助専門職に広く共有可能な学びと成長の場を提供する方法として取り組んできた経緯がある。つまり、OGSVモデルにおけるスーパーバイザーの第一の役割は、まずはじめにスーパーバイジーにおけるポジショニング視点とそれに基づく実践力の獲得を図ることにその基礎が置かれている。そして、その後の援助職者としての成長、発達段階に応じた実践力の獲得、向上を導いていくことになる。

　第二に、援助職者の抱える実践上の課題の解決を図る役割がある。スーパービジョンは、業務として行われることが本来の位置づけであり、専門性や業務において共有された立場での実践が基本とされる。[4] つまり、スーパービジョンは同一職種間で行うものであるということだ。しかし、OGSVモデルによるスーパービジョン実践は、同一職種や職場内での実施にとらわれていないようにも見える。OGSVモデルによるスーパービジョン実践では、主として援助職者の実践力に関連して抱えている課題に取り組んでいく。様々な現場や実践事例の中で直面する課題を、援助職者による実践力の発揮や向上を基にして乗り越えていこうとする考えからである。また、その実践力の範囲を、対人援助の実践における共通基盤の中に定めている。これらの状況から、OGSVモデルは、対人援助専門職（援助職者）という共通性と実践力の課題に取り組む場としての共有によって、制度や資格上の専門性、所属職場に

2 基盤とするポジショニング視点の理解

は必ずしも一致しない実施の形態を生み出してきている。当然ながら、スーパーバイザーに期待される役割は、特定の職種や職場における課題の解決ではなく、援助職者としてのスーパーバイジー自身が抱える課題の解決を図ることにあり、スーパーバイジー自身の問題意識や意欲に応えていく必要性を含んだものになる。

さらに、クライアントへの支援としての第三の役割を忘れてはならない。スーパービジョン実践は、顧客であるクライアントの福利に結びついていなければならない。どのようなモデルや方法であるとしても、スーパービジョンの第一義的な目的は業務実践の質の向上であり、対人援助においては援助の質の向上ということになる。対人援助に関わるスーパービジョン実践は、その取り組みを通じてスーパーバイザーもクライアントを支援していることになる。当然ながら、スーパーバイザーはクライアント支援に対する責任を共有し、スーパーバイジーの力量に応じた対処を行う必要がある。OGSVモデルにおけるスーパーバイザーは、クライアントの力や置かれている状況を見積もり、援助職者としてのスーパーバイジーに何が出来るのか—出来ていないのか、どこまで出来るのか—出来ないのかという、スーパーバイジーの実践力を見極めながら、スーパーバイジー自身が主体的に考察し見つけ出していけるように導いていく役割を担うことになる。

第2節 ポジショニング視点を習得するための基礎知識

ポジショニング視点の理論的性質

ポジショニング視点を理解しようとするとき、もしくはポジショニング視点による対人援助を実践しようとするときには、依拠している諸科学への知識や思考を必要とする。ポジショニング視点は、援助関係や取り巻く専門職業的関係性を意識化して活用する枠組みと方法、つまり思

考過程を提示するものであって、特定の科学や理論の上に創り出されたものではない。ポジショニング視点の枠組みに応じてクライアントや関係する人びとを理解し、各々の関係性や置かれている状況を読み取ろうとする際には、人間理解の諸科学を活用している。また、クライアントへの支援を展開する際の思考や、スーパービジョン実践における思考においては、対人援助に関係する多くの諸理論やモデルを基礎に取り入れている。そのため、独自に集約された知識を学ぶことによってポジショニング視点による実践を成立させようとすることは、そもそも困難であると言わなければならない。それでいて、ポジショニング視点による思考過程は独自の認識や判断を伴うものでもあり、言わば諸科学や諸理論等の活用においての独自性を持っている。[5]

対人援助におけるポジショニング視点は、奥川氏が先駆けて取り組んできている対人援助の基礎となる思考過程のひとつである。奥川氏は、「人が人を援助するためには、援助者側が〈私は、誰に対して、どこで、何をする人か〉、そして〈その誰とは、どのような人で、どのような問題を持っている人か〉という視点を明確に持っていなければならない」と述べる。[6] そして、援助職者には、対象者が置かれているポジショニング、援助職者である私が置かれている状況のポジショニング、専門的援助関係に何が起こっているかの場と関係性のポジショニング、の三つのポジショニングが求められるとした。このポジショニング視点は、人（クライアント）と問題の総合的理解、アセスメントを深める視点と方法である。ポジショニング視点は本質的に、位置（ポジション）を読み取る作業と、位置を定める作業を含んでいる。ポジショニング視点による援助の実践は、まず援助職者やクライアント、所属機関や地域社会など、それぞれに流れた時間とその時間を過ごしてきた生活空間の把握と読み取りから始まる。そして、援助職者自身、クライアント（人と問題）、両者の関係性（援助の場、相互交流・交互作用）を捉え、援助職者とクライアントを生活ステージの中で位置付けていく。さらに、その位置付けに従って、具体的な支援の方策を見極めていくことになる。

そもそも、人間性や人間関係の理解は相対的であり、様々な個人を比較することで、はじめて各個人の存在や特徴が認識されてくる。人間に限らず、様々な個体の存在は、すべて他のものと区別され、比較対照されることで意識化されている。ものの大きさや長さ、重さは比べる対象があってこそ計測が可能であり、お互いの距離や位置も相対的に定まっている。ポジショニング視点は、人間性や人間関係、生じている問題（困難状況）などを明確化するため、この比較対照の作業を通じてそこでの意味付けを図っている。そして援助職者が、クライアントを理解し、抱えている問題を捉えようとするとき、それは援助職者自身の目を通して行われる。この援助職者の「目」は視覚的なものに限らず、価値観や物事の判断基準、出来事や心情の理解の仕方などを合わせたものであり、援助職者一人ひとりに個別的で、ばらばらである。援助職者は、このばらばらな個性を通じて、クライアントやクライアントの抱える問題と向き合っている。援助の実践にあたっては、この個別性を意識しながら、様々なズレを修正していかなくてはならない。そしてその修正の基準は、専門性によって定められることが多い。それ故に、ポジショニング視点による思考過程を理解する上でも、対人援助の専門性に関わる基礎知識を持っておくことが必要とされることになる。

対人援助の理解
■ 対人援助の基本視点
　私自身はかつて新人の医療ソーシャルワーカーとしてポジショニング視点に出会い、ソーシャルワークを実践的に学ぶとともにポジショニング視点に関するスーパービジョンを受けた。スーパーバイザーも医療ソーシャルワーカーであったから、ソーシャルワークに関する理論や視点が相互の共通認識を支えてきたことは確かである。また、私自身の受けとめ方やその後の考察が、ソーシャルワークに関係する諸科学よりの影響を受けたことも当然のことである。中でもシステム思考（図4）は、自ら求めて別のスーパーバイザーより教えを得たこともあって、私

図4 システム思考の基本図と援助関係

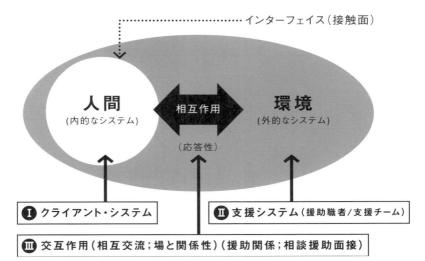

自身の基盤に大きく根付いている。それ故に、ポジショニング視点を援助職者としての自分自身の中に取り入れる過程においても、システム思考が大きく影響してきていることをお伝えしておかなければならないだろう。

これまで述べてきたように、ポジショニング視点はクライアント理解や援助関係に関する枠組みと思考過程である。システム思考からこのポジショニング視点の視野を理解しようとするなら、例えば図5のように表現できる。「いま目の前にいるその人」としてのクライアント・システム、環境の中に「援助職者としての私」として位置する支援システム、クライアントと援助職者における「相互交流（場と関係性）」としての交互作用として、ポジショニング視点の基本枠組みはシステム思考の基本構造の上に成り立っていることが分かる。

一方、実践的に援助関係を理解し考察する上で、私が多用してきているもののひとつにバイステックによる「ケースワーク関係」の考え方がある。[1] その内容は古典的性質や社会的背景による課題を多く含んで

図5 エコシステム論(視座)などを基にした思考の試み

援助関係のイメージ(⇒臨床像を具体化する上での基本図として活用できる)

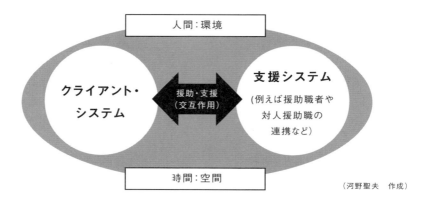

(河野聖夫 作成)

ポジショニング視点　「事例を理解する」ときの焦点

(Ⅰ)人間
　　⇒クライアント・システム(当事者への理解)

(Ⅱ)環境
　　⇒支援システム(援助職者、援助環境・連携への理解)

(Ⅲ)相互作用
　　⇒援助・支援〔交互作用⇒援助展開[場]、援助関係の推移[関係性]などへの理解〕

エコシステム視座

人間・環境 ⇒ 関係する人々とその関わり ⇒ 人間関係性やその影響(＊エコマップ)
　　　　　　　　　　　　　　　　　　　　　　支援・社会資源など

時間・空間 ⇒ 時間的な経過と場(空間)の変化 ⇒ 事実経過や
　　　　　　　　　　　　　　　　　　　　　　援助経過など(＊ジェノグラム)

るものの、日本における社会福祉教育では重要視されている内容であり、援助関係を考察する上での示唆に富んでいる。そこで示されている七つの原則を、ポジショニング視点に置き換えてみるなら、例えば次のように表現できるだろう。

> **援助関係の原理・原則と援助実践過程への視点**
> **クライアントの世界（心体）に一体化する**
>
> 〔出所・参考文献〕『ケースワークの原則　援助関係を形成する技法　新訳版』
> （バイステック著　尾崎新他訳　誠信書房）
> を基に OGSV モデルの視点から再表現
>
> （1）いま目の前にいる「その人」（クライアント）を固有の課題を抱えた個人として理解する。　　　　　　　　　　　——「個別化」
> （2）直面する課題、内在化する課題に関係する「その人」の思い、感情の表出を援助し、自己の表現と情緒的な表出の場と関係を提供する。　　　　　　　　　　　　　　——「意図的な感情の表出」
> （3）援助職者に伝わってくる「その人」自身の表出に、専門職者としての態度と行動をもって相互交流の場と時間を共有する。その相互交流によって援助職者自身に沸き起こる情緒的な反応（感情、感覚など）を、専門的な対人関係に還元し明確な意図と目的をもって「その人」（クライアント）に返していく。　——「統御された情緒的関与」
> （4）「その人」が直面する状況や課題を理解し、表出された「その人」の姿（感情や行動など）を受けとめ、「その人」のあるがままを理解し受け容れていく。　　　　　　　　　　　——「受容」
> （「受容」とは人間としての理解を示すことであり、クライアントの行動や感情を容認したり、支持したりすることとは異なる）
> （5）「その人」自身の表出する内容、具体的な感情や行動に対して、肯定もしくは否定などの判断や判定などをすることなく、あるがま

> まの姿への理解を示し専門職者の態度をもって接していく。
> 　　　　　　　　　　　　　　　　　　——非審判的な態度
> （６）「その人」の自立と自律を損ねることなく、「その人」自身の意思と力を引き出して支援することにより、有効で適切な課題の解決に向かえるよう援助する。　　　　　　——クライアントの自己決定
> （７）「その人」に関わる情報、（１）〜（６）の過程を経て得られたクライアントの姿や理解に関する内容を、「その人」の意思に反して他者に漏らさない。
> 　直面する課題、内在化する課題に関係しない「その人」、「その人」の意思を伴わない「その人」の姿を侵犯しない。　　——秘密の保持

　そして、ポジショニング視点と結びつくことによって押さえておきたい内容が、七つの原則の前提に示されている援助関係における三つの方向の考え方である（図２を参照）。第一の方向は、クライアントの思いや考えから純粋に発せられる援助職者へのメッセージ①であり、言語や行動、態度などによって伝えられる訴えや要求などになる。第二の方向は、クライアントからの①のメッセージを受けて援助職者からクライアントに対して伝えられる援助職者の対応であり、やはり言語や行動、姿勢といったメッセージ②によって発信される。ここで重要なのは、クライアントが援助職者から発信されているメッセージをどのように受け取っているのかということであり、クライアントによって感じ取られているメッセージ②ということになる。そして第三の方向は、クライアントが感じ取った援助職者からのメッセージ②に対して、クライアントが反応することによって発せられる援助職者へのメッセージ（反応）③である。これら三つの方向としてのメッセージは、援助関係において繰り返し積み重ねられることによって、両者間の関係形成に影響していく。だからこそ相互の信頼関係を形成するためには、援助職者からのメッセージ②において、七つの原則に基づく態度、姿勢が重要であるという

訳である。

　この三つの方向の考え方は、ポジショニング視点における相互交流や、場と関係性を読み解く上で有用となる。第一のポイントは、クライアントからのメッセージが、クライアントの思いや考えから純粋に発せられる援助職者へのメッセージ①と、クライアントが感じ取った援助職者からのメッセージに対するクライアントの反応としてのメッセージ（反応）③の二種類に分類されるという点である。クライアントから受け取ったメッセージが①であるのか③であるのか、その違いに着目することによって、援助職者に対するクライアントの認識や期待感を捉えたり、援助職者の取るべきコミュニケーションの方向性を判断する際の情報分析の足がかりとなる。第二は、援助関係の変化を把握しようとする際に、三つの方向の様相を捉えていくつかの交流場面を把握し、時系列的経過の中で比較検討することができる。当てもなく交流場面を捉えようとするよりも、三つの方向を意識した状況把握の視点は、相互交流というコミュニケーション場面の分析・検討の手掛かりを得やすくしてくれる。

参考＊「援助関係の三つの方向」
事例概要

　要介護者70代男性、来談者は妻。男性は脳梗塞発症にて入院、退院準備に伴い妻が病院の指導を受けて、新規に介護支援専門員を依頼するための来談となる。転院によりリハビリ訓練を継続すれば身体機能が向上すると病院で判断されているにもかかわらず、夫婦共にモチベーションが上がらず早期の自宅退院を希望して住宅改修を計画している。要介護認定申請が未申請の段階で来談に至っており、初回相談時に申請手続きや、サービス利用方法およびその内容について相談対応がなされた。妻は、指示されたとおりの手続きを行うと共に、住宅改修の準備を進めた。ところが、住宅改修については、介護保険サービスの利用を計画していたにも関わらず、事前の申請をしないまま工事が始まる当日になっ

て介護支援専門員に連絡が入った。「今日から工事が始まります……、工事の前に連絡をするよう言われていたので……」との、妻の談であった。妻としては、介護支援専門員の指示通りに行動した認識であり、介護支援専門員自身の認識と大きなずれを生じていた。

**スーパービジョン実践において、
三つの方向を考える上での事例分析の視点**

　このようなコミュニケーションの行き違いや展開上のトラブルは何故生じてしまうのか。この事例では、スーパービジョン実践を通じた三つの方向への理解をどのように図る必要があるのか。

　図（P52）は「援助関係の三つの方向」を基礎に作成したものである。「核心的訴えの時」のマップや逐語記録から分かるように、妻の訴えと援助職者の理解がずれてしまっている。妻（夫婦）は、直面する問題状況を「農作業の遂行」に置き、その打開のために住宅改修による夫の早期退院を実現したいと願っている。一方の援助職者は、夫の状況と農作業への負担感に問題状況を見出し、先々の妻の介護負担軽減を意図しながら対応を思い描いていた。そのため、住宅改修に対する認識において妻と援助職者の間で差異を生じてしまい、妻の訴えに援助職者が対応しきれていなかった。面接終了時には、表面上の会話のやりとりがかみ合っているようにも見受けられるため、互いに相手の理解を得られたと誤解したまま面接を終えていたのである。

（相互の会話がかみ合わずに、認識にずれが生じた場面である）
a援助者：これまでのところで、分からないところはなかったですか。
b来談者：あのねえ、家、百姓してて……秋、田んぼになるから、それまでにおとうさんに帰ってきてほしいの……。
c援助者：たくさんしておられるのですか。
d来談者：家のが一町で、他の家の分も請け負ってるから、全部で二町……今までおとうさん、機械使ってひとりでやってたから、まさかこん

なことになるとは思わなかったものだから……」
（困った表情で少し首をかしげ、目には少し涙がうるむ）

e援助者：そうですねえ。まさか、そんなことになるとは思わないですよねえ。おかあさん、大変でしたねえ……。

f　（少し沈黙）

g援助者：おかあさん、稲刈り、どうされますか。

h来談者：来年からなら他のところに頼めるけど、今年の分は頼めないし……。息子にでも頼んで、家の者でなんとかしなきゃならないと思ってるけど……。

i援助者：大変ですねえ。おかあさん、大変だけど……。おかあさん、私の実家も百姓していてね。毎年、手伝いにいっているけど……。大変ですよねぇ。

j来談者：ねえー。でも仕方ないし……。

k援助者：そうだねえ……。

l　（少し沈黙）

m援助者：それなら、おかあさん、意見書できてきたら、連絡ください。とりにいきます。それで後日、おとうさんに一回お会いしたいので、病院の方に行かせていただいてよろしいですかねぇ。

n来談者：わかりました。そしたら、＊＊さんのこと、おとうさんに言っておきます。

o援助者：あと住宅改修される時、事前に連絡いただきたいのでお願いします。

p来談者：はい。わかりました。

相互交流・面接場面(コミュニケーション)における対話の三つの方向

核心的訴えの時

クライアント（家に夫がいないと困る）
　b：おとうさんに帰ってきてほしいの →
　← e：大変でしたね
　f：沈黙（とにかく今も大変なのよ）→
援助者（田んぼの仕事が大変なのか）

面接の終了時

クライアント（早く住宅改修を終わらせないと）
　（とにかく、夫に早く帰ってきてほしいの）→
　← o：事前に連絡くださいね
　p：わかりました（連絡すればいいのね）→
援助者（急いでいる様子だし、手続きを急ごう）

● 援助関係のシステム

　図6は相談援助を中心とした援助関係のシステムを、ポジショニング視点に立って概念整理したものである。相談援助面接や支援の場面での援助関係を捉えようとするとき、ポジショニング視点による読み取りを図る上で着目するシステムの構成要素を位置づけてみている。〔Ⅰ〕のクライアント・システムでは、「人」をクライアント個人だけではなく、家族や関係者を含むシステムとして認識した上で、「問題」を明確化する上での力や対人関係などに着目する。〔Ⅱ〕の援助職者においては、情報処理技能、関係形成技能、コミュニケーション技能などから実践力を捉える必要があるだろう。情報処理技能とは、クライアント・システムから収集すべき必要な情報を認識し、分析・統合できる力である。また、クライアント・システムに必要な社会資源情報などを検索・吟味して、適切に情報提供できる情報発信の力も含まれる。関係形成技能は、クライアント・システムからの情報収集を可能にし、支援提供を進める上でも必要となる信頼関係の形成力、必要となる関係者の把握や接触、

図6 援助関係と専門性

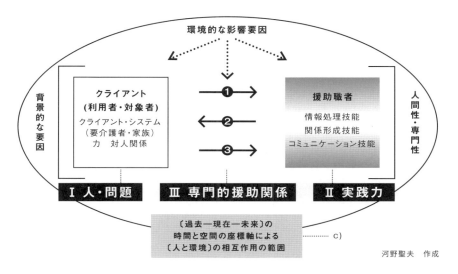

河野聖夫　作成

協働関係の構築などネットワーキングなどに関わる力である。そしてコミュニケーション技能とは、情報処理や関係形成を下支えするコミュニケーション技法や技術を的確に駆使していける力のことである。〔Ⅲ〕は、前項に示した援助関係における三つの方向を位置づけている。

さらに忘れてならないのが、援助関係に影響を及ぼしている様々な要因への着目である。クライアント・システムにおいても、援助職者においても、様々な事情を背景としながら相互に出会い、援助関係を展開させている。例えば前任の介護支援専門員への不信感が、後任の介護支援専門員との関係形成に影響したり、新任者に対する当初からの過度な依存や要求として表現されてきたりすることなどがこれにあたる。また、相談援助面接や支援が展開される時間経過の中で、クライアント・システムと援助職者の双方に共通して影響をもたらす要因も限りなく存在する。相談援助面接時におけるクライアントの心情や感情の動き、体調や集中力、援助職者との間に交わされるその時々の会話の流れや内容などは、気候や天候によっても変化するし、面談室なのか自宅での対応なの

かによってもその展開が異なってくる。周囲がにぎやかな状況であれば会話の声が大きくなったりするし、静かな場所で周囲に人がいれば逆に声が小さくなったりする。あらゆる援助職者は、これら周囲の要素にも注意を払いながら援助関係を形成し、発展させ、面接や援助を展開していく視点が求められている。そして、これらすべての構成要素は、「過去―現在―未来」という時間と空間の座標軸の中で推移し、常に変化・変質している。つまり、全く同じ状態が固定的に維持されることはなく、例えば太陽の光と雲の動き、気温や気候の変化というように、各々の構成要素の変化が幾重にも折り重なることによって、その時限りの状況が創り出されている。

なお、それぞれの具体的な要素とその把握の方法については、次節で詳しく述べていくので、そちらを参照して欲しい。

● **スーパービジョン関係**

先にも述べたように、スーパービジョンではクライアントと援助職者の間の関係性と、援助職者であるスーパーバイジーとスーパーバイザーの間の関係性という、二重の関係性が存在する。前者は援助関係であり、後者はスーパービジョン関係と言われる。スーパーバイザーより受けた指導や教示といった内容は、当然ながらクライアントに対する援助職者の考え方や姿勢、支援内容に影響する。この二つの関係性はパラレル関係（並行関係）とも言われ、相互の関係性の影響についての示唆がなされている。それは、クライアントへの支援とスーパービジョンの内容が相互に連動・連結していることに加えて、援助関係とスーパービジョン関係という2つの関係性が相互に影響しあうとするものである。これは、例えばスーパーバイザーとの信頼関係を基盤に得た援助職者の安心感や安定感が、クライアントに対する安定した姿勢に結びついて、結果として援助関係における信頼関係の強化に結びつくといった状況を意味する。また、スーパーバイザーによる援助職者への接し方や姿勢が、クライアントに対する援助職者の接し方や姿勢に反映される状態などもある。時には、スーパービジョン関係の不和・不調が、援助職者の

図7 スーパービジョン関係

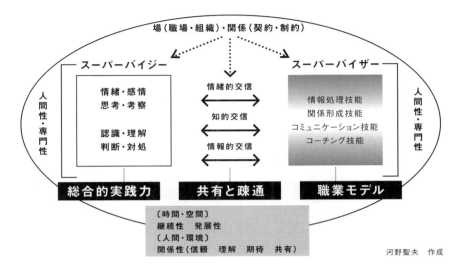

河野聖夫 作成

動揺や不安定感となって現れ、援助職者に対するクライアントの不安や不信感を引き出す要因になってしまうことも起こり得ることになる。

　このようなスーパービジョン関係の構造的な整理と表現を試みたものが図7である。スーパーバイザーの立場から、スーパーバイザーとスーパーバイジーの関係性に焦点を当てる形で、主な構成要素を記している。スーパーバイザーは、スーパーバイジーの専門性と人間性の両面を含めて理解しておく必要がある。まず第一には、これまでに行ってきた援助職者としての取り組みや経緯（過去）、職場の状況や援助職者としておかれている現状（現在）、今後に向けての意欲や志向（未来）などといった、援助職者としての背景への理解が必要である。そして第二に、スーパービジョンの中で具体的な話題となる実践場面や事例において、スーパーバイジーの人間的な要素としての感情的側面と認知的（知的）な側面、専門職としての認知面や行動状況などに焦点を当てて理解していくことになる。そのためには、スーパーバイジーのこれらの状況を捉えて理解し、必要な情報を把握した上で根拠ある働きかけが行える実践

力がスーパーバイザーに必要となる。つまり、情報処理技能、関係形成技能、コミュニケーション技能、そしてコーチング技能などである。

　情報処理技能は、人間理解や状況を捉えるための情報収集、情報分析、情報の統合化が行える力である。関係形成技能は、信頼関係の構築とその関係性を生かした相互交流を展開する力、コミュニケーション技能はそれらを下支えする対話力であり、何れも援助関係において援助職者に求められている実践力と同様のものである。コーチング技能は、相手の気づきや変化・成長を導く力などを意味するが、指導力と表現しても良いだろう。これらは、相応の訓練や実践、スーパービジョンを受けることなどによって習得し磨かれてくるものであり、スーパーバイザー自身の背景的要素の影響も大きく関わっている。どのような意識を持って取り組んできているのか、どのような経験を通じて何を学んできているのかなど、人間的側面と専門的側面によって捉えられる背景は、スーパーバイザー自身にはもちろん、スーパービジョンを受けるスーパーバイジーにおいても重要な要素となっている。自分のスーパーバイザーが誰でも良い、どこでも良い、と思う援助職者はそうそういないのではないだろうか。

　ところで、スーパーバイザーがスーパーバイジーを理解し、受けとめていくだけではスーパービジョン関係は機能しない。スーパービジョンも対人援助の一実践であり、スーパービジョン関係を通じた相互交流である。その交流を成立させる要素として、少なくとも情緒的交信、知的交信、情報的交信の三つの交信を捉えておきたい。私はスーパービジョン関係における相互交流を交信として捉えている。ここでの交信とは、チャンネル合わせを行った上での記号的な言語・非言語の、双方向に往復する通信（交流）状態である。スーパービジョン関係は、専門職業的な関係性であり、専門的共通基盤や共通言語（専門用語など）というチャンネルを基礎に関係が構築されており、向かおうとする方向性や取り組む課題などについての共通認識、共有というチャンネル合わせ、波長合わせが不可欠である。情緒的交信のチャンネルは、相互の気持ちや

問題意識の伝達のことであり、広く気持ちを通じ合わせることである。知的交信とは、専門的共通認識を得るための伝達であり、事例検討などにおけるクライアント情報の共有や経過の確認などがこれにあたる。情報的交信とは助言や指導のことであり、見かた考え方や見解の伝達、有効と考えられる社会資源情報や専門知識の提示などを含むものである。これらの交信を含む相互交流を通じてスーパービジョンは展開し、支持・教育・管理・評価といったスーパービジョンの機能が発揮されていくことになる。(スーパーバイザーに求められる能力、力量については第7章を参照)

クライアント理解の基礎
■ 人と問題への理解

　先述のように、ポジショニング視点は、クライアントと援助職者、その援助関係に焦点を当てている。そのため、ポジショニング視点を基礎とするスーパービジョンの実践(OGSVモデル)においては、「いま目の前にいるその人」としてのクライアントに焦点化することから始めて、その過程を展開していくことを基本とする。そこでは、クライアントがどのような人として理解されるのか、どのような状況に置かれていると考えられるのかを思考しながら、援助職者の向き合っている「人」とその人の直面している「問題」の全体像を理解しようとする。その理解を手に入れていく過程は必ずしも一律ではないが、私自身が受けてきたスーパービジョンによって身についてきた基本的過程は次のような内容になる。

《「いま目の前にいるその人」の人と問題の全体像を捉える視点と過程の一例》
〈1〉人間理解や社会関係への様々な視点と知識をもつ
　　……事前の知識情報の蓄積
〈2〉情報の収集を行う

……クライアント・システムに関係する個別的情報の収集と蓄積
〈3〉クライアント・システムへのライフイメージを高める
　　　……情報の分析・統合ⓐ
　　　クライアントや家族システムなどの生きる力を見る
　　　……情報の分析・統合ⓑ
〈4〉クライアントが直面している問題を整理する
　　　……問題の把握と整理・分析
〈5〉アセスメント（生きる力と課題の見積もり）
　　　……問題解決に向けた力の見極めと課題の明確化
⇒〈6〉いま目の前にいる人はどこにいるのか
　　　……〈1〉～〈5〉を通じた結果に対する考察
⇒〈7〉臨床像を描いてみる
　　　……援助職者としての認識・理解の具体化

〈1〉人間理解や社会関係への様々な視点と知識をもつ

　支援の対象者となるクライアントやその家族を理解する上で、自らに必要となる知識をあらかじめ諸科学から得ておくこと、新しい知見や情報にも関心をもって知識の拡大を図っておくことは、援助職者においての基本である。特に近年では、クライアント・システムや家族システムといったシステムや関係性の分析に関する知識、地域社会や地域生活、生活環境を捉えるための知識、そして生活歴や人生観と人々の生き方・考え方などとの関連性を解析するための知識など、社会科学の領域だけで見ても極めて幅広く多様化している。ましてや、身体や精神の状態を捉える自然科学の領域などにも広げるとなれば、知識の泉は限りなく多様となる。資格取得に伴って学習する知識レベルでは、職種を問わず到底及ばないことは言うまでもない。

〈2〉情報の収集を行う

　具体的な支援に取り組むことになれば、それに伴って必要となる個別的な情報が明らかとなってくる。どのような仕事であるとしても、求め

る結果に向かって仕事に取り組んでいくためには、それに応じた情報の収集、状況の把握などが必要となる。対人援助の実践において援助職者が必要とする情報、把握していくべき状況についての枠組みは予め示されている。その枠組みや情報収集の方法についての知識を活用しながら、援助職者はクライアントや家族（クライアント・システム）に関する情報、取り巻く社会資源（支援システム）に関わる情報、医療や介護の要否とその程度などに関する個人情報、支援のフィールドとなる地域の社会環境を見極めるためのエリア情報など、多様な情報の収集に取り組むことになる。また、スーパービジョンの場面においては、スーパーバイジーである援助職者から提供される情報がこれに含まれることになる。

〈3〉 クライアント・システムへのライフイメージを高める
　　　＋クライアントや家族システムなどの生きる力を見る

　援助職者の中で、向き合う個々のクライアント・システムへのライフイメージを高める作業は、クライアントへの理解を深めていく過程であり、ポジショニング視点によるクライアント理解の中核的な対応である。ここでのライフイメージとは生活感の意味合いであり、生きていく生活活動の中で、クライアント個々の生活をつくり出し、維持継続、発展していくために発揮されてきた力、必要とされてきたこと（life-needs）、その経過や積み重ねの状況への認識である。またライフ（life）とは、生命、暮らし、人生の三つの次元で捉えられる生活のことであり、生活課題（life-needs）を捉えるためにも、これらの三つの次元に渡って総合的に見極める必要がある。援助職者がクライアント・システムに触れ、ライフイメージ（生活感）をもって理解を深めようとするとき、生命・命の次元では、気力、体力、知力、発達、健康状態などによって捉えられる生命力、暮らし・日常生活の次元では意欲、行動力、判断力、理解力、生活の知恵などによって構成される生活力、人生・生涯の次元では、生きがい、向上心、自己実現、夢、人生指標などというような、成長し発達していこうとする力（私は成長力と呼んでいる）に

着目する。このようなポジショニング視点においては、個人の歴史に裏付けられた「こころ」と「からだ」への理解、時代的歴史に影響されてきた「こころ」と「からだ」の成長過程への理解、「いつ」「どこで」「だれと」「どのように」生きてきたのか、過ごしてきたのか、というクライアントの生きてきた歴史と、クライアント・システムが辿ってきたライフコースの時間軸（過去－現在－未来）、それに応じて発揮されてきた生きる力への理解としてライフイメージを具体化していく。

　ライフイメージを高める作業は、クライアントやその家族の人生観、ライフスタイルや生活実態、背景となるライフサイクルを理解することに始まり、居住地域の習慣や特徴の把握、季節的特徴や地域特性の把握などを経て、クライアント個々のライフ・ステージやライフコースに適合する姿のイメージ化を行う。さらに、クライアントやクライアントの生活場面からみえている援助職者の存在感、またクライアントの暮らす地域からみた援助職者の所属機関の役割、機関に向けられている理解や期待感も、ライフイメージの要素として把握しておく必要がある。一方、問題解決に向けた対応の基盤となるクライアントやその家族（家族システム）の生活力を推し量るために、経験的特性としての学習と認知の個別性（コンピテンス等）や人生経験、過去の問題解決への対処の仕方（コーピング等）、社会資源を活用できる力（ワーカビリティ）、原動力となる人生観や生きがい、生きる力（ストレングス）などに着目しておくことも重要である。

〈4〉**クライアントが直面している問題を整理する**

　対人援助における対応は、問題状況の発見や当事者を含む関係者からの通報、訴えなどに応じて開始されるが、援助職者は表面化した問題に反応するのではなく、問題の本質に目を向けて対処していくことが必要である。問題の本質は、表面化している現象だけではなくその出来事に直面している当事者、クライアント自身の認識を含むものである。また、クライアントの持つ力とその状態によっても、直面する出来事によって生じる問題状況は異なった様相を見せている。そのため援助職者

図8 アセスメント（生きる力と課題の見積り）の枠組みの一例

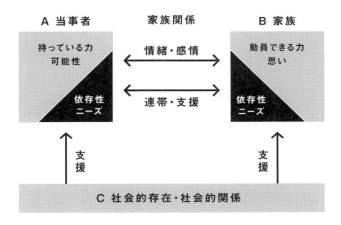

は、まず表出している出来事と、クライアントが認識する問題状況の把握から対応を始めることが多い。つまりクライアントからの訴えや要望・要求、問題意識や困惑の状態などの把握に向けた情報収集から開始する。そして、クライアントに関係する周囲の人々からの情報収集などにも取り組みながら、把握した情報を通じて問題の全体像をつかむために、個々の具体的な問題を整理する。この時ポジショニング視点では、表現された訴え（主訴）、悩み困っていること（困難）、求めていること・期待していること（要求）、必要としていること・不足していること（ニーズ）という四つのカテゴリーによって分類し考察を試みる。[6]

〈5〉アセスメント──生きる力と課題の見積もり

ポジショニング視点においては、四つのカテゴリーによって整理、検討された問題の内容をもとにしながら、クライアントの力と課題をアセスメントする。A－B－Cの枠組みによるアセスメント（図8）は、A当事者；持っている力・可能性／依存性・ニーズ－B家族；動員できる力・思い／自らのニーズ・依存性－C取り巻く社会資源；関わりのある存在／可能性ある存在、さらにはA－B－Cを相互に結び付け

ている関係性などに焦点化することよって、分析・統合がなされる。また、捉える情報は［過去－現在－未来］に渡る視点とライフニーズ（生命－暮らし－人生＝生きる力と依存）の視点を基礎に、生きてきた歴史の中で把握される生きる力に関する情報、現在の社会関係の中で把握される生きる力に関する情報、そして未来に向けた可能性を指し示す生きる力に関する情報まで、多種多様である。加えて、生きる上で備えている力や生じている課題を見積もる時には、それぞれが内在して持っている力や可能性とともに、様々な人間関係を通じて得ている力とそこで生じている課題にも焦点を当てていく。人間関係は、生きていく上での支え（サポーター）になることもあれば、重荷（ストレッサー）になることもある。後押ししてくれる力となることもあれば、立ちふさがる課題となってしまうこともある。この人間関係における両面性にも注意を払いながら、力と課題の見積もりとしてのアセスメントを実施していく。

　ポジショニング視点によるクライアント理解、人と問題の全体像を捉える過程はたとえば〈1〉～〈5〉の段階のように進められるが、その過程の個別性に関わらず「いま目の前にいるその人はどこにいるのか（クライアントの生きている世界）」についての考察と、「臨床像を描いてみる」という援助職者としての認識・理解の具体化を図る作業とが、必然的に実施される。言わば、この段階こそがポジショニング視点によるクライアント理解の実践的中核となる。

臨床像とは
　OGSVモデルにおける臨床像とは、援助関係や援助の過程を通じて援助職者が捉えている、クライアントの姿とクライアントが置かれている状況のことであり、「クライアントの臨床像」と表現されることもある。人は対人関係の中で、意識するしないに関わらず、自分以外の他者に対して何らかの印象やイメージ（例えば人物像）をもって接している。対人認知の概念もその一例だが、対人援助における援助関係におい

ても同様の構造や過程を含むことになり、あらゆる対人関係において避けることのできない構造と言える。また、対人援助の実践過程においては、例えば「情報収集～アセスメント」という過程において、情報に基づくクライアントへの理解を図ろうとする。その時の援助職者は、クライアントが直面する問題状況（生活課題）を見極めようとするだけではなく、問題に直面するクライアント自身への個別化された理解を得ようとしている。そして、その意図的な自らの理解の内容を、クライアントへの理解として位置付けることになる。この「人（ひと）」と「問題」への意図的な理解は、ソーシャルワークをはじめとする多くの対人援助において、援助職者としての実践基盤に位置づくものである。この、専門職として意図的に作り出されるクライアント理解の内容や、援助関係への自覚などが、援助職者の認知としての臨床像である。また、この援助職者の中に形成される臨床像は、援助職者自身の経験や対人認知の傾向にも影響を受けており、思い込みや先入観という歪みを伴うことも少なくない。

　あるグループスーパービジョンにおいて、「実はね、私目が見えるのよ」とタイトルがつけられた事例が提示された。この時、私をはじめ多くのメンバーは「視覚障がいのある方の事例かな」との印象を自覚しつつ、疑問を持ちながら資料に目を通し始めた。ここでは、「実はね」「目が見える」との断片的な情報に呼応して臨床像の形成が開始されており、クライアントの発した言葉がタイトルになっているとの推測とともに、クライアントの打ち明け話として推認している。確かに、タイトルのフレーズは女性の発した言葉であり、「実はね」は初めて打ち明けるという意味であった。だが、女性は障がいの認定を受けているといった事実とは無縁であり、地震災害の被災者であった。そして、見守り支援ボランティアとして個別訪問を行った社会福祉士に対して、仮設住宅に暮らし始めていた女性が、空間に浮き上がる目（一つ目妖怪のような存在）が見えることがあると打ち明けていたのである。さて臨床像は、どのような内容へと向かっていくのだろうか。「幻覚（幻視）？」「認知

症？」「本当？」など、様々なイメージを想起させるとともに、多くの援助職者を戸惑わせるのではないだろうか。この時のグループスーパービジョンの場面でも、事例の情報に触れていく過程でグループメンバーの中には、是非に関わらず印象として何らかのイメージが形成されていった。このイメージが臨床像であり、援助職者としてのクライアント理解、クライアントの「人（ひと）」と「問題」への認知である。

　ちなみに、助言者として参加していた私は、妖怪の一つ目入道（にゅうどう）や百目鬼（めき）など、目にまつわる妖怪を想起しながら、女性にはなぜ妖怪が見えているのだろうかと考えていた。さらに私は、極めて真面目に、目にまつわる妖怪を手元のスマートフォンで密かに検索し、一つ目入道を追い払う呪文などを調べながら事例提出者の説明を聞いていた。事例の資料は事前に受け取っていたのだが、その時点では妖怪に結び付いた思考には至っていなかった。プレゼンテーションの段階になって妖怪を想起した理由は、事例提出者から語られる女性の訴えの様子や被災後の経過内容と、女性の出身地などに関する生活歴の情報などに触れたからである。妖怪は、人の恐れや不安の感情を畏れ（の意識）に置き換えるのに役立っている。また、目にまつわる妖怪は、見られたり見透かされたりすることや、評価されたりすることへの人間の緊張や恐怖の感情に結びついて解される場合が多い。女性は震災の被災者であり、死に直面する人々を目前に見ながらも助かった一人である。避難所での生活は、お互いに視線を感じながらの落ち着かない空間で、多くの人々とともに気兼ねをしながら過ごしていた。目が見えたのは、その避難所でのことである（仮設住宅に移り住んでからも、時折見えると話していた様子である）。私の中には、様々に重なり合い渦巻いているであろう女性の感情とともに、妖怪のイメージが自然に結びついて想起されてきていた。

場と関係性を捉える

　援助関係が形成され、クライアント理解が深まったとしても、対人援助の展開は個別性の強いものとなる。援助職者の側が、どれほど専門性

による共通基盤を確立できていたとしても、援助職者の個性や所属機関の特性などによって生じる影響を完全には排除できないからである。また、その相違は援助者側の事情からだけではなく、援助職者や関係機関に対するクライアントの認識の状態や地域社会の事情からの影響も受けている。クライアントが同一人であっても、援助職者が交代すれば援助関係は新たな関係性となり、対人援助の展開も異なる経過を辿る。それ故に、援助職者は自分自身のポジショニングや、場と関係性のポジショニングを常に行っておく必要性を抱えることになる。ポジショニング視点におけるこの二つの枠組みと取り組みの過程については、第3節の「ポジショニング視点を基礎に置くスーパービジョン」の中で合わせて確認するが、ここではその基礎となる考え方について触れておく。

　そもそも場と関係性を読み取る絶対的な方法はない。ポジショニング視点も、特定のツールや手法を持っていないし、経験や感性により体得してきた方法も有効と考えている。エコマップをはじめとするネットワークやシステムを様々に分析／表現するマッピングの手法も有用であるし、ネットワーク分析や交流分析といった関係分析の方法も学んでおきたい。とにかく、それぞれに本来の強みと限界があるので、組み合わせて活用できることが望ましい。では、場と関係性を捉えるというポジショニング視点の意義はどこにあるのか。それは、［過去―現在―未来］の時間軸の中での援助関係の変化を意識化し、視覚化して、言語化する、という一連の過程に込めた姿勢にある。クライアントは援助職者に何を伝えようとしてきているのか、援助職者をどのような存在として認知し、何を期待しているのか。それに応じて向き合う援助職者自身は、クライアントをどのように認知し、何をしようと考えてきているのか。援助関係を重ねる経過の中で、相互に向けあう期待と思いがどのように交叉し、積み重ねられてきているのか。その結果として、いま何が起こっているのか、どのような関係性にあるのか、を援助職者自身が自覚し、表現し、説明するという流れがある。そして、その流れの中で一貫している姿勢は、クライアントに真に役立つ援助職者であろうとする努

力である。つまり、場と関係性を捉えるとは、援助職者が自身の実践を振り返りながら有効な次の一歩を踏み出そうとする内省作業である。内省とは、自己の姿と深く向き合うことであり、反省とは異なるものである。この内省を積み重ねながら、援助職者は自らの質を高めてクライアントにその存在を提供していく。その姿勢こそが、ポジショニング視点における対人援助の基本であることを忘れないでおきたい。

第3節 ポジショニング視点を基礎に置くスーパービジョン

実践フィールドの環境を整える

　誰しも、最初は初心者の新人として仕事に就く。経験を重ねて後の転職の場合は、新人としてのスタートラインも様々となるが、初心者の新人である場合には、とにかく仕事をするための自分造りから始めなければならない。私が新卒・新採用の新人医療ソーシャルワーカーとして仕事に就いた折には、新設部署であったことも加わって指導者はおろか先輩もなく、仕事の前例すら存在しなかった。その時の職場の直属の上司は医師であり、「僕は君が仕事のしやすいように力を添えるが、(医師である自分では)専門職としての指導はできない」と言って、『山梨の県民性』『甲州人気質』というタイトルの二冊の本と研修予算を用意してくれた。私は、このような理解のある上司に恵まれたことから、職場外に公式のスーパーバイザーを得て新人時代をスタートさせた。

　上司が用意してくれた二冊の本は、私にとってのクライアントを理解するための第一歩となり、ポジショニング視点を学ぶ上での最初の参考書でもあった。当時の私は、二冊の本に込められた上司からのメッセージを、「君のクライアントは患者・家族である前に地域で暮らす生活者であることを忘れるな」と理解した。医療ソーシャルワーカーとして当然かつ基本的な視点であるだけに、医師である上司の医療ソーシャル

ワーカーに対する理解と期待を感じ取った出来事でもあった。そして私は、病院同士が公式に契約を結んだスーパーバイザーの下にも、週に２日、２か月間の予定で業務として通った。わずか２か月間とはいえ当時としては異例で贅沢なものでもあったし、その後も個人契約での指導を継続して受けられたことを考えれば、上司の力添えには感謝しきれない思いである。

　さて、通いの形で始まったスーパービジョンであったが、着任早々からの相談援助事例への具体的な指導と並行して、課題を出されて現場に入り一週間の成果を持参するというプログラムがあった。例えば、職場の組織図を確認し、役職付き以上の職員の名前をフルネームで調べること、それら一人ひとりの人柄や周囲の評判を把握しエコマップを描いてみることなどである。ちなみに、そのための方法などは教えられず、自分で考えて行動することも課題の中に含まれていたようだった。この課題への取り組みの結果として私が手に入れたものは、職員一人ひとりから私に対する関心と理解を得られ始めたこと、職員との会話がスムーズにできるようになったこと、クライアントから持ち込まれた相談を最初は誰につないでいったら良いかがわかるようになったこと、自分自身の業務の説明や自己紹介が滑らかになったことなど、語りきれないほどたくさんあった。当時の私は２か月間を振り返って、医療ソーシャルワーカーとしての私という存在を周囲に伝える効果、私自身のコミュニケーション力の向上、病院組織をクライアントにとっての社会資源として活用できる素地ができたこと、の三つを成果としてスーパーバイザーと上司に報告した。

　このポジショニング視点に基づく実践は、私が別の病院に職場を移した際にも大いなる力となった。私なりの志を持っての転職であったが、転職先の病院では私の着任を歓迎していない管理職が複数存在した。一人は経営管理部門の責任者であり、もう一人は看護部長であった。そのままでは私自身の仕事にとって大きな負荷となりかねない状況である。私の就職を後押ししてくれた法人内の複数の関係者を通じて、そのよ

な情報が着任前の私自身の耳に届いてきた。転職先での私の仕事は、この二人の管理職の理解と信頼を得ることから始まったのである。まず最初に行ったことは、何故私に採用試験の面接をしてみようと考えるに至ったのか、その理由を面接試験で初めて会うことになった理事長に逆質問したのである。それをもって採用にならなければ仕方のないことであるし、そこには経営管理部門の責任者もいたことから、思い切っての行動であった。この行動は、私自身に何が求められているのかを確認した形だが、この質問に対する理事長の答えは私が仕事をしていく上での心強いお墨付き（保証）となった。もちろんプレッシャーを自ら背負った瞬間でもあるのだが、私の覚悟を率直かつ正直に表現した行動であり、ポジショニング視点を学んだ私なりの判断である。

　一方の看護部長に対しても、看護師長の集まっている場面において、「看護部の理解と協力なくして医療ソーシャルワーカーの仕事はなしえない」との考えを率直に伝え、一緒に仕事をさせてほしいと心から訴えた。突然の私の行動に驚く看護部長を前に、その場にいた看護師長たちが協力を申し出てくれた。よき理解者に出会い、信頼していただけた瞬間でもある。ポジショニング視点において最も大切なことは、決して自分の利益の為ではなくクライアントへのより良い支援のために考え、行動することである。そこがブレない限り必ず理解者に出会えるという、対人援助の実践フィールドに対する私の中の確信は、ポジショニング視点を学ぶスーパービジョンを通じて得た最大の成果である。

援助職者としての基礎を造る

　職場としての実践フィールドの環境を整え、求められている役割を果たしていけるようになるには、自分だけの努力では不十分である。必ず周囲の理解と協力が必要である。ましてや対人援助におけるクライアント支援では、単独行動は正に不可能である。そこで欠かせないポジショニング視点は、援助職者である「私」（自己）を知り、「私」（自己）の置かれている環境を認識することである。時に自己覚知と言われる視点

でもあるが、その視野に入る具体的な内容は〈援助職者の専門性に対する認識〉〈実践フィールドの把握と理解〉〈業務における役割期待の吟味と確認〉〈セルフ・イメージの把握と点検〉〈セルフ・ネットワークの把握と点検〉というような作業的カテゴリーによって整理できる。そして、これらの視野に応じた自己点検の作業を行うことで、援助職者としての自分自身を整えることが可能になり、社会資源としての自己の取扱説明書をクライアントに対して提示できるようにもなっていく。つまり、これがクライアントから信頼を得ることができる援助職者としての基礎を造るという、ポジショニング視点によるスーパービジョンの第一段階ということになる。

〈援助職者の専門性に対する認識〉とは、援助職者としての専門的視点や価値、職業倫理、職種形成の歴史的過程や背景に対して、社会的な認識がどのような状況に置かれているのかを自覚することである。例えば、医師や看護師の歴史を知らなくても、多くの人びとが職業イメージを共有している。また介護支援専門員に対しては、介護保険制度と一体化した職業として認識する人が多いことだろう。そして多くの場合において、社会における職業イメージと専門性に対する自らの認識との距離感を感じることだろう。この距離感を自覚しておくことが、援助職者としての自分が何者であるかをクライアントに伝える上で重要となる。

30年以上前、新人医療ソーシャルワーカーの私が「ソーシャルワーカーとは何をするのか？」「（福祉事務所にいる）ケースワーカーとはどう違うのか？」といった質問を数えきれないほど受けた。それらの質問に対して、職業的な専門性を説明しようとしても意味はなく、要は「私に何をしてくれる（人な）のか」「どのような時に役立ってくれるのか」といった相手の疑問や認識に応えていくことが大事となる。今ではクライアントから「（社会福祉士であるあなたには）守秘義務がありますから安心して話せます」という言葉をかけられる医療ソーシャルワーカーも少なくない。

〈実践フィールドの把握と理解〉は、時の社会情勢、地域社会の特性、

組織的な職場環境、所属機関の特性、自己の身分や立場、役職の権限や責任の範囲など、自分の職務に関わるあらゆる環境要因に関心を向けることである。また、〈役割期待の吟味と確認〉とは、担当する業務の社会的位置付けや内容、業務の組織内での位置付け、業務内容、利用者との関係（契約や仕事の範囲）、顧客（利用者）ニーズなど自分の守備範囲や足元に注意を払うことである。越権行為であれ、職務不履行であれ、本来の役割や業務を逸脱した状態は信頼を損ねるだけである。

〈セルフ・イメージの把握と点検〉とは、日常のライフ・ステージにおける自己像の明確化を図り、他者から見た自己を知ることである。他者から見た自分を知るためには、まず自分自身が自己を振り返ってみることから始めなければならない。その振り返りにおいては、例えば自分自身の心身／生命／健康の状態、生活／日常性／習慣・行動の特徴、人生経験／人生観／生きがい／人生目標の個別性などを通じて、人間性や価値観、問題解決力や知識／知力の個性を量ることになる。また、自己を知る作業は、自分自身を見ているだけでは不十分であり、自分の周囲にも目を向けなければならない。中でも、〈セルフ・ネットワークの把握と点検〉として、援助職者であり人間である自己に日常的に影響している人間関係や社会的背景に気づき、認識しておくことは、自分自身の安定感つまり自信の補強につながる。家族／親族をはじめ、友人関係、地域における人間関係や交流、組織（学校・職場など）における人間関係と背景、広範な社会的関係性（アイドルや憧れ的存在）、経験的な関係性（例えば、親切にしてもらえた名前も知らない人との出会い、感銘を受けた著書や芸術などとの出会い）というような存在は、自分のソーシャルサポートネットワークを構成し、力となっている。そして、家族歴や成育歴、生活歴における人間関係上の出来事など、過去から現在に至る関係性の積み重ねがあることも忘れないでおきたい。

場と関係性を活かしていく

　ポジショニング視点は、援助関係を通じた読み取りの作業であると同

時に、援助関係を形成していく上での位置取りの方法（アプローチ手法）でもある。対人援助は援助関係を通じて支援が提供されており、相互交流としてのコミュニケーションそれ自体が支援の一部である。ポジショニング視点は、このコミュニケーションの過程を援助職者の意識下に置くことによって制御し、クライアントの問題解決に役立つ専門的な援助関係の提供を図ろうとするものである。

　「俺の話を聞いてくれ」。気骨のある高齢男性は語気を強めて訴え、ケアマネジャーの腕をつかんだ。ケアマネジャーはその勢いに押され、怖さを感じて思わず腕を引いていた。「お前なんかに何がわかるか！帰れ！！」男性は言い放った。家族を交えての面接場面、次月のプラン内容について意見が食い違っていた。家族はサービス内容の追加を望み、男性を説得しようとしていた。男性は「俺は誰の世話にもなっていねー」と主張し、サービスの必要性を否定した。そしてケアマネジャーが「せめて現状のサービス利用を維持しよう」と考え、話し始めた時のことである（月刊「ケアマネジャー」2008.2掲載）。ケアマネジャーは、男性が信頼する訪問看護サービスとの関係性を頼りに、サービス利用の継続を促そうとしていた。一方の男性は、自分の思いや主張が家族に無視された状況を打開するため、目の前にいるケアマネジャーに訴えの先を代えようとした。この時、男性とケアマネジャーの間が折り合わず、ケアマネジャーは男性の本音を聴くタイミングを逃してしまった。ケアマネジャーがその場の圧迫感に耐えて踏みとどまり、深呼吸でもして気持ちを整え、男性の手を握りなおしていたら、信頼は深まってはずである。事実この男性は、自らの認識を整えなおして改めて訪れた同ケアマネジャーを受け入れ、信頼を置いて家族に内緒の頼み事をするまでになった。男性は自分の理解者を求めており、そのことにケアマネジャーが気づいた。そして、ケアマネジャーは追い返されたショックを乗り越え、男性の話を聞くために覚悟を決めて訪れたのである。このように援助関係を活用するのはクライアントであって、援助職者ではない。援助職者の役割は、クライアントに役立つ援助関係の提供であり、クライアント

が活用しやすい援助関係を創造することである。

　展開する援助関係の中で、クライアントと自分との援助関係における相互作用と取りまく環境（時間・空間）を捉えるポジショニング視点は、例えば次のような流れと内容になる。（自己検証の視点であり、スーパービジョン実践におけるスーパーバイザーの視点でもある）

《「援助展開に影響する時間と空間の四次元的な場」を捉える視点と過程の一例》
　時間とは、過去―現在―未来と連続する経過のことであり、事実経過や援助経過を含む援助関係の推移や変化として把握される。空間とは、時代背景や社会・制度の状況、地域性、季節や時期、日常の時間帯や生活空間の状況、面談や支援が行われている場所や雰囲気など、社会的情勢から個別的な事情まで幅広く捉えられる影響要因によって作り出されている状態のことである。また四次元的な場とは、援助関係において時系列的な推移の中に積み重ねられる過去の経験や変化、実績や未来への展望（期待や認識）などによって生じているその時々の状態を意味する。
〈1〉相互の関係性を把握し経過的（時系列）に理解する……〈時間〉
①援助関係における自己とクライアントとの関係性を認識し、お互いの中で繰り広げられる力動関係を把握する。
　常に変化、発展している人間関係に着目し、生きてきた歴史と生活像の中で展開される交流のドラマ、ストーリーを読み取る。
　⇒自分の面接やコミュニケーション場面についての振り返りを、特定の実践事例や普段の複数の対応事例において、定期的かつ継続的に行うと良い。
②対応の経過における出来事（事実）を時系列的に捉え、その内容への多面的な意味づけ（解釈）を試みる。
　出来事に対して、自分の認識と周囲の人たちの認識の相違を把握する。

⇒経過記録などを活用した振り返りを行ったり、定期的に要約記録を作成することによって取り組むことができる。
③社会の動向や身近な出来事を把握し、それらが自己やクライアントにどのように結びついているのか、お互いの認識を捉えるとともに、実際の影響の事実について考察する。
  ⇒普段から、ニュースや暮らしの中の情報、他者の発言に関心を持っていることが必要である。クライアントの何気ない発言の中から見出していく。

〈2〉自らの置かれている援助環境を把握し理解する……〈空間〉
④自らの職業的な位置を知る。
  所属する機関・組織の社会的な役割と地域における機能を把握し、地域住民や利用者の目線から整理してみる。
  ⇒利用者向けのパンフレットや紹介記事・ホームページなどが手掛かりとなる。
⑤地域との連携を志向する。
  関係する機関や施設等の情報を把握して役割や機能を理解すると共に、相互の協力関係の実情や可能性について確認する。
  ⇒エコマップなどを描いて、イメージしてみると良い。
⑥対象者に合わせた対応を意識化する。
  クライアント理解（前節参照）に基づき、「人と問題」（いま目の前にいるその人）に対する個別的な対応を具体的に想起（イメージ化）する。
  ⇒機関の役割の効果的、効率的な遂行を図るためにも、クライアントのペースや特徴に応じた個別的対応を重視して考える。

　場を捉えるとは、よく耳にする「空気をよむ」ことと同様であると思われるが、ポジショニング視点における「四次元的な場を捉える」こととなると、「過去─現在─未来のストーリーの中での空気をよむ」ということになるのだろうか。先のケアマネジャーの事例では、ケアマネ

ジャーがクライアントである男性に会う前に、男性に何が起こっていたのか、自分の人生の先をどのように描いているのか、という見えない現実にも気を配りながら、目前の訴えに応じることを意味する。実際のところ、男性に対して前夜に家族がデイサービスに行くように促していたことで、翌日訪問してきたケアマネジャーがデイサービスの段取りにやってきたと男性は思っていた。一方で、ケアマネジャーはその事実を知らないまま、男性のネガティブな様子に戸惑いつつも、男性の気持ちをなだめようと働きかけた。男性にしてみれば、その場のケアマネジャーは家族の肩を持つ存在に見えていて、何とか自分の味方に引き寄せようとケアマネジャーの腕をつかんでいた。だが、そのことが読み取れていないケアマネジャーは、男性の突然の行動に驚いて反射的に自分の手を引いてしまった。結果、男性もケアマネジャーも、それぞれが本意とは逆の拒絶を演じてしまうことになっていたのである。「四次元的な場を捉える」とは、なんとも難しいものである。

対象者(いま目の前にいるその人)と自分(援助職者としての「私」)、その関係を知る
専門職であることの意味と利用者から見た「私」への認識

〈対象者と問題の全体像を捉える〉…Ⅰ
1. 対象者への基本的理解
1) 対象者理解への視点と知識をもつ
   対象者と家族。クライアント・システム、家族システム。
   地域と生活環境
   生活歴と人生観
2) 情報の収集を行う
   対象者・家族(クライアント・システム)の情報
   社会資源(支援システム)の情報
   医療・介護の個人情報

地域情報
3）対象者のライフイメージを高める
　　対象者や家族の人生観、ライフスタイル、生活実態を理解する。
　　居住地域の習慣や特徴を把握する。季節的特徴や特性をつかむ。
　　個々の生活に合った方向性をイメージ化する。
　　＊対象者や対象者の生活からみた、またその地域からみた自分
　　　の所属機関の役割や、機関に向けられた理解や期待感を把握
　　　する必要がある。
　　対象者の生活力を見る
　　経験的特性（学習と認知の個別性、人生経験など）
　　問題解決への対処の仕方（特徴、傾向）
　　社会資源の活用力（人的支援、物理的支援など→ソーシャル
　　ポート）
　　人生観、生きがい、生きる力
4）問題を整理する
　　対象者にある問題を把握する。
　　問題の全体像をつかむ。
　　取り扱う問題を整理する。
　　（援助する、援助できるものとそうでないものの認識をもつ）
　　〔＊面接技術やコミュニケーション技能の必要性がここにある〕
5）アセスメント（生きる力と課題の見積り）を行う

〈援助職者とその環境を認識する（**自己覚知**）〉…Ⅱ
〈援助職者の専門性に対する認識〉
　1．視点と価値観
　2．倫理
　3．歴史的背景と経緯
〈フィールドの把握と理解〉
　1．社会情勢

2．地域環境・地域特性
　3．組織的環境、機関の特性
　4．身分、立場、役職　等
〈役割期待の吟味と確認〉
　1．業務の社会的位置付けや内容
　2．業務の組織内での位置付け
　3．業務内容
　4．対象者との関係（契約や仕事の内容）
　5．顧客（利用者）ニーズ
〈セルフ・イメージの把握と点検〉　自己覚知
　ライフ・ステージにおける自己像の明確化を図る。
　1．心身・生命・健康
　2．生活・日常性・習慣・行動
　3．人生経験・人生観・生きがい・人生目標
　4．人間性・価値観・問題解決力・知識／知力
〈セルフ・ネットワークの把握と点検〉
　援助職者として、人間として、自己に影響する人間関係や社会的背景に気づき、認識する。
　1．家族関係（親族関係）
　2．友人関係
　3．地域における人間関係、交流
　4．組織（学校・職場など）における人間関係と背景
　5．社会的な関係性
　6．経験的な関係性
（家族歴や成育歴、生活歴における人間関係上の出来事、関係性）

〈援助関係における相互作用と取りまく環境（時間・空間）を捉える〉…Ⅲ
　1．相互関係の把握と経過の理解
　　〈援助の時間と環境の四次元的な「場」を捉える〉

1）関係性を認識し、繰り広げられる力動関係を把握する
　　人間関係は常に変化し、発展する。
　　人生の歴史と生活像を持った人間同士の交流はドラマを生み出す。
2）対応の経過における事実と内容を多面的に捉える
　　事実には客観的事実と主観的事実がある。主観的事実は複数存在する。
　　感情は客観的事実よりも主観的事実により大きな影響を受けている。
　　自分自身と関係する人たちの持つ主観的事実の内容と相違を把握する。
2．援助環境の把握と理解
〈援助関係と相互作用、影響因子を捉える〉
1）自らの位置を知る
　　所属する機関・組織の役割と機能を把握し、整理する。
2）地域との連携を図る
　　関係する機関や施設等の情報を把握し、役割や機能を理解するとともに、相互の協力関係について確認する。
3）対象者に合わせた対応を考える
　　機関の役割の遂行を図ることは当然だが、その効果と効率を考えるなら対象者のペースや特徴を充分に配慮した対応が必要である。対象者の排除や差別は人権の侵害であり論外である。（スティグマ、社会的虐待の問題）

〈利用者理解（アセスメント）の統合と総体的理解〉
枠組み統合の焦点
1．人間理解の座標軸
　　専門的尺度（アセスメント項目）、アセスメント・スキルを意識的に導入する。

2．座標軸の個別化（個別性）と原点の移動（理解の柔軟性）
　固定観念や偏見を排除した理解の枠組みを多様に持ち、使い分けていく。
3．時間と空間の概念を統合化した座標軸→四次元的な理解
　過去−現在−未来の連続した時間の流れ（生きてきた歴史）、環境変化に目を向け、利用者への影響を勘案する。

情報特性の理解（第3章参照）
1．主観的情報（感情的情報）と客観的情報（現象的情報）
2．視覚的情報、聴覚的情報、体感的情報
3．原型・原石情報と加工情報
4．情報の次元と組み立て…点−線−面−立体−四次元的情報
5．知識情報と援助情報（個人情報、経過情報、実践情報　など）

ポジショニング視点に基づく臨床像
■ 構成要素としての情報枠組み

　スーパービジョン実践の場面で臨床像を捉えようとする時には、最初に「クライアンが誰であるのか」を仮に定める。援助職者として自らの対象と捉えるクライアントが定まらなければ、クライアント・システムへの照準が定まらないためであり、スーパービジョン実践の途上で仮の設定を変更する場合もある。そして設定されたクライアントを中心とするクライアント・システムに照準を合わせ、ポジショニング視点による枠組みに応じた情報を収集し分析・統合を図っていく。

　第一の枠組みであるクライアント・システムに関する要素は、ライフイメージを具体化するために必要となる「生きてきた歴史」と「現在の社会関係」、内的なシステムとしての「ニーズ情報」や「問題の表出」状況などで構成される。第二にスーパーバイジーの状況を把握する上で必要な、援助職者（援助チーム）としての「人間的背景」と「専門的背

景」、参加・連携する支援システムと援助職者の内的なシステム、第三に相互交流を把握するためのコミュニケーション場面や支援経過に関する情報、などの枠組みによって臨床像を捉えていく。

◆クライアントは誰か：スーパーバイジーや所属機関の対象者として設定されることになるが、実際に支援を必要とする存在やニーズの所在と一致しないことがあるため、臨床像を捉える上ではあくまでも仮の位置づけとなる。

◆クライアントの生きてきた歴史：ライフヒストリー（生活史、生活歴）やライフサイクルなどのように客観化される内容と、ライフストーリー（思い出話・身の上話、自分史など）のように当事者の認識による内容の両面から、ライフコース（個人史）やライフイベント（人生における出来事）を把握していく。

◆クライアントの現在の社会関係：さまざまな人間関係（家族関係、近隣関係、友人関係など）や社会制度との関係（サービス利用、社会的地位、居住地域の生活環境・慣習など）および役割関係（要介護状態や主介護者、ソーシャルサポートネットワーク、社会参加など）というような、社会のあらゆる存在との結びつきを視野に捉えていく。

◆クライアントの内的なシステム：情緒・感情の状態や思考・認知の状態と、その土台となる心身の状態、ニーズアセスメントにかかわる諸情報や問題（表現された訴え、悩み困っていること、求めていること、必要としていること）などの具体的な状態像として捉えていく。

◆援助職者の人間的背景：職業動機や意欲、目的意識や人柄、個別的なソーシャルサポートネットワークなど、仕事に影響する個性として見える側面である。

◆援助職者の専門的背景：基盤とする資格や教育（学歴、研修歴など）、所属機関の特徴や組織的な位置づけ（地位、役職、役割）、職場や連携場面における人間関係、職歴・職業経験など、従事する業務に結びついている要因である。

◆援助職者の内的なシステム：クライアントやクライアント・システムお

よびそこから伝わってくる情報やメッセージに対する認識や理解の状態、それに応じた判断や対処の内容などとして捉えていく。援助職者としての人間的な感情・情緒の状態、揺らぎや葛藤なども含まれてくる。

■ **五つの考察枠組み**

　OGSVモデルによるスーパービジョン実践においては、ポジショニング視点の枠組みから収集、整理した情報を分析・統合し、臨床像の言語化を図るために必要となる考察・検討の枠組みを次のように想定している。

①クライアントについて――「どのような人が――どのような状況に置かれているのか」：ライフイメージをもって「人と問題」を理解する視点に立ち、クライアントへの理解を深めていく。クライアントの持っている力や強さ、可能性を含めて考察する。

②援助職者について――「何ができるか？　どこまでできるか」：所属機関の機能や専門職としての役割を通じて、援助職者として具体的にできること、その範囲と程度および限界などを見積もっていく。援助職者の実践力における可能性と限界（課題）についても考察する。

③援助関係について――「何が起こっているのか――どのような関係にあるのか」：信頼関係の深まりやその度合いを見極め、問題解決に向けた協働の力や可能性を見積もる。また、クライアントから援助職者に向けられている感情や期待、援助職者からクライアントに伝わっている思いや意図など、クライアントと援助職者との間の情緒的関係も含めて考察していく。

④共通する影響要因について――「何が、どのように影響しているのか」：時代的背景、社会や制度の状況、地域性や慣習、季節や気候変動、日常生活の活動時期（時間帯）や事件などの特徴的な出来事というような、マクロからミクロに渡る様々な影響因子について、クライアント・システムと支援システムの双方に影響を及ぼしている要因を見出し、援助関係や支援経過にどのような影響を与えているのかを考察する。「いつ、どこで、だれが、なにを、どのような経過で、なぜ」対応が始まったのかを具体的に把握することで、どのような経過の中で

「いま」を迎えているのか、周囲はどのような状況か、を考えていく。
⑤問題の中核について―「問題の本質は何か―何に取り組めばよいのか」；クライアント・システムの内外で生じている問題状況の本質的要因（直接的な原因だけではなく、問題発生の事情や交互作用のメカニズムを含む）をはじめ、援助職者の抱えている問題状況や援助関係における問題状況についてもその本質的要因を考察する。

これら五つの枠組みは、臨床像の共有作業を通じて取り組むOGSVモデルによるスーパービジョン実践の実践過程において、特徴的な思考過程、考察の要素になっている。（第4章第4節　図10参照）

■ **臨床像の絵解き**

OGSVモデルによるスーパービジョン実践の最大の特徴は、ポジショニング視点に基づく援助実践の理解と考察、つまり臨床像（情報への認識と情報の組み立て）と絵解き作業（言語化）である。このポジショニング視点と絵解きを紙面で説明するのは簡単ではないが、例えばあるグループスーパービジョンでの例からは次のように説明される。

『その場のスーパーバイジーは看護職であり、グループメンバーは医療ソーシャルワーカー、精神保健福祉士、介護支援専門員、社会福祉士、看護職などである。クライアント（本人）はある男性の高齢者で、在宅療養により看護・介護を必要としていた。主たる介護者である家族は訪問看護を希望していたが、当の本人は看護職の対応を拒んでいた。事業所の責任者であるスーパーバイジーは、相談の目的で自ら自宅を訪問したが本人の対応は同様だった。しかし、お茶を運んできた家族に本人が絵を飾るように求めた際に、スーパーバイジーは躊躇する家族に代わって絵を飾りつけた。そのことがきっかけで、本人は徐々にスーパーバイジーに身の上話などを話すようになり、ケアも受け入れていくようになった。しかし、本人は相変わらずスーパーバイジー以外のケアを受け入れず、家族も何かにつけてスーパーバイジーに助けを求めるようになってしまった。その結果、スーパーバイジーは、昼夜構わず家族から連絡が入り頼られる状況において、徐々に負担感を増していった』

さて、ここで果たして何が起きていたのか、なぜそのようになっていったのか。それらを考察し明らかにすることが、ポジショニング視点による絵解き作業の一つである。その時に共有された臨床像の絵解きの内容は、『本人は、自分の元気だった時の家族との思い出の絵を飾ろうとした。それをバイジーが引き受け、その話題に触れた。本人は、介護を必要とする今の自分だけではなく、元気だった頃の自分を受け入れてくれたスーパーバイジーを信頼しケアを受け入れることにした。そして、スーパーバイジーの言うことだけは受け入れるようになった。しかし、その後も本人は家族の意見を聞き入れないため、家族もスーパーバイジーを利用するようになった。一方のスーパーバイジーは、絵を飾ることは本来の仕事ではないと自戒していたため、本人の気持ちの変化に気づかずにいた』という主旨であった。スーパーバイジーは、その時のスーパービジョン実践を通じてそのことに気づき、自分と本人・家族との関係形成の経過と構造を突きとめていった。さらに、スーパーバイザーの立場から臨床像と問題の中核を補足（絵解き）する必要がある。それは、『本人夫婦には頼りたい息子（家族）がいたが、行き違いの多い本人夫婦（父母）の間に立つことはせず、関わりが少なかった。そしてスーパーバイジーは男性であり、スーパーバイジーに対する本人夫婦の感情は息子への期待感と重なることになった（クライアントによる感情転移）。そのために、本人夫婦にとってのスーパーバイジーは看護職としてではなく、家族の代わりのような存在に置かれることになった。この結果として、スーパーバイジーと本人夫婦の間の関係性にズレが生じ始め、さらにその相違が広がった』という主旨となる。なお、この時のスーパービジョン実践は、このような臨床像への絵解き（共有）を経て、今後の支援の中でどのように援助実践を展開し、援助関係の修正を図っていくのか、スーパーバイジーにできることや課題は何であるのかという考察の協働作業へと進んでいった。

　このように、ポジショニング視点に基づく臨床像の絵解き作業は、援助関係の創造や展開の場面において、援助職者としての「私」（スー

パーバイジー）の認識や行動に対し、スーパーバイザーとしての様々な示唆の提供を意図するものである。しかし、それらの実践は決して簡単なことではなく、専門的な知識と技術、技能（スキル）、つまり自らの援助職者としての実践力が土台となる。だからこそ、スーパービジョン実践は、困った時に行うばかりではなく、自らの実践力の向上、そのための自己点検の場として、また気づきや発見の場として、日常的に計画的に行うものである。うまくいったと感じている実践であっても、課題が潜んでいるかもしれないし、なぜうまくいったのかを知らなければ、次の実践や指導に生かすことができない。絵解き作業とは、援助職者がより良い援助を提供し、自らの実践力を向上させるため、何より安心して援助実践に取り組むために、自らの援助実践の言語化に取り組む過程でもあると言えるだろう。

参考文献

1）バイステック著／尾崎新他訳『ケースワークの原則　援助関係を形成する技法　新訳版』誠信書房、1996

2）杉本敏夫「第3章第3節その他の援助技術」新・社会福祉学習双書編集委員会編『社会福祉援助技術総論』全国社会福祉協議会、1997年

3）奥川幸子監修「対人援助におけるスーパービジョン『OGSV ―グループスーパービジョン実践モデル』対人援助の基本視点とスーパービジョン実践の基礎」OGSV研修企画、2001年

4）アルフレッド・カデューシン、ダニエル・ハークネス『スーパービジョン　イン　ソーシャルワーク　第5版』福山和女監修、萬歳芙美子／荻野ひろみ監訳、田中千枝子責任編集、中央法規出版、2016年

5）河野聖夫『ポジショニング視点による実践アプローチの検討～ソーシャルワーク実践理論を踏まえて～』「医療社会事業19号」山梨県福祉保健部医務課、平成15年3月

6）奥川幸子『未知との遭遇』三輪書店、1997

第3章 スーパービジョン実践における事例のまとめ方と情報収集の枠組み

第1節 実践事例を通じたスーパービジョン実践と資料作成

実践事例を資料にまとめる目的と意義

■ 実践の振り返りと記述の効用

　実践を記録に残すことは、一義的には専門職としての責務であり、様々な局面での説明責任を果たす上での根拠や裏付けとなる資料となる。対人援助職者における記録についても、説明責任を果たす上での立証資料の側面や、様々な局面における判断や思考の過程を明確にする説明資料の性格を持つとされる。また、複数の関係者や関係機関において情報共有を図るもの、協議を伴う意思決定過程に関わる会議記録（議事録）、実践の効果測定や検証を進めるためのデータ記録など、その目的に応じた記録の必要性や記述方法が示されている。加えて、近年では報酬請求の根拠とすべき基礎資料や付帯記録の要素も重要となる。同様に、スーパービジョンを目的とした記録についても多くの先例が示されてきているが、（スーパービジョンの場面において活用される記録には、）業務に伴って予め別の目的や書式等によって作成されたものと、スーパービジョンそれ自体を目的にまとめられたものとの、大きく二つに区別される。日常的な業務上の記録を用いてスーパービジョンが行われる場面もあれば、それらを基にスーパービジョン用の資料としてまとめたもので実施される場面、双方の資料を併せて用いる場面もある。

　私自身が新人の医療ソーシャルワーカーとしてスーパービジョンを受

けてきた当時は、スーパーバイザーによって示された規定書式というものは存在しなかった。かといって、現場で作成した記録をそのままスーパービジョンの場面に持ち込んだこともない。その都度にスーパービジョンのテーマや内容に応じてまとめるべき内容が示され、自らが書式を思案してまとめることが通例となっていた。事例検討を主体とするグループ・スーパービジョンの場面においても同様であり、各回の事例提出者（いわゆるスーパーバイジー）が自らの問題意識に応じたまとめ方の工夫がなされていた。ただ、書式は示されていなかったものの、取り組みたい課題の説明（検討課題）、場面の概要（事例概要）、それらを端的に示すタイトル（表題）、そして自身の考察を含むその時点での考え（まとめ）については、説明が求められた。OGSVモデルによるスーパービジョン実践でのこのような約束事は、言わば見えない書式とでも言えば良いのだろうか、スーパーバイジーである私にとっては、ある種の緊張感を生じさせていたものである。それは、規定書式がない分、まとめ方それ自体に自分自身の実践力や自己課題が表れるという事実、スーパービジョン実践における評価素材の一つであると自覚されていたからである。言い換えれば、資料を作成するという作業を通して自分自身や自己の援助実践と向き合うことになり、あるがままの自分の姿を表現することに不安や恥ずかしさを感じていた。

　スーパービジョン実践に向けて自ら資料を作成するという作業は、スーパービジョンとしての考察と振り返りに他ならない。この作業を通して、クライアントや状況に対する理解が深まることはもちろんだが、それまで自覚していなかった自分に出会うことも少なくない。自分自身の感じている問題意識はどのようなものであるか、何をどのように検討していくことができるのか、その提示にあたってのわかりやすい表現方法（記述）をどのようにするか。これらの思考を重ねることは、その時どきの自分自身の行動や情緒、判断や対処といった一連の援助実践を言語化する作業である。残されている業務記録などを基に情報や事実経過をまとめ作業であるとしても、記述するためには自分自身の記憶や認識

3 スーパービジョン実践における事例のまとめ方と情報収集の枠組み

と向き合うことになる。忘れていたことを思い出すことでの記憶の補完、情報や事実関係の再確認を行うことで進められる記憶や認識の修正、それまでは気に留めていなかった事柄に目を向けることになる意識化（気づき）など、様々な効用が期待されている。

■ **言語化としての資料作成**

　クライアントへの援助実践に限らず、スーパービジョン実践に向けた資料作成は、自らの認識や理解を表現しようとする過程であり、援助職者としての言語化の作業である。書式にとらわれない言語化の作業は、自由な表現方法を取り得るという点でスーパーバイジーとしての自己を現しやすい。また、作業としての難しさを感じることはあるが、自らの枠組みを構築したり検証することができるという点や、言語化の訓練が図られるという点での意義がある。一方で、スーパーバイジーによっては、何らかの枠組みを持たないまま資料を作成しようとしても、どこから手を付けてよいかわからないといった事態に直面することになり、必要な情報が確認できないままになっていたり、スーパービジョンに対する負担感を増幅させたりするかもしれない。スーパービジョン実践を意義あるものとするためには、少なくともどのような点での言語化を図るのかなど、最低限の枠組みはスーパーバイザーより示されている必要があるだろう。例えば、OGSVモデルによるスーパービジョン実践では、表題（タイトル）、提出理由（検討課題）、事例の概要、考察・まとめなどを内容に含めた資料であることが基本になってきている。（奥川幸子著『身体知と言語』第3部第4章を参照）

■ **表題の持つ意味**

　資料作成のどの段階で表題を定めるかは、実に様々のようである。一番初めに表題から書き始めることもあれば、一番最後になって考えることもある。一度付けた表題を途中で何度も変更することさえあるようだ。実はこの表題、自らのもつ臨床像を言語化する第一歩でもある。例えば、「妹家族と自分らしく暮らせているか」という表題では、妹やその家族と同居する要介護者の様子に何らかの引っ掛かりを感じているこ

とが読み取れる。臨床像を描く上では、家族システムや家族としての生活史が重要な焦点となることが予測され、スーパービジョン実践の場でのメンバーの視点も家族に向かっていった。また、「独居で認知症の母親の介護における家族の理解と関わり方への支援」という表題では、〔Ⅰ〕独居で認知症の母親と介護にあたる家族、〔Ⅱ〕家族への理解に問題意識を持つ援助職者、〔Ⅲ〕そこでの支援（のあり方）、について焦点が当てられ、スーパーバイザーやグループメンバーの中では援助関係に何らかの課題を感じながらスーパービジョン実践が展開されていくことになった。

　このように、表題は資料をまとめる段階で、その事例や話題をスーパーバイジーがどのように受け止めているかを表現したものである。それはスーパーバイジーの持つ認識（イメージ）の表れであり、（その成否はともかくとしても）言語化された臨床像の一片である。スーパーバイザーは、表題に込められたスーパーバイジーの思いを感じ取り、そこに秘められている課題に焦点化することを忘れないでおきたい。

■ **提出理由を記す意味**

　資料作成にあたっての提出理由は、自己の認識や課題（問題意識）に向き合いスーパーバイジー自らが言語化する作業である。自分の中での引っかかり、消化できていない事柄や確認したい内容などが、スーパーバイジー自身の言葉で説明される。スーパーバイザーから見れば、スーパーバイジーの到達段階やその時の状態を把握しながら、スーパーバイジーの思いや考えを受け取る部分でもある。ただ、スーパーバイジーによって気になっている事柄を表現できたとしても、そもそも何が問題なのか、どのようなことを検討したらよいのかわからない、といった状態であることも少なくない。そのようなところに「検討したいことは何ですか？」と問いかけてみても、そこで提示される返答が的を得ているとは限らない。そこで、どのような理由から当該の事例や話題が選ばれたのか、その思いや考えがどのような内容であるのかの説明を求める訳である。提出理由とは、スーパービジョン実践に臨むにあたっての、スー

パーバイジー自身の行動理由の説明でもある。例えば、「自分自身の（援助職者としての）課題がわからないので、一番最近に依頼を受けた事例を選びました」というような説明、提出理由であっても問題はなく、「検討課題」として提示を求められるよりもスーパーバイジーは自己表現がしやすいはずである。スーパーバイジーが自分自身の状態や思いなどに向き合い、その内容を自分自身の言葉で表現してみることが期待されている部分である。

■ **事例の概要と臨床像の関係**

　事例の概要とは、事例の全体像を短い要約によって紹介する記述である。この要約の作業は、事例の特性（個別性）に対するスーパーバイジーの考察の第一歩であり、自らの臨床像への認識とその根拠を説明するものである。資料を作成するスーパーバイジーの立場に立って考えるならば、表題の主旨を説明するつもりで記述すればよい。そうすることで、その記述の内容が臨床像を共有するための起点となる。一方スーパーバイザーの視点に立てば、事例の概要はスーパーバイジーの置かれている状況（つまり臨床像の一片）を把握し、スーパーバイジーの課題に焦点化する上での重要な情報源となる。もし事例の概要に問題の中核を含む臨床像が的確に記述されていたら、スーパーバイザーとしてはその後の展開を進めやすく感じることだろう。しかし、事例の概要をまとめることは、決して簡単なことではなく、基本情報や支援経過をまとめるよりも数段難しいものである。何をどのように説明するのか、その重要な部分を抽出し、あるいは絞り込んで文章にまとめなくてはならない。文章能力もさることながら、やはり要点を捉える力が必要であり、事例の概要は援助職者の実践力が反映されやすい部分でもある。短い文章であれば良いというような画一的なものではなく、説明上の必要性とスーパーバイジーの状態によって記述の程度は変化すると考えた方が良い。

■ **紹介経路――開始経過の確認**

　支援事例における紹介経路への着目は、紹介元やその関係者からもた

らされる情報とその影響を重視してのことである。援助職者が対応を開始するには何らかの事情や理由があり、その内容と援助職者の所属機関の役割との結びつきを理解することは、ポジショニング視点からのスーパービジョン実践の基礎である。スーパーバイジーである援助職者は、紹介元からの要請や情報を受けて自らの役割や実践内容を具体化することになる。その具体化の過程では、援助職者の中に仮の臨床像が形成されていくことになるが、紹介元からの伝達がその基となる情報の一つであり、時には援助職者の過度な使命感や先入観となるなどその後の臨床像形成に影響することが多い。また、スーパービジョン実践においては、スーパーバイジー以外からもたらされている情報を把握することによって、スーパーバイジーが自らの実践を通じて把握した情報と照らし合わせるなど、多面的に臨床像を吟味検討することが可能になる。

■ 援助職者の視点によるアセスメント

アセスメント情報とアセスメントの内容は、援助職者の中に形成されている臨床像の核となっている。そもそもアセスメントの実施は援助職者にとって重要な専門過程であり、実践力が最も問われる部分でもある。それ故に、スーパーバイザーが、スーパーバイジーの実践力を見積り、その力量に応じたスーパービジョン実践を展開する上でアセスメントに関わる記述は重要な手掛かりとなる。スーパーバイジーとしても、援助職者としての実践力を高めていくためにはアセスメントの力量を上げていくことが不可欠であり、その内容を振り返る必要がある。つまり、スーパービジョン実践の資料としてアセスメントの内容をまとめることは、単なる情報の整理ではなく自らの援助実践の確認であり、援助職者としての専門的視点や思考を点検する作業である。それ故に作業にあたっては情報の列記だけではなく、援助職者としての判断内容やクライアントと共有されたアセスメントの要旨を説明するようにしたい。

■ 援助経過の再確認

援助経過をまとめる作業は、時系列に沿ってその時々の自己を遡る作業でもある。援助経過には、クライアント側の動きと援助職者側の動

き、周囲の関係者の動きが含まれるが、相互のやり取りを時間的な前後関係を意識しながら振り返ることが大切である。援助経過の内容は、支援内容や事実関係の確認だけではなく、援助関係を捉える上での情報源となる。また、クライアントや関係する家族などの情緒的な動き、その変化を把握する上でも重要な情報源である。クライアントと援助職者の間に何が起こっているのか、両者の関係性がどのような状況にあるのかという援助関係への焦点化、その時のクライアントの思いや考えはどのようなものであるのかなど「目の前にいるその人」への理解、臨床像の共有化には欠かせない内容への情報源として、援助経過は重要な内容となっている。

■ 考察とまとめ

　考察やまとめは、スーパーバイザーとともに取り組むスーパービジョン実践のスタートラインである。ここでの考察は、自身が資料作成の初期段階において示した提出理由や問題意識に対する振り返りであり、資料をまとめ終えた時点に自分で考えている内容である。また、まとめは資料を作成しての感想や思い、考えなどを総括するもので、振り返りを行ってみての自分自身の表現となる内容である。つまり考察やまとめを意識してみることは、スーパービジョン実践に臨むにあたっての到達点を再確認する作業の意味がある。自分自身の中にある思いつき（発見）や気づき、疑問など、資料作成の作業を通じて新たに意識化された内容を記述しておきたい。そうすることで、スーパーバイザーはスーパーバイジーの到達点を把握しやすくなるとともに、スーパービジョン実践の起点がより具体化されていくことになる。スーパーバイジーにとっては、より効果的なスーパービジョン実践の場を得られるようにするための自己表現の機会となっていく。

事例をまとめる方法と形式
■ 書式と記述への考え方

　スーパービジョンにおける話題は、必ずしもクライアントへの支援事

例であるとは限らない。そのため、スーパービジョンに向けての資料は、スーパーバイジーにとっての課題や取り上げられる話題の内容によってその様式（書式や記述形態など）や表現方法も異なったものになる。OGSVモデルによるスーパービジョン実践においては、資料作成をスーパービジョン実践の一部分として位置づけた上で、先述のように最低限で説明を求める内容を示してはいるが、特定の書式が定められているわけではない。そのため、スーパービジョン実践の場面設定や目的、個々のスーパーバイザーや構成メンバーなどによって様々な様式が活用されており、説明の内容も多様である。

　私の場合には、例えばクライアントへの援助実践の場面を取り上げたスーパービジョン実践への資料作成にあたっては、自己研鑽を意図した事例検討や事前学習としての取り組み姿勢（視点）を勧めている。具体的には、これまで実践にあたった現場での事例において、クライアント（利用者、対象者）への理解の仕方や実際的な援助方法、援助職者である自分とクライアントとの関わりなど、援助実践や業務過程の中で戸惑いを感じたり、気にかかったりしている事例を文書にまとめてみることである。また、自分なりに成果を感じていたり学びとなった事例への取り組みも有効である。課題を感じたときに自分自身で納得させてしまうのではなく、他者の考えや意見に触れてみることで様々な学びが得られる。成果を感じている実践の振り返りや検証も同様であり、思いのほか自分の受け止め方とは違った考えや意見が寄せられるものである。どのような成果として受け止めてよいのか、今後にも生かしていけるところはどのような点であるのかなど、今後に役立てるための検討は専門職としての力にも自信にも通じていく。また、自分では気が付かない課題や問題点を発見できることもあり、今後に向けた対策や予防に通じることも珍しくない。

　記述方法としては、場面を絞り込みながら要約する部分と、詳しく記述する部分を使い分けることを勧めている。ただ、どの部分が詳細にまとめるポイントとなるかが判断できない場合もあるため、一度は時間と

労力が許す範囲でなるべく詳しく記述してみるように話すこともある。詳しい記述を意識してまとめてみる方が、より多くの情報に触れて振り返ることになるため、事例を提出する前の気づきや発見を得やすくなる。初めから簡潔に要約してしまうのではなく、詳しい記録を起こした後に読み返してみて、どこがより必要であるのかを考え、どの部分をどのように要約するのかを考えてみることで、自分自身での振り返り作業が深まっていく。大切なことは、資料作成がスーパービジョン実践の過程にあることを認識し、振り返り作業つまり内省を図りながら進めることである。そのためにも、上手にきれいにまとめることよりも、記述や体裁を含めて自分らしい表現や説明を心がけておきたい。

　さらに、自分自身の援助で気になった点については、クライアントと援助職者（自分やスタッフ）およびその場に立ち会った関係者との間に生じたやりとりを、逐語記録形式で記述してみると良い。リアルタイムな逐語記録とは異なって、自らの記憶を頼りに書き起こす逐語記録は、洞察を深めるのに有効である。逐語記録を残す場面は様々と思われるが、録音などでデータを残している場合でもない限りは、作成の時期にかかわらず記憶による作成となる。記憶は時間とともに変化するため、内容の変質（相違）や欠落（忘却）が生じてしまう。資料としての記録をまとめ上げたときには、「こうであった」と記述していたことが、スーパーバイザーやグループメンバーとのやり取りを通じて修正されることがある。このような場面で、内容の成否・正誤を問うのではなくその違いから見いだされるスーパーバイジーの状況を考えてみたり、忘却の事情を考えてみたりすることでそれまでにない気づきや発見を手に入れられることも少なくない。

　なお、私は業務内で実施する個人スーパービジョンや、面接技術やアセスメントなどの技術習得を図るスーパービジョン（ロールプレイや事例演習を主とする内容）などにおいては、要約記録や概要とコミュニケーション場面に絞り込んだ資料作成を求める場合もある。これは、時間の制約に対応するものであり、資料作成を通じた振り返りが省略され

てしまう点で必ずしも勧められる方法ではないが、準備の負担感はスーパービジョンへの負担感となる可能性もあるため、場面に応じた柔軟な対応も必要となっている。

■ 記述情報の枠組み

共通する既定の書式を定めてはいないOGSVモデルによるスーパービジョン実践ではあるが、これまでの取り組みの中で例えば次のような枠組みによって資料の内容を構成するようになってきている。

1. 提出者自身のプロフィール

所属機関の概要（所属機関名や地域での位置づけなど）、普段の業務（主にどのような仕事を担当しているかなど）、実践内容、提出者の立場、職務（取得資格や役職など）など、実践現場を理解する上で必要な情報を、可能な範囲でまとめる。（箇条書きでも良い。）必要によっては、地域（実践フィールド）の様子なども情報として加えると良い。

2. タイトル・表題

簡潔に伝えることを意識して、表題をつけてみる。

3. 提出理由・事例選出の理由

なぜ、多くの実践事例の中から、この実践事例を選んだのか。事例選出段階での選出の方法や選択理由（条件や内容へのこだわりなど）、また検討したい点がどのような内容であるのか。

4. 事例の概要

事例全体を概観してのおおまかなあらすじ、クライアントの置かれている状況が分るような要約、ダイジェスト情報などをまとめる。

5. 事例の内容

（1）クライアントの基本情報

これまでに把握してきているクライアントの情報、クライアントを理解する上での基本的な情報をプライバシーに配慮しながら整理する。

（2）援助開始までの経過と開始時の状況（事前情報を含む）

援助者自身の関わりが始まった経緯や、初めてクライアント（患者や要介護者、家族等）に会った際の様子などについて、できるだけ詳しく

まとめる。
（3）初期段階の実践内容
　①紹介経路・援助開始にいたるまでの経緯、事前情報、依頼や引き継ぎのあった内容など。
　②初回面接時の様子（利用開始時の様子、クライアントとスタッフ間の様子、および提出者が関わりを始めた段階での様子）、このときに把握された情報、クライアントの印象、初回のアセスメントの内容・援助目標や方針・援助計画など。
　　インテーク面接やアセスメントは、初回の1回ですべて実践されているとは限らない。初回時の到達点、その後の課題や追加把握の必要な内容についても、その内容を記述しておく。
　③初期（インテーク段階）に確認されたクライアントに関する基本情報
　　先の（1）事前情報と重複している情報も、改めて記載しておくことで、情報の把握経緯が確認できる。
　④事例提出段階までに新たに把握されているクライアントに関する追加情報
　　特に、先の（1）および（3）③との相違・変化、追加している情報を中心に記載する。現状を理解するために欠かせない情報である。
　⑤当初段階のアセスメントおよび援助（支援）計画の内容
　⑥最新のアセスメントおよび援助（支援）計画の内容
（4）インテーク以後の援助経過、対応や事実経過
　必要に応じて、時系列的に要約記録・逐語記録等により記述していく。事実経過だけではなく、援助者側の判断やアセスメント、印象等についても記述しておく。
（5）家族の状況の情報資料（図式を含む）
　最新の情報に基づくジェノグラム（家族の構成、家族の状況、家族歴など）やエコマップを添付する。検討したい場面でのエコマップについ

てもまとめておくとよい。
(6) 検討したいコミュニケーション場面の内容
　今回の機会に検討したいと感じているコミュニケーションの場面、これまでの関わりで気になったり悩んだりしているコミュニケーションの場面について、会話記録や逐語記録を交えてまとめてみる。

6. 考察・まとめ
　事例を自分なりにまとめてみた結果、まとめている段階で気づいたり発見した内容を記述しておく。さらに、スーパービジョン実践において、どのような点を皆に検討して欲しいか、何を問いかけたいかなどをまとめておく。

■ 記述の形式や文体
　提出資料を作成する際の形式は、要約記録、会話記録・逐語記録、経過記録など様々であり、検討したい内容などによって柔軟に設定したい。文体としても、文章や箇条書きを織り交ぜながら、叙述体が基本となる。話題（事例）の内容によって文章の量は変わると思われるが、必要によって増減させながらもおおむねワープロ原稿（40字×40行）で4～6枚程度を目安にしたい。特に気になっている場面や検討したい部分を重点に、書式や文体にこだわらず工夫してみたいところである。例えば、私が行う個人スーパービジョンの際には、要約記録と逐語記録を主体とする次のような内容での資料作成を最低限の形式として求めることがある。本来この形体は、継続的に繰り返して行うスーパービジョン実践を想定したもので、基本情報や経過情報はスーパービジョン実践の経過において積み重ねられて把握していく。

　逐語記録は、相談援助面接など援助コミュニケーション技術の向上を図る上で効果的な資料となる。また、クライアントとの援助関係やクライアントの情緒的な様子を把握する上でも重要な情報となってくる。逐語記録とは、一般的に言語（会話）や非言語（態度、表情や仕草など）を通じてのコミュニケーション場面を、①事実経過（観たまま、会話そのもの等）、②（記録をまとめる者自身の）感情や意図、③（クライア

【参考資料1】(概要書式)

スーパービジョンで<u>助言・指導を求める題材</u>としたい事例の概要をまとめてください．
この資料は1枚以内にまとめてください．また、<u>口頭での説明</u>に向けて関係する情報等は予めご準備ください．
1．自己紹介(経験、職場状況、職務上の役割など)
2．スーパービジョンを<u>受ける立場にたち、</u>自らが目指したい(克服したい)と考えていること、および　その理由(専門職者としての自身における現在の目標や達成課題など)．
3．2の内容(目標・課題)に関連する、自身の実践事例や対応場面の概要・具体例の要点など(匿名化処理をした上で、利用者や場面に関する情報などを含めて記載する)．
4．3の内容に対する現在の思いや考え
この1枚(1ページ)以内の範囲で、書き込んでください．箇条書きでも構いません．

【参考資料2】(別紙) 援助経過や検討したいコミュニケーション場面をまとめる際の参考書式。双方のやりとり内容を記入する。逐語記録の場合には、気にかかっている場面を思い起こしてまとめてみる。

NO.	相手側の言葉・態度など	事例提供者自身の言葉・対応など
1		
2		

ントの）反応、④周囲の様子や場面について、時間的経緯に従って詳細にまとめた記録のことである。単なる会話のやりとりだけをまとめた記録は「会話記録」として、逐語記録とは区別されることがある。

実践事例を資料化する上での留意点
■ 援助職者としての留意点
　何より、プライバシーの保護を優先する必要がある。同意・了解が得られているからと言っても、クライアントや関係者の尊厳を損なうことがあってはならない。業務上の資料をそのまま用いることができる場合（職場の部署内などでの実施）にも、資料や会話を通じて外部に情報が洩れることがないように気を配らなければならない。特定される情報を記号化する場合には、イニシャルや公共に通用している略記号を使わない。単純にアルファベットを順番に当てて使うとか、職場内やメンバー間だけで用いる限定的な略記号を用いると良い。「〇〇病院」というような記述方法も可能である。関係機関等の名称も、クライアントを特定できる情報となるので気をつけたい。ただ、事実経過が歪んでしまわないようにすることも必要であり、家族構成を事実と異なる内容にしたり、情報にかかわる関係者を入れ替えてしまうような操作は行わない。（事実は息子のことであるのに娘と記述したり、年齢を大きく入れ替えてしまったりすると、スーパーバイザーにおける状況認識やスーパービジョン実践においての判断に影響を及ぼしてしまうことがある。）大切なことは、当事者（クライアントやその関係者）が特定できないように配慮することである。
　続いて、援助職者としての倫理に反しないように気をつけたい。前述のプライバシーの保護は守秘義務となるが、クライアントの尊厳の保持や専門職としての信頼性の確保などにも留意したい。資料の中で自分自身の考えや意見を述べることは可能だが、他者の誹謗中傷とならないように、一方的な見解の断言や強調（主張）は避ける必要がある。自分の印象や認識として、状況には謙虚に向き合うような姿勢に心がけておき

たいものである。「認知症だから……仕方がない」というような表現、「植物状態」というような表記、「〇〇〇は、非常識である」などと言うような見解などが、その一例である。このほかにも、一般社会人の日常では許されるような表現や記述であっても、援助職者としての立場からは許容されないことも少なくない。非公開の場の資料だからと安易に考えず、公開にも耐え得る記述を基本とすることが大切である。

■ **スーパーバイジーとしての留意点**

　スーパービジョン実践における検討や成果を真実性の高いものにするためには、誰が見ても同様に受け止められる客観的な事柄と、特定の人が受けとめた主観的な見解とが混在しないように心掛けたい。そのため、共有されている認識と自分の主観的観測（憶測や推理・推測を含むもの）は区別して記述するように心がける。情報の記述も、当事者から得た情報と関係者から得た情報は区別する。また、表現や文体においても、ありのまま記載する方が望ましく、要約や自分の解釈を記述するときには明確に区別する。（例えば、括弧書きや記号をつけての記載など、本文と分けた表記にする。）

　文章表現は、できる限り事実関係が誤って伝わることが無いように、主語を明確にして、誰が誰に対して、何を・いつ・どこで・どのように・行ったのかなどが分りやすい記述に心がける。スタッフ間での方針、カンファレンスの内容、援助方針、アセスメント情報については、可能な範囲の共有情報に基づいて記載し、独自に把握している情報をできる限り区別しながら記載する。また、自分個人の判断やその場での意見・考えについても、関係者と共有された認識や方針等とは区別して記述する。援助職者としての自己の認識がすべて関係者や他の専門職者と共有されているわけではなことから、スーパービジョン実践においての振り返りや確認を的確に進めるために、情報源は大切な情報の一つでもある。区別することによって、自己の認識や理解は表現しやすくなるメリットもある。情報の整理とは、区別すること、分けることから始めてみる、と考えてみると良いだろう。その作業を行ってみるだけでも、

様々な発見を手に入れられるものである。

　クライアントの様子は、描写的に詳しく記述してみたい。自分自身の受け止めや解釈が入りやすい事柄でもあるが、出来事や様子に触れての解釈は受け止める側の事情などによって様々となりやすい。援助職者としての自己認識を確認するためにも、自分の解釈や受け止め方に固執することなく、多様な可能性を意識して描写してみる。そして、その描写の内容に対する自分の受け止めの内容は、区別して記述しておくと良い。そうすることで、他者（スーパーバイザーやグループメンバー）の形成する認識や理解の内容と、自己の認識や理解との比較・検証もより進めやすくなり、自分自身の傾向や癖などに気づくことも少なくない。

　ただ、全ての経過において記述するということではなく、印象に残っているエピソードや気になっている場面、違和感やストレスを感じた場面、いつもとは異なる印象を受けた場面など、取捨選択が必要である。どこが大事かわからない、といった気持になることも考えられるが、「大事」という基準ではなく「（なんとなく）ここは伝えたい」というように自分の思いに応じた取捨選択で問題はない。私はスーパービジョン実践においては、スーパーバイジー自身の状況を理解し、共有することを大事にすることで、学びや成長に結びつけていきたいと考えている。

3　スーパービジョン実践における事例のまとめ方と情報収集の枠組み

第2節
スーパービジョン実践における情報収集

情報収集の目的と実施の意義

　スーパービジョン実践における情報収集は、直接にはスーパーバイジーによる援助実践の内容を把握する作業であるが、その目的には大きく二つの意図が含まれる。一つは、スーパーバイジーの実践力向上に向けた教育・訓練であり、もう一つはクライアントへのより良い支援を図ることである。

　例えば、新人の医療ソーシャルワーカーの育成において、OGSVモデルに基づく情報収集と問いかけを意図した指導の場面がある。大学卒業からの新採用により研修期間を経て4か月が過ぎた彼に、病院は早くも担当としての相談業務を任せることになった。病院内から新規の対応依頼が入ると、相談援助に必要となる事前情報の収集のため、スーパーバイザーでもある上司は彼に依頼元や病棟などの関係部門に出向かせた。一定の情報を手にして彼が戻ってくると、上司は確認するようにその内容の聞き取りを行った。それは、先ず彼の方からの報告を受け、それに対して上司が質問（情報収集）を行い、彼が説明する、という流れで行われた。質疑応答の途中で上司からの質問に応じる情報を持たない状況になると、彼は再び出向いて情報の入手を図り戻って応答するという作業を繰り返した。ここで注目したいことは、彼が同じ質問で二度行き詰ることがなかったという点である。つまり前回の担当ケースで質問された情報の項目については、次の担当ケースの際には質問される前に入手しており、質疑応答に対処できるようになっていたのである。ケースを担当するようになってから1か月も過ぎると、事前情報の収集に関して彼は上司からの質疑応答に一度の報告で応じられるようになっていた。それだけではない、彼はそれぞれの情報が問われる理由を上司に尋ねることで、それらの情報を必要とする理由や活用方法も理解するようになっていた。そして入職1年を過ぎるころには、通常のレベルでなら

指導なくアセスメント情報を整理し、活用できるようになっていた。

このように、スーパーバイザーは、情報収集を通じてスーパーバイザー自身の思考過程をスーパーバイジーに伝えることになり、クライアントの人と状況を理解するために必要な情報への意図的な質疑応答によって、クライアント理解にどのような情報を必要とするかを教えている。また、支援経過の途上における指導場面では、単に経過確認や管理・監督を行うだけではなく、場面に応じて重要となる情報をあらためて質問したり、スーパーバイジー自身の考え方や判断の理由などを聞き取ることで、対処や思考のポイントをスーパーバイジーに伝えていく。つまりスーパーバイザーによる情報収集は、スーパーバイジーへの知識・技術の伝達として行われる訓練の一過程でもある。

一方、クライアントへのより良い支援を図るための情報収集は、スーパーバイザーの責任と役割に基づくものである。先述のように、スーパーバイザーはスーパービジョンを通じてクライアントへの援助実践に関与している。OGSVモデルによるスーパービジョン実践においても同様で、クライアントの福利を最優先に考えた実践過程を構成している。その実践過程におけるスーパーバイザーの情報収集は、クライアントへの支援の一部分であり、スーパーバイジーを通じた援助実践の基盤づくりでもある。

ある個人スーパービジョンの場面において、クライアントに対する拒否的な感情がスーパーバイジーより吐露された。彼女は、クライアントである患者より「あなたの顔を二度と見たくない。もう私のところに来ないで!」と強い口調で言われて戻ってきた。彼女は、患者に必要となる退院後の療養環境を整えるため、行政や介護保険事業者など関係する機関や担当者との調整に奔走し、体制の構築にもこぎつけていた。ただ一点、患者の希望する退院日に間に合わない可能性のあるサービスが、予定日の数日前に判明した。その報告と善後策の相談のために、彼女が患者のもとを訪れた時のことである。実は、患者には個別的な事情と思いがあって、別居している家族からの同居の申し出を断わり、一人暮ら

3 スーパービジョン実践における事例のまとめ方と情報収集の枠組み

しの自宅に戻ることになっていた。その決断に当たって患者は、社会福祉士（スーパーバイジーである医療ソーシャルワーカー）である彼女と、整えられた支援体制を全面的に信頼し、家族の意見を退けた経緯があった。そこに見えた支援体制のほころびは、患者の不安と怒りを引き起こしてしまうことになった。彼女にしてみれば、サービス利用が1回分遅れるだけの内容であり、間に合わないかもしれないという不確実な情報に過ぎないもので、「仕方ないわね」と受け止めてもらえるものと考えていた。しかし、そこに返ってきたクライアント（患者）の反応は、彼女にとって予想外のものであり、「信頼関係を失ってしまった」と思わせるに至った。その結果、彼女は「（今後の支援のために）会わないわけにはいかないが、（患者のところに）行きたくない……」と吐露したのである。

　スーパーバイザーは、彼女の情緒的な反応に理解を示しながらも、支援継続の必要性を認識しているスーパーバイジーに対して、一定の情報収集を行っている。そして、患者とスーパーバイジーの間で重ねられてきたこれまでの経過と、当日の対話の状況などを検討する中で、患者（クライアント）の思いや強さ、ニーズや訴えの真意を再確認していった。この時スーパーバイザーは、無理にスーパーバイジーを援助実践の場に押し出すのではなく、自らの吟味と見積もり作業を通じてスーパーバイジーに見解を示した。それを受けて、スーパーバイジーは自らの決断によって改めて患者に面談し、新たに知人の協力を得るという形で体制を整えていった。ここでの情報収集は、患者（クライアント）理解に関係する情報の把握とアセスメント、スーパーバイジーの情緒と思考を整えるための確認と手当という、大きく二つの枠組みによって実施されていた。つまり、スーパーバイザーによる情報収集は、クライアント（患者）と援助職者（スーパーバイジー）の双方を支援する目的によって行われていたのである。

　なお、グループスーパービジョンの場におけるグループメンバーからの情報収集は、援助職者（スーパーバイジー）の一人としての学びの過

程であり、自己点検や訓練の一つとして理解されるものである。どのような情報を求めるのか、どのように情報を引き出していくのか、そしてどのように活用していくのかなど、事例提出者との質疑応答は失敗の許される模擬訓練の場にもなっている。

情報の性質と枠組み
■ 情報の受け止め方

　情報とは、認識や行動を生じさせる外的システムとの交互作用の要素であり、送り手や受け手の状態によってその質と程度は異なったものになっていく。情報を取り扱う上での捉え方には様々な考え方が示されているが、スーパービジョン実践における情報収集においては、情報の主観的な側面と客観的な側面への留意が必要である。主観的な側面（主観的情報）とは、発信する当事者の認識によって情報が変質してしまうという特性のことであり、当事者の認識に基づく事実として扱われる内容である。一方の、客観的な側面（客観的情報）とは、誰にも同様の認識として位置づく性質（普遍性）のことで、広く共有された裏づけのある事実として位置づく内容である。例えば、ここに「山梨県産のおいしい桃」がある、としよう。山梨県産であるのか福島県産なのか、また桃であるのか林檎であるかは、その判断を共有することが可能である。しかし、「おいしい」かどうかは、食べてみなければわからない話だし、味の感じ方や評価は人それぞれである。「山梨県産のおいしい桃」との情報には、産地や桃という共有可能な側面（客観的な側面）と「おいしい」という変質しやすい側面（主観的な側面）とが含まれている。スーパービジョン実践や援助実践においては、このような情報の性質に留意して理解を深めていく必要性が存在している。仮に「頑固なクライアント」という情報が援助職者によって発せられたとしたら、誰のどのような認識に基づいているのかを確認すると同時に、「頑固なクライアント」と援助職者がその場で発言した事実（客観的な情報）にも着目しておくことになる。

■ **情報の組み立て**

　情報は生ものと言われ、時間の経過とともに過去の情報になる。例えば、昨日の身体状況は昨日の状況であって、現在の状態を示す情報とはならない。その一方で、過去の情報を含めて時系列に整理すれば、変化を示す情報としての意味を持つことができる。体重の変動や血圧の変動などによって身体状況を把握することや、生活歴を通じた家族関係の変化から家族の持つ力や課題を捉えることなどが、その一例である。つまり情報は多面的に組み立てて捉えることで、更なる情報としての価値を得ることになる。この組み立てについては、ジェノグラムやエコマップなどのマッピング技法によっても組み立てが可能であり、様々な組み立ての視点を得ることができる。そこでの基本的な考え方は、「点→線→面→立体→四次元的情報」の流れであり、『点在する情報をつなぎわせる→つながりの広がりを視野におく→多様な角度から捉える→時系列的な変化を含めて関連性を見極める』、という四次元的な視野の中で情報を組み立て、過去―現在―未来の推移の中で捉えられる情報として活用していくことである。一見難しいように感じられるが、過去の経験を生かして今後の対応を決める、というような日常的行動において誰もが行っていることである。そして援助実践やスーパービジョン実践においては、論理性を持って意図的に組み立てが実践できるかどうかということになる。

■ **ポジショニング視点と情報**

　ポジショニング視点では、様々な情報に向き合う自分自身の立ち位置、つまり視野の軸への自覚を求める。援助職者としての専門性の軸足が異なれば、情報の見え方が異なってくるからである。さて、これについては長年用いてきている次の例文で考察してみたい。

> 〈情報と私のポジショニング〉
>
> 　ある朝、Ａさんはいつもより早く目が覚めたのでポチをつれて散歩に出かけた。近くの小学校に差し掛かると、校庭で近所に住むＢ君がひとりで座り込んでいた。「こんなに朝早くからどうしたのだろう……」と不審に思い、ＡさんはＢ君に声をかけた。ところがＢ君は突然Ａさんに向かって怒りはじめた。
>
> Ｑ１　あなたが、さらに把握したい情報は何か（知りたいこと）
> Ｑ２　それはどのような理由からであるか（気になること）

　この例文について、様々な場面で多くの援助職者に問いかけてきたが、専門性や経験などによる傾向が表れている。例えば、「ポチ」を犬と受けとめる者、Ｂ君を小学生の男の子と認識している者は多数を占める。Ａさんについては、Ｂ君の場合ほど強い傾向ではないものの、大人として認識する者の割合が高い。例文の情報からは、実際にはいずれも判別できない認識（事実）である。「小学校の校庭」という情報に影響されることで小学生であり、「君（くん）」という表現によって男の子になっていたりする。これらは経験の中で形作られているものであり、「ポチ」と言えば犬、「タマ」と言えば猫と受けとめるような、日本文化の影響も加わっている。

　さて、例題についてはいかがであろうか。ＡさんとＢ君の関係性に特に目が向く者、Ｂ君の体調を気にかける者、Ａさんの声のかけ方に目がいく者など、専門性の影響などにも受けながら傾向が分かれる。一方で、Ｂ君が突然怒り出した理由への関心は、多様な援助職者に共通して見られる傾向でもある。かつて、小学生のわが子に例文を試みた折には、「ポチはどのような（種類の）犬か」と問い返された。つまりＢ君

への関心は、援助職者に見られる傾向であり、決して標準とは言えないのである。

　このような情報に対する認識の傾向は、様々な要素の影響を受けて形作られており、誰にでも見られるものである。そのため、一概に文化や専門性を理由に一定の傾向を示すべきではないが、援助職者の一人ひとりが自らの傾向を自覚しておく必要性は否定できない。そしてポジショニング視点においては、これらを矯正しようと考えるのではなく、自らの傾向を自覚した上で、認識のズレを修正しながら臨床像への理解を図ろうとする。それは、援助職者として自分が感じ取った印象や感触などにも価値を置き、クライアントの理解や臨床像への認識を深めていこうとするポジショニング視点の特徴に基づくものである。

情報収集の枠組みと方法
■ **情報の分類**

　スーパーバイザーは、スーパービジョン実践において活用するため事前に入手する知識としての情報と、スーパーバイジーの援助実践を把握するために必要な情報の両面から、情報収集を行う必要がある。ここでは、前者を知識情報、後者を援助実践情報と表現して述べていく。

　知識情報は、例えば疾患や障害など心身の状況を理解していこうとする際に、援助職者として調べたり学んだりしていく学問的、科学的な内容を含め、諸説や研究成果、統計情報など社会に発信されている様々な情報のことを意味する。これらの情報は、特定のクライアントや援助職者の状況に特定化されているものではなく、様々な場面で多様に活用されていく内容である。そして知識情報の収集は、著書や論文、研修や講演、インターネットやテレビというように、様々な場面や方法によって入手されることになる。自らのスーパーバイザーより提供されていたり、グループスーパービジョンの席上において、参加するメンバーから提供されたりすることもある。

　一方、援助実践情報は、個々のクライアントに関係する個別的な情報

であり、OGSVモデルによるスーパービジョン実践では「事前情報―基本情報―経過情報―援助情報」の枠組みとして収集・整理している。また、援助実践情報においては、主観的な側面と客観的な側面にも留意するため、情報源（最初に情報を把握した当事者）に関する内容も含まれる。同様に、スーパーバイジーの認識や理解、情緒・感情というような内在的な内容と、行動・対処や援助経過のように外在的な（表出される）情報の内容もある。情報収集にあたっては、スーパーバイジーを通じて入手する方法と、関係する他職種や記録などからスーパーバイジーを介さずに入手する方法がある。場合によっては、スーパーバイザー自らが、クライアントや家族との関わりを通じて情報を得ていることもある。ただし、援助実践情報は、スーパーバイザーの組織的立場や契約状況によって一定の制限がかかり、その入手方法や情報源にも相違が生じる。そのためスーパーバイザーは、情報の偏りや不足による影響にも注意しなければならない。

■ 情報収集の枠組みと流れ

　OGSVモデルに基づくスーパービジョン実践では、問題の中核を含む臨床像を捉え、明確化していくために情報収集が行われる。その基本的な枠組みと流れは、「事前情報―基本情報―経過情報―援助情報」として示されている。

　事前情報；援助職者が支援を開始する前に周囲の関係者が得た情報
　基本情報；援助職者が整理した当事者に直接関係する情報
　経過情報；事実経過から把握される情報
　援助情報；援助を通じて把握される情報や援助の状況にかかわる情報

　そして、これら四つの枠組みによる情報収集は、必ずしも順序立てて行うものではなく、スーパービジョン実践における質疑応答の流れの中で、スーパーバイザーによって分類・整理されながら把握していくものである。スーパーバイジー自身では基本情報や経過情報だと思って受け止めている内容が、実は援助職者としての個別的な認識や解釈による援助情報であったり、援助情報として語られた内容の中に事前情報や基本

情報が含まれていたりするからである。つまり、スーパーバイザーによる情報収集においては、分析に先立つ情報の分類と整理が必要であり、情報処理の一つとして並行して対処しておくことになる。

※事前情報は、所属機関や援助職者への通報、依頼者や関係者を通じて把握される情報であり、主として援助職者以外の関係者によって把握されてきた内容である。依頼内容や他職種からの提供情報、前任者や関係者等による記録内容などによって、援助職者が援助開始時点で入手した情報として捉えられる。また、援助職者が当該支援より以前に何らかの形で自ら把握していた情報もこれに含まれる。

※基本情報は、インテークやアセスメントなどの支援経過を通じて把握されるクライアント理解の基礎情報（⇒個人情報、利用者情報など）、面接や関係者等からの情報収集により整理される家族歴・生活歴の情報（⇒ジェノグラム、ライフイベントなど）、アセスメント情報（⇒生活状況、生活環境、社会的状況、クライアントと周囲との関係など）などであり、援助職者による援助開始当初から、経過的に蓄積、修正されていく中で把握・整理された情報として捉えられる。

※経過情報は、支援開始後の経過の中で把握される事実であり、出来事や様子、関わりに関係する情報として捉えられる。描写・映像的に把握されるものだけではなく、クライアントのこだわりや援助職者の観察などを通じて把握される「クライアントとクライアントのおかれている固有の問題状況に応じた情報（⇒奥行き情報＝カギとなる情報）」なども含まれる。同様に、クライアント・家族（クライアント・システム）の持っている力、クライアント・家族（クライアント・システム）のニーズと優先順位、表出している問題や直面している課題に関係すると考えられる諸情報までに及び、家族力動のアセスメント情報（⇒ファミリー・マップ）やクライアントと周囲との関係のアセスメント情報（⇒エコマップ）など、特定の時期における状態像を示す情報としても捉えられていく。援助職者自身による情報と他者からの報告などによる情報が含まれるため、情報源にも留意しながら把握して

いく必要がある。

※援助情報は、支援内容や援助職者の状態として把握される情報で、支援方法の成果や課題（方法や対応の結果、有効性と限界など）、問題の中核への援助職者の認識・理解、援助関係や援助職者の置かれる状況、連携における関係性などを示す情報として捉えられる。援助情報は、援助職者の判断や対処など、主として援助職者の認識によって表出されてくるものであり、援助計画やモニタリングの内容など、援助職者による実践記録も含まれる。なお、クライアントと交わされる契約上の書類（支援計画書など）や会議記録（サービス担当者会議など）などは、複数の立場から作成されているため経過情報と援助情報の双方から横断的に捉えられることになる。

■ 情報を引き出す視点

前述のように、スーパービジョン実践における効果的な情報収集を図るには、援助実践と同様に情報収集や分析の枠組みを必要とする。そして事例検討によるスーパービジョン実践では、援助実践の際にクライアント・システムに関係して収集・整理されている情報に加えて、スーパーバイジーに関係する情報が必要である。このスーパーバイザーによる情報収集において、特にスーパーバイジーから情報を得ようとする際には、5W2Hの要素を活用する方法がある。これは援助実践においても活用されている聞き取りの基本となる方法であり、いつ（When、時期）どこ（where、場所）だれ（who、人）なに（what、内容）なぜ（why、理由）どのように（how、方法・様子）どれほどに（how、程度・量）、という視点である。5W2Hの要素は、情報の持つ意味を見極めたり分類する際の枠組みでもあり、例えば、時節やタイミング（When）、所在や場面（where）、関係者や関わり（who）、出来事や話題（what）、原因や意図（why）、行動や状態（how）、頻度や規模（how）というように、具体的意味のインデックスを付けることによって情報の整理が図られていく。スーパーバイザーは、5W2Hの要素を意識したスーパーバイジーへの質問を図り、各要素に応じた枠組みをあ

らかじめ持っておくことで、限られた時間の中での効果的な情報収集を進めていくことができる。

　また、視覚化しながら情報収集を進めることによって、より効果的に情報を引き出していける場面もある。特に、客観化しながら共有することが可能な情報において有効で、例えば住居の様子を把握するために間取りの略図などを書き出しながら説明を引き出したり、関係性の全体をイメージするためにジェノグラムやエコマップを一緒に描きながら確認していくことなどが、良く見られる例である。面接場面をスケッチのように絵に描きながら情報整理を行うスーパーバイザーや、あらかじめ視覚化の効果を意図した書式を示して資料作成を求めるスーパーバイザーも見られる。確かにスーパーバイジーにおける事前資料の作成において、内容に応じた見やすさや読みやすさの工夫がなされていると確認が容易となり、臨床像を明確化していく上でも効果的である。ただ、スーパーバイザーによる図表の書き出しや書式の指定は、スーパーバイザーの意図による誘導となる危険性や、スーパーバイジーの自由な表現を制約してしまう可能性もあり、注意が必要である。さらに、情報の視覚化は、視覚化が難しい情報を削ぎ落としてしまうというリスクもある。そのため、図表の書き出しや書式の提示は、あくまでスーパーバイジーの説明を補うものとして位置づけ、方法や書式の活用を固定化し過ぎないようにしたい。

情報活用の視点と留意点

　少なくとも私が情報を活用しようとする時、役立たない情報は存在しないと考えている。仮に虚偽や誤認であったとしても、ある程度の精度や性質が分かればそこに情報の価値が存在する。なぜその情報が寄せられているのか、どのような経過でその情報が生成されてきたのかなど、把握されるべき事実や事情への手掛かりがそこに存在するからである。重要なことは、得られた情報の精度や性質をいかにして見極めるかということであるが、実はこれが容易ではない。そもそも情報の精度や真偽

を見極めようと思うばかりに、スーパーバイジーに対する詰問のような情報収集になってしまっては、スーパービジョン実践の本筋を逸脱してしまう。そのため、ある程度のあいまいさや歪みを想定した上での情報の活用を容認しなければならない事情が、スーパービジョン実践には付きまとうことになる。そうかといって、あまりにも精度の低い情報や性質の判別できない情報ばかりでは、スーパービジョン実践の内容自体も役立たないものとなりかねない。このような状況があることから、スーパービジョン実践では情報の確認や見極め、援助実践における情報収集の在り方などが、スーパーバイジーの課題として設定されることも視野に置かなければならない。

　スーパービジョン実践におけるスーパーバイザーの情報収集は、多くの部分でスーパーバイジーを通じて行うことになる。仮に職場内の同一部署における実施であるとしても、すべての情報の裏付けをスーパーバイザー自ら取ることは困難と言える。そこで必要となるのは、第一にスーパーバイザーが、情報源となるスーパーバイジーの力量を見極めておくことである。冒頭に述べたように、スーパービジョン実践における情報収集は、スーパーバイジーの実践力向上を意図する側面を持つ。スーパーバイザーは、スーパーバイジーの情報収集や報告、応答を通じてスーパーバイジーの状態を把握し、事前の評価と合わせて力量を見極める。職場内であれば一部分の情報について裏付け作業を行うことで、スーパーバイジーの情報処理技能の実務的な評価も可能であり、適宜に実施しておくことができる。一方で個人契約の場合には、模擬事例による演習や訓練を行うことで評価を図ることも一つの方法である。また、グループスーパービジョンの場面があれば、事例提出者との質疑応答や意見交換などのやり取りなどを通じて見極めることも可能である。なお、OGSVモデルによるスーパービジョン実践においては、スーパーバイジーにおけるポジショニング視点の習得状況がその評価尺度の一つとなる。

　第二に、スーパーバイジーが把握している情報について、5W2Hの

要素を意識しながら吟味し、スーパーバイジー自身の対応による直接的な情報、他者からの伝聞による情報、推定を伴う情報などによって整理し、情報源や収集方法にともなう情報の歪みと変化（変質）を補正して活用することである。補正においては、訓練による評価や日頃の実務状況からスーパーバイジーの傾向を見極め、それらを尺度として活用する。その際に注意したいことは、スーパーバイザーも個別の傾向を持つことを忘れず、スーパーバイジーに対する自らの評価の偏りも可能な限り修正しておくことである。スーパーバイジーに対する期待感や苦手意識などが加わることで、スーパーバイザーとしての評価が甘くなったり厳しくなったりするため、自らのスーパーバイザーによって点検を受けたり、ピアスーパービジョンの場面を活用した自己点検を図りたいところである。当然ながら、単回で行われる研修場面などでの補正は難しくなる。なお OGSV モデルによるスーパービジョン実践においては、ポジショニング視点に基づく評価を行い、スーパーバイジーの傾向を把握することで補正を加えていく。

　第三に、スーパーバイザー自身の知識情報を増やし、スーパーバイジーより把握する援助実践情報とのつき合わせ作業を行うことである。根拠をもった吟味を行うことで情報の整合性を検証し、矛盾や疑問、論理的仮説の発見などを試みる。また、断片的な援助実践情報を知識情報によって論理的につなぎ合わせることで、検証すべきポイントを把握し、焦点化した情報収集による分析・統合へと取り組んでいく。クライアントに関わるすべての情報を把握できない援助実践の経過の中では、クライアント理解やアセスメントを含めて類推や見積もりに依拠することが少なくない。それだけに、限られた援助実践情報に基づく見極めの重要性が高まり、知識情報の必要性も増すことになる。何より、収集した情報について根拠をもった吟味と活用を図っていくためには、より多くの知識情報による検証作業が欠かせない。

　これまで述べてきたように、情報とは、人の行動や認識を引き起こす源泉とも言うべき代物である。援助職者においても、誰もがクライアン

トへの認識や援助実践において情報が欠かせないと考えている。それ故に、スーパービジョン実践における情報収集は、援助実践に関係する様々な場面でのクライアントやスーパーバイジーを理解し、そこでの認識や行動を捉えていくためにも必要となる。つまり、スーパービジョン実践は、スーパーバイジーとスーパーバイザーの間で共有された情報を基に展開されていくものであり、そこでなされる情報収集とは両者の相互交流である。そして、共有される情報の多くは、スーパーバイジーを通じて把握されるものであり、スーパーバイザーが手にする情報は客観性を欠くものになっている。スーパーバイザーは、この重大な意味を理解した上で、スーパービジョン実践における情報収集とその活用を意図していかなければならない。

第4章 OGSVモデルの実践過程
基本的な展開と流れ

第1節 スーパービジョン実践の基本的過程

スーパービジョン関係の基盤づくり

　スーパービジョンの実施にあたっては、実践手法やモデルに関わらず、スーパービジョン関係を形成していくためのいくつかの初期対応がある。例えば、スーパーバイザーよりスーパーバイジーに対して

- 相互の理解を形成し信頼関係を構築すること
- スーパービジョンの目的を確認（説明）すること
- 契約（約束）を結び計画（スケジュール）を立てること
- 実施の方法を具体化してあらかじめ提示すること

などが必要となる。スーパービジョンは、スーパーバイザーの権限により一方的に実施されるものではなく、スーパービジョン関係を通じたスーパーバイザーとスーパーバイジーによる協働作業であり、目的意識や問題意識、必要性の共有が図られていなければならない。また、業務や対処場面を通じて個別的に実施される場合でも、計画的で継続的な人材育成の取り組みの中で行われることが大切であり、思いつきや場当たり的に行われるものではない。当然ながら、職場や専門性に応じたスーパービジョンの基本となる実践過程が必要となり、スーパーバイジーの状態や発達段階に応じた達成課題が想定されることになる。これが、スーパービジョンの実践モデルということになる。

　さて、スーパービジョンがどのような環境・管理下で実施されるのかによって、スーパーバイザーとスーパーバイジーとの関係性やそのス

タートラインは異なる。本来的なスーパービジョンであれば、職場の管理下において業務として実施されることが基本になるが、この場合におけるスーパービジョンはその手法や内容において一定の基準や制限が定められていることもある。それらに反することを意図しないものの、OGSVモデルは職場内での実践を前提としていない。むしろ、一定の共通基盤に基づく専門職同士もしくはグループが、相互に高めあい成長を図っていこうとする協働作業の一つとして、敢えて特定の実践環境や枠組みを定めていないと言えるかもしれない。ここでは、このようなOGSVモデルの想定に基づくスーパービジョン実践として、私自身がスーパーバイザーやスーパービジョングループの仲間とともに形成し、獲得してきたスーパービジョン実践の実践過程とその展開方法について述べていく。

　まず、OGSVモデルによるスーパービジョン実践の基本的スタートラインは、ポジショニング視点の獲得とそれに基づく対人援助技術の活用、援助職者としての実践力の向上を目指すことにある。この主旨に基づく合意形成と目的意識の共有が、OGSVモデルによるスーパービジョン実践に向けた契約（約束）の土台となっている。そのため、スーパーバイザー自身が少なくともポジショニング視点を学んでいなければならないことになり、展開方法をなぞるだけではOGSVモデルの特性を生かすことができない。つまりOGSVモデルによるスーパーバイザーは、ポジショニング視点によりスーパーバイジーの課題や目的意識と向き合い、その上での相互の合意形成により、スーパービジョン実践における具体的な目標の設定、実施計画の作成、実施の方法などを定めていく。スーパーバイザーは、例えば「どのような援助職者になりたいのか」、「援助職者として何を学びたいのか」、「援助職者としての課題をどこに置いているのか」というような問いかけと確認作業を通じて目的の共有を図り、スーパーバイジーとの関係形成を経て、契約や計画内容の提案を行う。

　また、OGSVモデルの実施方法は、事例検討によるものを基本とし

ており、それに付随する形で必要に応じた課題への取り組みが行われる。ここで言う事例とは、クライアント支援に関する実践事例だけではなく、職場での業務実践、職場の人間関係や組織的活動、地域での連携やチームを通じての実践など、いわゆる実務として為される実践の全般を範囲とする。一方、付随する課題への取り組みとしては、文献の抄読や教材による演習などが例として挙げられるが、スタンダードに定まったものがある訳ではない。なお、実施形態としては、グループスーパービジョンを中心に展開され発展してきたが、個人スーパービジョンやピアグループスーパービジョンの形態でも実施されてきている。同様に、職場内での実務に応じたライブ・スーパービジョン、模擬演習（グループワークやロールプレイなど）を用いた訓練形態をとることも可能であり、実施されている。私自身は、個人スーパービジョンを経てグループスーパービジョンに参加し、ピアグループスーパービジョンに移行するという流れで、スーパーバイジーとして取り組んできた経緯がある。またスーパーバイザーとしては、個人スーパービジョンやグループスーパービジョンのほか、［講義―演習―事例検討］を一体化した職場内でのスーパービジョンを現在も病院内で実施している。

実践に向けた設定と事前準備

スーパービジョンにおいては、スーパーバイジーによる事前準備を必要とするものも多い。事例検討を中心とするOGSVモデルにおいても同様で、事前準備も含めたスーパービジョンの実践過程を基本としている。事前準備の段階でも、スーパーバイジー自身による考察や振り返りは行われており、臨床像を通じた内省作業や気づきの過程を特徴とするOGSVモデルでは重視される過程の一つである。

■ **スーパーバイジーの事前準備に向けて→事例検討ではない場合**

事例検討を伴わないスーパービジョン実践においては、設定課題に応じた資料準備や事前作業を行うことがある。援助職者としての自己をポジショニングするという課題の場合、ポジショニング視点に基づく内省

や確認のシートに記入したり、自由記述での報告資料を作成したりすることがある。巻末資料の「対人援助職者のポジショニング・シート」は私がスーパーバイジーに準備を求めるポジショニング・シートで、個人スーパービジョンやグループ演習の形態で実施する時に用いている。組織図を準備したり、職場の説明資料を作成するというような事前準備を設定する場合もある。ただ、自己のポジショニング作業を行うスーパービジョンの場合、内省や考察をリアルタイムに行うことで課題の焦点化や気づきへの支援を図ることがあり、この際はテーマの事前説明だけを行っていて事前準備を求めない方法が取られる。巻末資料は、その際にも使用が可能である。

　指定図書を共有して課題に取り組む場合や、図書は指定せずテーマに応じて各自が文献などから資料を作成して提出することもある。この場合には、書式を統一することもあれば、自由形式として任せることもある。また、事前に指定図書や文献を各自が読み込んでグループに参加することなども、事前準備に含まれている。なお、図書や文献を通じた取り組みは、手段であって目的ではないため、それらの作業や取り組みを通じて目指している主旨、スーパーバイザーの意図などを明確に示しておく必要がある。それは、特定のクライアント支援における臨床像や問題の中核への考察を深めるための作業であったり、事例検討を通じて自覚された課題を達成するための考察作業であったりする。知識の獲得・拡大を意図する側面もあるが、実践事例やクライアント支援に具体的に結び付けた考察、内省を導く意図が大きい。それ故に、スーパーバイザーは結論誘導にならないように留意する必要があり、スーパーバイジーにあっては主体的な取り組み姿勢が求められている。

● スーパーバイジーの事前準備に向けて→事例検討の場合

　事例検討を伴うスーパービジョン実践においては、スーパーバイザーが事例を用意する場合とスーパーバイジーが事例を用意する場合とがある。前者の場合は、事例演習や模擬事例検討による訓練プログラムであることが一般的で、主旨や目的に従って様々な書式・内容で準備される

ことになる。後者の場合は、スーパーバイザーによる課題設定を受けてスーパーバイジーが自らの実践事例を用意する時と、スーパーバイジー自らの問題意識によって事例を選出して用意する時がある。

■ **事例の選出とレジュメの作成**
　　…スーパーバイジーによる事前準備の場合

　事例を準備するスーパーバイジーは、自らの課題に添った事例を選び、それを報告や発表用の資料にまとめる。例えば、対応に苦慮している実践事例や見直しを図りたい実践事例などを選ぶことが考えられる。実践内容などを振り返って点検する場合や、実践技術を高める目的の場合などには、完結した実践事例をまとめることも可能である。自分では「良い結果が得られた」「うまくいった」と思っていても、自分だけでは気づかなかった新たな気づきが得られたりする。成功した理由や方法を振り返ることで、有効な実践方法を再び意図して実践できるようになることにも意義がある。また、事例はクライアント支援を内容とした実践についてだけではなく、職員間や組織内の対応について、関係機関との連携、行事やサービス提供などの事業に関する実践なども考えられる。もちろん、自らがスーパービジョンを実施した内容を事例としてまとめることも可能である。事例の選出自体が実践過程の第一段階にあり、スーパーバイジーとしての課題の認識や実践力を反映したものとなる。課題の認識がずれていたりすれば、当然選び出される事例も異なってくるし、内容やまとめ方も違ったものになることが多い。

　実践の内容を資料にまとめるということは、自らの実践の言語化であり、実践力に基づく自己表現の作業である。この「まとめる」作業を通じて、スーパービジョン実践としての最初の振り返りが実施される。まとめている過程では、ただ資料を作り上げようとするのではなく、様々に得られる「気づき」＝疑問や発見、考察の断片などを気に留めてみることである。その「気づき」を大切にしながら、記憶と考察の資料としてまとめていくことが肝心である。決して義務感やノルマ意識でまとめるのではなく、自己表現の機会として自由にまとめていきたい。また、

失敗や不備を気にせず、素直に・率直に自分自身の言葉でまとめていく。そうすることで、リアルな自己、援助職者としての自己に向き合うことが可能となっていく。恣意的な装飾や省略は、せっかくの「気づき」を歪めてしまうことにもなりかねず、かえって無駄に時間を過ごしてしまうことにもなる。ただ、触れたくない、触れられたくない、プライバシーを無理に記述する必要はない。あくまで、自分の気持ちに素直に、無理せずまとめてみることである。ここではスーパーバイジーとして援助職者としての等身大（あるがまま）の自己に向き合うという、ある程度の覚悟が必要なのかもしれない。

　なお、職場外での報告や発表となる事例の選出にあたっては、当事者の了解を得ることが基本だが、事情などにより了解を得られないまま提出する場合には、プライバシーの保護を十分に配慮し、該当者の特定がなされないようにまとめる必要がある。職場内での倫理規程などがある場合には、その手続きを経ておくことが望ましい。また、了解を得た場合であっても、プライバシーへの配慮は不可欠であり、該当者や諸関係者が特定されたりしないように留意する。（詳細は第3章第1節を参照）職場内でのスーパービジョン実践の場合には、職場の規定に従って対応することが基本であり、情報取り扱いに対するサービス利用者等への事前説明が必要となる場合も想定される。職場内での場合には、むしろ個人を特定化したスーパービジョン実践が多くなると考えられるが、業務上の記録を用いて実施されるのか、別途に資料を作成して臨むのかによっても準備内容が異なってくる。OGSVモデルを基本とするスーパービジョン実践である場合、職場内での実施においても「事前の振り返り」作業と「考察」の言語化は必須であり、メモ書きを含めて何らかの形でまとめておくことを奨めたい。

実践過程における主要な局面

1. 場の設定と波長合わせ

　その時々の対応をいきなりに始めるのではなく、相互の気持ちや呼吸

を整えてから課題への取り組みを開始する。一般的には、アイスブレイクと言われる段階である。個人スーパービジョンの場合には、日常的な労いなどを交えながらコーヒーやお茶などを口にすることもあるだろう。グループである場合には、近況報告を行ったり「今日の話題」としてテーマに添った発言をするなど、対話の場を創り出すことになる。いわゆる雑談ではなく、スーパービジョン実践の開始にあたって出だしの波長を合わせる過程であり、相撲の立会いを連想させる。

　この時、スーパーバイザーはスーパーバイジーの心身の様子に注意を払っておく必要がある。体調不良や過度の疲労は展開や成果に大きく影響してくる。過度の緊張感や強く抱えている思いなど、心の上に圧し掛かっているその場の思いを解きほぐさなくては、援助職者としての思考も深まらない。何より学びや成長への意欲、動機づけが薄れてしまっていては、なるものもならないし無駄に過ぎてしまう結果にもなりかねない。開始にあたっては、そこに至るまでの様々な事情や思いに配慮を行い、スーパービジョン実践に対する波長を合わせてから、「さあ、はじめましょうか」と声をかけていきたいものである。

2. 検討課題の焦点化と共有

　スーパービジョン実践は、継続的な目的と目標に基づいて実施されるが、相談援助面接などとも同様に、その時々の必要性に応じた目的や目標も存在する。そのため、毎回の実施場面においても、その場で取り組んでいく課題や目標を設定する必要がある。そこで、この設定に先だって、まず当日までの取り組み状況や経過を確認する。前回までのスーパービジョン実践を通じて得られた成果のフィードバック状況や継続課題への取り組み状況、その後の課題や問題意識、援助実践の経過内容などがこれにあたる。事例検討を伴う場合には、実践事例の報告（プレゼンテーション）もこれに含まれる。スーパーバイザーは、スーパーバイジーの気持ち（情緒・感情）にも寄り添いながら、問題の中核や臨床像を捉えていく上での焦点を吟味し、事実経過や実践内容を把握していく。

一定の報告を受けてから、スーパーバイザーがその場の検討課題を設定する。この時点では、スーパーバイジーからの表明や希望を受けとめた上で、事前に予定されている目標に応じた仮の課題として設定する。そして、実際の取り組み課題は展開の中で具体化されていくことになり、下記の項目を整理する中で、育成計画における短期目標や長期目標を踏まえつつその場の目標として設定していく。

　スーパーバイジーの自覚している課題（問題意識、目的意識、自覚）
　スーパービジョン展開の中で新たに見出された課題（気づき）
　スーパーバイザーが把握した課題（問題意識、育成課題）

　設定される課題は、スーパーバイジーの個人レベル（技能、情緒／感情、思考／認識など）で捉えられるもの、専門職レベル（倫理・価値、知識・技術など）や職場レベル（業務、役割など）で捉える必要があるものなど複数かつ多岐にわたることが多く、優先順位づけや絞り込み（焦点化）が必要となる。スーパーバイザーとしては、実践過程の中で捉えられるスーパーバイジーの認識の変化に応じながら、初期設定の課題に修正を加えつつ常に柔軟に思考しておくことが求められる。重要なのは、スーパーバイジーにとっての学びのポイント（落とし所）であり、援助職者としてのレベルやクライアント支援の現状に応じた設定であること、クライアントの福利に資することができるかどうかという点である。

3. 実践内容の共有

　スーパーバイジーからの説明を受けて課題設定を行ったら、今度はスーパーバイザーの視点から実践内容の共有化を図る。この過程は、問題の中核を含む臨床像への「意識化」の作業と、「言語化」の作業の二段階で構成される。

　意識化の作業においては、質疑応答などによって情報共有を行い、報告内容（事例など）への理解を深めながらスーパーバイザーの中に臨床像を形成していく。スーパーバイザーは、援助職者であるスーパーバイジーを含めた臨床像の全体を把握するように心がけ、問題の中核を見極

めながら臨床像への理解と考察を深めていく。同時に、スーパーバイジーの中に形成されている臨床像（主としてクライアント・システムや援助関係への認識）を把握し、スーパーバイジー自身の自覚を引き出していく。ここでの質疑応答は単なる情報収集ではなく、協働作業に向けた関係形成の段階であり、スーパーバイジーの考察や振り返りを促す問いかけの過程でもある。故にスーパーバイザーは、スーパーバイジーに共感と受容の姿勢で向き合い、自由な思考を保証しながら、スーパーバイジーの気持ちや思考に寄り添っていく。

　次いで言語化の作業においては、問題の中核や臨床像の全体について意見交換を行いながら、相互の認識や理解の内容を確認し合い検証していく。それぞれの中に形成された臨床像への認識を尊重しつつ、その違いや理由について話し合い考察してみる。この臨床像の言語化による共有作業は、検討課題に取り組むための土台作りであり、援助職者としてのスーパーバイジーのリアルな課題に焦点を当てていくことでもある。ここでのスーパーバイザーは、自らの臨床像を押し付けたりせずに、スーパーバイジーの考察や振り返りを支援しながら、新たな認識による臨床像の獲得へと導いていく。意見交換においては、スーパーバイジーの疑問や戸惑いに応えていく場とすることが大切であり、結論を求めるのではなく考察や内省を求めていく問いかけの姿勢が必要である。何よりスーパーバイジーの中にある臨床像に関心を向けることであり、そのようなスーパーバイザーの姿勢こそがスーパーバイジーの安心感を高め、意義ある発見や気づきを引き出すきっかけとなっていく。

4. 検討内容と検討結果の共有

　検討された臨床像や実践内容への理解を基に、スーパービジョン実践としてのその場の検討課題に取り組んでいく。ここでの検討課題は、初期設定の課題に対して必要な追加・修正を行ったものになる。

　（１）そのため具体的な取り組みに入る前に、「3. 検討課題の焦点化と共有」の段階と同様、再度スーパーバイジーに対する課題の焦点化を行う。焦点化される課題の所在（範囲）は、クライアント・システムや援

助実践の中で生じている問題、援助職者(スーパーバイジー)や支援システム、援助関係や支援内容である。実践内容の共有化を経て、スーパーバイジーの自覚する課題が変化している場合や、新たな課題を自覚していて取り組みたい優先度や範囲に変化が生じていることも少なくない。その変化自体も、学びの一歩であり「気づき」である。必ずしもその内容が望ましい方向に変化しているとは言えないが、スーパーバイザーは、その変化や理由に関するスーパーバイジーの認識を受容し、尊重するところから協働作業としての取り組みを始めていく。一方、スーパーバイジーには、自らの認識を振り返り検証しようとする、内省の姿勢が期待されている。

◉ 課題の設定に当たっては、スーパーバイジーの自覚している課題やスーパービジョン展開の中で新たに見出された課題、スーパーバイザーの側が把握した課題から検討されることになる。この時、スーパーバイザー側から提案する課題については、スーパーバイジーが理解できなかったり抵抗感を示したりすることがある。その状態に陥っていること自体もスーパーバイジーにおける課題であり、スーパーバイザーはスーパーバイジーのレベルや情緒的な状態なども加味しながら、提案の内容を絞り込んだり、より分かりやすくしたりする。スーパーバイジーの自覚する課題に取り組んだ後に改めて提案することも考えながら、無理や押し付けにならないように気を配る必要がある。

(2) そして改めて設定された検討課題については、最初にスーパーバイジー自身の考えや思いを確認する。スーパーバイザーからの問いかけに応じて、スーパーバイジーによって語られる内容が、その時点でのスーパーバイジーの状態像(到達点)であり、検討課題への取り組みにおける起点となる。スーパーバイザーは、共有された検討課題とスーパーバイジーの認識に添いながら問いかけを行い、まずはスーパーバイジーの抱えている問題意識や疑問点が、スーパーバイジー自身の考察や発見、気づきによって解き明かされるように支持的に支援していく(サポーティブにフォローアップ)。スーパーバイジーには、自らの考察や

発見、気づきの内容を自分自身の言葉にして表出（言語化）しながら、援助職者として論理的に説明できるようになること（明確化）が期待されている。

◎検討課題への取り組みは、スーパーバイジーによって自覚されている内容から始めることが基本となる。スーパーバイジーの抱えている困難や苦悩、問題意識などを軽減しておかなければ、スーパーバイザーから提示される課題の投げかけに応じる余裕がないからである。スーパーバイザーの側にしてみれば、自分が捉えた課題への取り組みを先行する方が近道に感じることも少なくない。しかし、スーパーバイザーからの投げかけに応じる余裕がなければ、かえってスーパーバイジーの思考が停滞したり、混乱したりすることになる。場合によっては、「分かってもらえていない」というネガティブな感情が芽生えてしまい、スーパーバイザーに対する拒否的な事態に陥ってしまうことにもなりかねない。スーパーバイジーの状態を整えていくことも、スーパーバイザーとしての役割であり、「急がば回れ」と考えて辛抱強く寄り添っていく必要がある。

（3）スーパーバイザーは、スーパーバイジー自身が主体的に思考し言語化することで得られた内容を、要点を集約して再度スーパーバイジーに対して伝えていく（フィードバック）。合わせて、スーパーバイザーによるまとめや評価として、スーパーバイジーの援助職者としての課題や到達段階を考慮しながら、臨床像への理解について視覚化／言語化して解説（絵解き）し、スーパーバイジーの理解を補足していく。これは、スーパーバイジーの得た成果を保証し、支持するための対処であり、「褒める（良いところは認める）」という作業が含まれる。それを行って後、スーパーバイザーの側から改めて捉えられている課題（残された課題）への示唆を行い、援助実践上の助言や指導、教育的な説明（知識・技術の提供）などを加えることで、スーパーバイジーの援助者としてのステップアップを支援する。援助実践への具体的な反映を支えるため、ロールプレイなどの実践力に即した訓練を行うことや、職場の

業務に即した実務指導を行うことも含まれる。
　（4）結果を共有するため、最後にスーパーバイジー自身による締めくくりを行う。改めてスーパーバイジー自らの気づきや考察の内容を整理し言語化することで、具体性を持って今後の実践につなげていけるように、という動機づけの意図からである。ここでのスーパーバイジーによる発言は自由であり、スーパーバイザーはそれをサポーティブに受け止めることでスーパーバイジーを支え、実践場面に送り出すことになる。

第2節 個人スーパービジョンの実践

実践過程と展開

　ここでは、1対1の個人スーパービジョンの実践過程と、その展開について述べていく。内容は、OGSVモデルを基礎とする個別対応の実践過程であり、事例検討とテーマ指導による基本的なマニュアルを意図してまとめている。実際の展開においては、事例検討を主体とする場合と、テーマ指導を主とする場合での相違もあり、スーパーバイジーの状態や取組み内容などに応じて、柔軟に扱われていくものである。また、スーパービジョン実践が実施されている場所や場面によって、時間設定や実施環境も変わるため、場に応じた判断を加えながら展開されることを許容しているものである。

1. 場の設定；事前面接による共有作業

　個人スーパービジョンの実施においては、スーパーバイジーとスーパーバイザーの間での契約が必要であり、そのための事前の面接が必要になる。文書を取り交わすかどうかは状況によるが、それが職場内での業務の位置づけであるとしても契約の認識は必要であり、事前面接を行う必要もある。この契約の主旨は、責任関係の確認と共有を図る手続きである。スーパービジョン実践には、責任と信頼を共有するスーパービジョン関係が不可欠であり、そのための最初の過程が契約を意図した事

前面接である。さらにスーパービジョン実践では、職場の情報や援助実践の事例などを取り扱うため、職場や関係者の情報保護への配慮と守秘義務の認識が必要である。このような理由から、個人スーパービジョンの実施や場の設定に当たっては、スーパーバイジーの職業的立場を損ねることがないよう、例えば次のような内容について話し合い、一定のルールや約束事を定めておきたい。また、職務上の実施などにおいては、あらかじめ定められている規定や取扱の内容などについて説明し、スーパーバイジーの同意や承認を得るべきである。

◎スーパービジョン実践と事前面接の位置づけ

　職務で行う場合には、事前面接において課業目標やラダーといった具体的な達成目標の説明がなされるとともに、そこにスーパービジョン実践やポジショニング視点がどのように関係するのかを明確にしておく必要がある。基本的には、目標の達成を後押ししていく機能と、業務管理や評価の機能が併存することになるため、スーパーバイジーにとって必要以上の負担とならないよう気を配る必要がある。双方の機能を複数のスーパーバイザーで分担する体制も可能であるが、この場合にはスーパーバイザー間の連携の在り方を明確にすることが求められる。組織間での契約や委託契約などによって、スーパーバイザーを外部から招いたり、職員をスーパーバイジーとして出張させる場合も、これに準じることになる。そして、このような体制を説明する場として、事前面接を設定する。

　また、職場内で任意の自主活動として行う場合には、事前面接が個別の相談として位置づくことが多い。スーパーバイジーに不利益とならないよう、参加の有無を含めて人事評価とは切り離されている必要がある。また、スーパービジョン実践を通じて確認された必要性への認識、業務や援助実践に関する内容が、責務（命令や指示、責任）と連動していないことが基本となる。学びや気づきに伴う業務への反映においては、業務上の管理者の監督下に置かれている必要があるからだ。このような事情から考えてみても、自主的とはいえスーパーバイジーの活動を

管理者が承知している必要があり、スーパービジョン実践が内密に行われることは避けたほうが良い。外部から講師を招いて研修として開催する場合も同様だが、この場合には事前面接がなく、企画上の打ち合わせだけを行うことになるだろう。

　一方で、職場外での自主活動としてスーパーバイジーから私的に依頼を受けた場合、事前面接は正に契約締結の場となる。当然ながら、スーパーバイザーはスーパーバイジーからの依頼の主旨や目的などを確認し、自らが受諾できる内容か否かを判断する。特に、スーパーバイジーの所属機関との関係性や関係の取り方に留意する必要がある。また、情報の取り扱いなど、職業倫理や服務規定などに応じた対処が必要であり、守秘義務の在り方も含めて合意しなければならない。

◎確認や説明を行う内容
・個人スーパービジョンを行う目的や主旨の説明
・スーパービジョン実践に取り組む動機／理由や認識／意欲の確認
・スーパービジョン実践の位置づけの確認（課業や人事考課などの関連性の有無など）
・契約関係についての説明と合意（職場、職場外を含め）
・業務なのか、自主活動かの位置づけを明確にする
・確認された内容の実践（業務）上の拘束範囲や、責任の所在を明確にする
　→スーパーバイジーが、実施義務を負うのか負わないのか、など
・実施場所、実施スケジュールや実施時間の設定方法を定める
・実施回数や実施期間（実施期限）を定める
・事例や話題等の選出方法（選出条件などを設定するのか否か）を定める
・費用負担を定める

◎運営に関する確認・話し合い
・当日の実施方法（手法や進行手順など）を決める
・提出資料の準備や取扱方法を決める

- 連絡事項の伝達方法を決める
- 中止の場合の対応や連絡方法を決める
◎ 場の設定における留意点
- 秘密保持の図れる環境（場所）であること。
- 基本はクローズ（非公開）であること
- 共通基盤が明確であり共有されていること

2. 当日の導入；確認と波長合わせ

　開始に先立って、当日の予定内容や時間設定などを確認しながら、相互に気持ちを整える。また、前回の取り組みを振り返って、その後の経過や現時点での考えなどに耳を傾け、持ち帰り課題への報告を受けたりする。その後に、当日に予定されている内容への準備状況を確認する。この確認段階で、あらかじめ打ち合わせていた準備が行えていない場合や、それとは別の話題や相談などを用意していることがある。

　準備が行えていない場合には、何らかの事情がスーパーバイジーに発生していると考えた上でスーパーバイザーが向き合い、相互に相談する中で当日の取り組み課題を話し合う。準備を妨げている事情が、その場の検討課題となる場合もあれば、スーパーバイザーの側が別に用意する課題に取り組む方法も考えられる。取り組み自体を延期した上で、場の設定を仕切り直したり、その後の取り組みスケジュールを見直すなどの対応も視野に入れておきたい。

　一方、別の話題や相談などを持参している場合には、主旨を確認して優先度や緊急性を見極め、その場の取り組みを決めていく。時間や内容から可能であれば複数に取り組むことも良いが、スーパーバイジーの負担感にも配慮しておきたい。なお、予めの時間設定も様々だが30分～90分程度を目安としたい。

3. 話題提供；スーパーバイジーによる説明／実践報告（課題の焦点化）

　スーパーバイジーは、準備した資料に従って主旨や概要を説明し、テーマに関する内容の報告を行う。スーパーバイジー自身で選出した事例を検討する場合には、選んだ理由や検討して欲しい内容などを説明の

上、事例の内容を説明することになる。最後に、事前準備に取り組んだ段階での気づきや思い、自己検討の内容などを述べる。報告や説明は資料に沿って行うが、単に資料を読み上げるのではなく、記述されていない内容についても随時必要に応じて加えていく。例えば、記載されている報告内容に伴う「その時の思い」について付け加えたり、報告をしながら「思い出した内容」を補足したりする。まとめる時と同様、素直に・率直に臨み、評価を恐れず堂々と報告したい。また、事例検討の場合は実践場面のイメージ（臨場感）がスーパーバイザーに伝わるように、具体的なイメージを持っての説明に心掛けておきたい。説明の時間は、内容や目的によるものの、その後の取り組み時間を確保するため5分～15分程度（概ね全体の時間の1／6程度）を目安とする。

　ここでのスーパーバイザーは、スーパーバイジーの抱えるその時点での課題を捉えていく。スーパーバイジーの到達点を確認し、そこから出発して見直しと再検討を進めていく。スーパーバイジーにおける援助職者としての力量を考慮しながら、スーパーバイジーの立場を基準に、援助職者としての姿勢や役割を明確にして共有する。資料ばかりに目をやらず、スーパーバイジーの様子にも目線を向けながら、援助職者（スーパーバイジー）としてのこだわりや思いにも心を留めて報告を受けとめていく。

4. 検討課題の焦点化；スーパーバイザーによる検討課題の確認と初期設定

　スーパーバイザーによって、その場の取り組みを進める上でのスーパーバイジーの問題意識を確認する。また、検討を進める上でのスーパーバイジーの取り組み課題を具体的に説明する。スーパーバイジーの問題意識が不明確な場合は、スーパーバイザーの問いかけによって思いや考えを引き出しながら、援助職者としての取組み課題を明確化し、具体的な課題内容を提示していく。

　必要に応じて、スーパーバイジーの援助職者としての到達度や実践力の自己評価を行ったり、スーパーバイジーが自覚する援助職者としての

自己課題などについても確認する。スーパービジョン実践としてのその場の出発点を確認する作業であり、スーパーバイジーとしての動機付けを図ることが大切である。

5. 質疑応答；臨床実践的な意識化と共有のための情報収集

◎ スーパーバイザーは、検討課題に沿って質疑応答を行い、報告内容に関する事実やスーパーバイジーの認識を確認していく。また、情報収集しながら情報枠組みに応じた整理を図り、スーパーバイジーの考察や振り返りを図る対話にも心掛けながら、必要となる情報の確認を進めていく。スーパーバイジーを混乱させないようにも配慮し、対話の流れを上手に活用した質問を進めていく。

◎ スーパーバイジーは、自分に向けられる質問の意図をくみ取りながら、出来るだけ端的に分かりやすく応えていくことが望ましい。質問の内容が理解できないときは、遠慮なくスーパーバイザーに確認して構わないし、何らかの感情が生じているときはそれを言葉にして表現してみても良い。分かってもらいたいという思いを積極的に表現してみて欲しい。

　特に事例検討の場合には、事例内容の事実に関する質疑応答を行い、援助実践の内容や臨床像の具体化、共有化を図る。共有（質疑応答）の土台となる枠組みは、まずクライアント・システムを理解する視点（Ⅰ）、援助職者を理解する視点（Ⅱ）、そしてクライアントと援助職者の援助関係を含めた相互交流を理解する視点（Ⅲ）である。スーパーバイジーの認識と事実関係の双方にも視点を向けて情報収集を行い、各枠組みへのスーパーバイザー自身の理解を具体化していく。情報収集の質疑応答においては、イメージの具体化を図るため、下記の情報に焦点化しながら、質問を循環、反復させ、重ねていく。

基本情報の確認
　（クライアント理解の基礎情報、必要となる知識、実践的背景など）
事実経過の確認
　（出来事の基本的把握、知覚的把握など）

援助経過の確認
（スーパーバイジーの判断、援助実践、理解内容、気持ちなど）
　時には、先にスーパーバイジーの思いを十分に引き出して受け止めておかないと、かえってスーパーバイジーの思いばかりが繰り返し語られて、事実関係やクライアント理解に必要な情報が得られない場合も生じてくる。スーパーバイジーの情緒面への配慮や理解も大切である。
　ここでの作業は、ポジショニング視点に基づきクライアントと援助職者、そこでの相互交流（交互作用）などを理解するために行っている。そのため、職場内での実施であって普段から情報の共有がなされている場合でも、再確認の意味で改めて質問を行いながら、臨床像の共有を深める方が良い。なお、質問の段階的な作業は、ポジショニング視点を基盤に、主に次のような流れを意図しておくと良い。（主に、スーパーバイザーが認識しておくべき流れである。）

クライアントの持つライフイメージを整理する。
……心身、生活、人生の状況などを、過去・現在・未来の座標軸で理解する。
↓
問題の中核を明らかにする。
……問題の把握、ニーズの明確化、問題発生の要因や背景などを捉える。
↓
クライアントの「人」、「人間力」をみる。
……生きる力を捉える。対処能力・方法、経験や学習の傾向をみる。等
↓
事実経過におけるポイントを捉える。
……クライマックス（山場）やターニングポイント（変化）をつかむ。経過上で見逃せない出来事や、クライアントの変化などを見出し、クライアント（人）や問題への理解を深めていく。
↓
スーパーバイジーへの焦点化の作業に移行する

> ……援助職者として実践した経過の内容や判断状況、認識などを把握する。スーパーバイジーの課題や傾向などに注目して、スーパーバイジーに気づきが得られるような具体的説明を引き出していく。
>
> ＊詳細は第２章を参照＊

6. 意見交換；臨床像／テーマへの認識の言語化と再検討

　把握された情報と各自の臨床像（もしくはテーマ内容）への認識に基づいて、検討課題やスーパーバイジーによる援助実践への理解に取り組んでいく。スーパーバイジーの作成資料における記述（事例の「提出理由」や「考察（まとめ）」など）も参考にしながら、自由な意見交換を行う。結論を求める段階ではなく、様々な可能性や考え方に目を向けた広がりのある意見交換が望まれる。

- ◎スーパーバイザーは、スーパーバイジーの臨床像（テーマ内容）への認識を引き出しながら、臨床的認識を高めていけるように気づきの過程をリードする。クライアント理解や問題の中核、援助職者として直面する課題や今後の課題、援助関係やフィールドでの置かれている状況などに焦点化しながら、対話を通してスーパーバイジー自身の思考による検討作業を促していく。⇒〈気づきの過程　→　思考して気づく〉
- ◎スーパーバイジーは、スーパーバイザーのサポートを受けながら主体的に課題に取り組み、考察と自己洞察を深めていく。

⇒〈考察と自己洞察　→　内省〉

7. 検討課題への取り組み；話し合いを通じた事例提出者への支援

　意見交換で出された内容などを元にしながら、検討課題に焦点化してスーパーバイジーへの支援を図る。意見交換の中で上がってきた論点（共有された検討課題、スーパーバイジーの認識や理解の内容、臨床像／問題の中核、クライアントと問題への理解、テーマへの考察結果な

ど）を生かしながら、スーパーバイジーの抱えていた問題意識や疑問点が、できる限りスーパーバイジー自身によって解きほぐされていくようにスーパーバイザーが支援する。

◎ スーパーバイザーは、検討課題やスーパーバイジーから改めて出された疑問や問題意識について、スーパーバイジー自身の考察や発見、気づきを支持的に支援していく（サポーティブにフォローアップ）。

◎ スーパーバイジーは、自らの考察や発見、気づきを自分自身の言葉（言語化）にしてスーパーバイザーに伝えながら明確化を図っていく。

8. スーパーバイザーによるまとめ（絵解き）；援助職者としてのステップアップを支援

全体の解説（絵解き）や援助実践上の助言、支持、指導および教育的な説明など、スーパーバイザーによるまとめ・講評等を行い、スーパーバイジーの援助者としてのステップアップを支援する。スーパーバイジーの個別的な課題や到達段階を考慮しながら、取り組み内容への理解（事例検討では、臨床像を構成する各要素であるクライアントの「人」と「問題」、援助面接における相互作用、何が起こっていたか、援助職者自身の到達点や課題、援助職者自身の置かれている状況、など）について解説し、スーパーバイジーの理解を補足していく。実践過程を通じて把握されたスーパーバイジーの強みや良さ（プラスに評価できる点）などについても、スーパーバイザーによる具体的な言葉として伝える。

9. 事例提出者による振り返り；結果・成果の共有

最後に、スーパーバイザーからの支持や共有によるサポートを受けながら、スーパーバイジー自身がまとめを述べて締めくくりを行う。スーパーバイジーは、自らの考察や、気づきの内容を整理し言語化することで、今後の実践に具体的につなげていけるようになっていく。また、言葉にすることで、実践に取り組んでいく力（自信や安心など）を得ることができ、スーパーバイザーよりの送り出し（保証）を受け取る場面でもある。

第3節
グループスーパービジョンの実践

実践過程と展開

　ここでは、事例検討を主体としたグループスーパービジョンの実践過程と、その展開について述べていく。内容は、OGSVモデルによるグループ、スーパーバイジーグループに対する実践過程であり、基本的なマニュアルを意図してまとめている。しかし、実際の展開においては、スーパーバイジーの状態や援助実践の内容などに応じて、柔軟に扱われて良いものである。また、スーパービジョン実践が実施されている場所や場面によって、時間設定やグループの状況も変わるため、場に応じた判断を加えながら展開されることを許容しているものである。

1. 場の設定；グループ編成

　スーパービジョン実践を目的としたグループの設定や編成は、職場内で多部門にわたって編成される場合や部署内のスタッフに限る場合、地域組織内での開催、職場外有志のグループなど様々と思われる。グループの編成やメンバーの選出などは、開催の目的や共有される目標などによって柔軟に考えてよいと言えるが、運営や場の設定においてはいくつか留意しておきたいことがある。援助実践の事例などを取り扱うため、登場する関係者のプライバシーや個人情報への配慮が必要である。また、事例や話題を提供するスーパーバイジーの職業的立場を損ねることがあってはならない。そのため、運営や場の設定に当たっては、例えば次のような内容について話し合い、一定のルールや約束事を定めておくことを推奨する。

◎ グループ編成や場の設定おける留意点

・基本はクローズド・グループであること

　責任と信頼が共有される固定された編成であることが望ましい。研修会などの場合も、自由・不特定の参加ではなく、会員制など一定の契約関係を基盤に設定する。

・目的と目標が共有される構成員で編成されること
　スーパービジョン実践は、一定期間の継続を前提に目的や目標、スケジュールなどを定める必要がある。その内容が共有されることは、グループとしての継続性を維持する上での最低条件と言える。勝手気ままなメンバーが居ては、場もまとまらない。
・共通基盤が明確であり共有されていること
　スーパービジョン実践は、専門性を基盤として行われる。そのため、グループスーパービジョンの構成員には、援助職者としての共通性が必要である。OGSVモデルにおいては、資格や職種に限定せず「対人援助職者」であることを基本に想定しており、多職種チームによるグループでの実施も可能である。そのため、実際の編成においてはそれぞれの目的などに応じた共通基盤への考え方を、予め明確にしておきたい。
　⇒ここでの共通基盤の設定は、かなり柔軟である。地域ケア・チームという共通基盤の設定や、相談援助業務の従事者というような、地域組織や業務などを根拠とすることも可能である。

◎運営上で必要となる約束事の例示
（姿勢）
・相手の人格を傷つけたり、対応を責め立てるような発言はしない（尊重の姿勢）
・話し合われた内容や事例・資料の内容は、一切公開・口外しない（秘密保持）、また内容の活用にあたっては合意を原則とする
・他者の発言を邪魔しない（傾聴と共有）
・演説や長話をしない（場の共有）
（契約）
・業務なのか、自主活動かの位置づけを明確にする
・確認された内容の実践（業務）上の拘束範囲や、責任の所在を明確にする
　→スーパーバイジーが、実施義務を負うのか負わないのか、など
・実施の目的や主旨、各参加者の目的などを確認する

- 開催場所、開催日時や実施時間を定める
- 実施回数や実施期間（実施期限）を定める
- 事例等の提出者の当番や準備期間を定める
- 事例等の選出方法（選出条件などを設定するのか否か）を定める
- 参加者、グループのメンバーを明確化（原則は固定）する
- 参加者の費用負担や、スーパーバイザーへの謝礼の有無など予算を定める

（運営）
- 当日の実施方法（実施するスーパービジョンの実践モデルや進行手順など）を決める
- 提出資料の回収を行うのか否かを決める
- 役割を決める
    - →スーパーバイザーの選出方法
    - 〜スーパーバイザーをメンバーが担うのか、外部から呼ぶのか
    - →役割を固定するのか否か
    - →運営上の責任者
- 連絡事項の伝達方法を決める
- 中止の場合の対応や連絡方法を決める

など必要に応じて定めていく。何より参加者相互の信頼関係とクライアントや参加者の人格・プライバシーを尊重する意識が肝心となる。

2. 当日の役割決定；開始にあたっての準備

　事例検討にあたっての司会・進行役、記録やタイムキーパーなどの役割を決める。グループの性格によって必要な役割や決め方は様々であり、スーパーバイザーがあらかじめ固定して決っている場合と、その都度で決める場合がある。また、司会・進行役をスーパーバイザーが兼ねる場合もあれば、別々に決められることもある。グループスーパービジョンでは、グループのメンバーは事例提出者と同様にスーパーバイジー（受け手）として参加するのが一般的である。時間の設定も様々だが、90分〜120分程度を目安とする。

3. 事例提供；事例提出者による説明／プレゼンテーション（課題の焦点化）

　事例提出者は、準備した資料に従って「選出理由」や「提出理由」（事例を選んだ理由や検討して欲しい内容など）を説明し、事例の内容（開始経過・経路、基礎情報、初回面接、実践経過など）をプレゼンテーションする。最後に、「まとめ」として事例をまとめた段階での気づきや思い、自己検討の内容などを述べる。報告や説明は資料に沿って行うが、単に資料を読み上げるのではなく、記述されていない内容についても随時必要に応じて加えていく。例えば、記載されている事実経過に伴う「その時の思い」について付け加えたり、報告をしながら「思い出した内容」を補足したりする。まとめる時と同様、素直に・率直に臨み、批判を恐れず堂々と報告したい。また、実践場面のイメージ（臨場感）がメンバーに伝わるように、具体的なイメージを持っての説明に心掛けておきたい。プレゼンテーションの時間は、内容や目的によるものの、その後の取り組み時間を確保するため20分〜40分程度（概ね全体の時間の１／６程度）を目安とする。

　スーパーバイザーやメンバーは、ここで事例提出者の抱える課題を捉えていく。事例提出者の到達点を確認し、そこから出発して見直しと再検討を進めていく。事例提出者における援助職者としての力量を考慮しながら、事例提出者の目線に立って理解する視点が求められている。事例提出者の立場を基準に、事例における援助職者（事例提出者）の出発点や役割を明確にして共有することが必要であり、資料ばかりに目をやらず、事例提出者にも目線を向けながら、援助職者（事例提出者）のこだわりや思いにも心を留めて報告を受けとめていく。事例提出者はスーパーバイジーであり、成長途上であることへの配慮が必要である。

4. 検討課題の焦点化；スーパーバイザーによる検討課題の確認と初期設定

　スーパーバイザーによって、事例検討を進める上での事例提出者の問題意識を確認する。また、事例検討を進める上でのメンバーの取り組み

図9 質問の循環　概念図

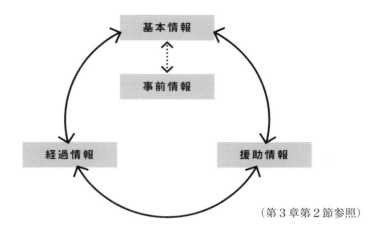

（第3章第2節参照）

課題を具体的に提示する。事例提出者の問題意識が不明確な場合は、スーパーバイザーの問いかけによって事例提出者の思いや考えを引き出しながら、取り組み課題を明確化し、事例提出者とメンバーに対して具体的な取り組み課題を提示していく。

　必要に応じて、事例提出者の援助職者としての到達度や実践力の自己評価を行ったり、事例提出者が自覚する援助職者としての課題などについても確認する。スーパービジョン実践としての事例検討の出発点を確認する作業であり、スーパーバイジーとしての事例提出者の動機付けを図ることが大切である。また、メンバーが各自の興味に捕らわれることなく、自らも一人のスーパーバイジー（援助職者）として、検討課題に沿った取り組みが行えるように促すような方向付けが期待されている。

5. 質疑応答；臨床像の意識化と共有のための情報収集

　スーパーバイザーやメンバーは、検討課題に沿って事例内容の事実に関する質疑応答を行い、援助実践の内容や臨床像の具体化、共有化を図る。質問の土台となる枠組みは、まずクライアント・システムを理解す

る視点（Ⅰ）、援助職者を理解する視点（Ⅱ）、そしてクライアントと援助職者の援助関係を含めた相互交流を理解する視点（Ⅲ）である。事例提出者の認識と事実関係の双方にも視点を向けて情報収集を行い、各枠組みへの自身の理解を具体化していく。質疑応答においては、

基本情報の確認
　　（クライアント理解の基礎情報、必要となる知識、実践的背景など）
事実経過の確認
　　（出来事の基本的把握、知覚的把握など）
援助経過の確認
　　（スーパーバイジーの判断、援助実践、理解内容、気持ちなど）

に焦点化しながら、質問を循環、反復させたり、重ねていくことで、イメージの具体化を図ることになる（図9参照）。時には、先に事例提出者の思いを十分に引き出して受けとめておかないと、かえって事例提出者の思いばかりが繰り返し語られて、事実関係やクライアント理解に必要な情報が得られない場合も生じてくる。事例提出者の情緒面への配慮や理解も大切である。

◎スーパーバイザーやメンバーは、情報収集しながら情報枠組みに応じた整理を図り、事例提出者の答えやすい質問の流れと対話にも心掛けながら、必要となる情報の確認を進めていく。

◎スーパーバイザーとしては、グループ内の関心や質問の焦点を理解しながら、事例提出者を混乱させないようにも配慮し、流れを上手に活用した質問になるよう適宜に介入していく。

◎メンバーは、自分が何を把握したいのかをしっかり自覚しながら、出来る限り場の流れを活用した分かりやすい質問を重ねていく（本章第4節を参照）。また、スーパーバイザー（もしくは司会）の進行に従って質問を行うように心がけ、スーパーバイザーの問いかけや発言の意味にも注意を払っておきたい。

◎事例提出者は、自分に向けられる質問の意図をくみ取りながら、出来るだけ端的に分かり易く応えていきたい。質問の内容が理解できない

ときは、遠慮なく質問者に確認して構わないし、何らかの感情が生じているときはそれを言葉にして表現してみても良い。分かってもらえないという諦めよりも、分かってもらいたいという思いを積極的に表現してみて欲しい。

ここでの作業は、ポジショニング視点に基づきクライアントと援助職者、そこでの相互交流（交互作用）などを理解するために行っている。そのため、職場内での実施であって普段から情報の共有がなされている場合でも、再確認の意味で改めて質問を行いながら、臨床像の共有を深める方が良い。

なお、質問の段階的な作業は、ポジショニング視点を基盤に、主に次のような流れを意図しておくと良い。（主に、スーパーバイザーや司会役が認識しておくべき流れである。）

クライアントの持つライフイメージを整理する。

心身、生活、人生の状況などを、過去・現在・未来の座標軸で理解する。
↓
問題の中核を明らかにする。
……問題の把握、ニーズの明確化、問題発生の要因や背景などを捉える。
↓
クライアントの「人」、「人間力」をみる。
……生きる力を捉える。対処能力・方法、経験や学習の傾向をみる。等
↓
事実経過におけるポイントをとえる。
……クライマックス（山場）やターニングポイント（変化）をつかむ。経過上で見逃せない出来事や、クライアントの変化などを見出し、クライアント（人）や問題への理解を深めていく。

　　　　　　　　↓
援助職者側への焦点化の作業に移行する。
……援助職者が実践した経過の内容や判断状況、認識などを把握する。
援助関係や支援経過の中でみえるクライアントの姿を捉える。
援助職者側の課題や傾向などに注目して、事例提出者自身に気づきが得られるような具体的説明を引き出していく。(援助職者側には、事例提出者以外の関係者を含む)

　　　　　　　　　　　　　　　　＊詳細は第2章を参照＊

6. 意見交換；臨床像の言語化と再検討

　把握された情報と各自の臨床像への認識に基づいて、検討課題や事例提出者による援助実践への理解に取り組んでいく。事例提出者の作成資料における「提出理由」や「考察（まとめ）」も参考にしながら、自由な意見交換を行う。結論を求める段階ではなく、様々な可能性や考え方に目を向けた広がりのある意見交換が望まれる。

◎スーパーバイザーは、スーパーバイジー各自（事例提出者とメンバー）の臨床像への認識を相互に引き出しながら、臨床的認識を高めていけるように気づきの過程をリードする。クライアント理解や問題の中核、事例提出者の直面する課題や援助職者としての課題、置かれている状況などに焦点化しながら、スーパーバイジー相互（事例提出者とメンバー）の対話や思考による検討作業を促していく。

　　　　　　　　　　⇒〈気づきの過程　→　思考して気づく〉

◎事例提出者は、メンバーの意見をきっかけとしながら、考察と自己洞察を深めていく。

◎メンバーは、事例提出者をサポートしながら協働して課題に取り組み、自らもスーパーバイジーとして、援助職者としての自分の実践場面に照らしながら考察と自己洞察を深めていく。

　　　　　　　　　　⇒〈考察と自己洞察　→　内省〉

7. 検討課題への取り組み；話し合いを通じた事例提出者への支援

　意見交換で出された内容などを元にしながら、検討課題に焦点化して事例提出者への支援を図る。意見交換の中で上がった論点（共有された検討課題、事例提出者の認識や理解の内容、臨床像／問題の中核、クライアントと問題への理解など）を生かしながら、事例提出者の抱えていた問題意識や疑問点がスーパーバイジー（事例提出者とメンバー）によって解きほぐされていくようにスーパーバイザーが支援する。焦点化の対象は、クライアント・システムや援助実践の中で生じている問題、援助職者（事例提出者）や支援システム、援助関係や支援内容である。

◎スーパーバイザーやメンバーは、検討課題や事例提出者から改めて出されたテーマについて、事例提出者自身の考察や発見、気づきを支持的に支援していく（サポーティブにフォローアップ）。

◎事例提出者は、自らの考察や発見、気づきを自分自身の言葉（言語化）にしてメンバーに伝えながら明確化を図っていく。

8. スーパーバイザーによるまとめ（絵解き）；援助職者としてのステップアップを支援

　全体の解説（絵解き）や援助実践上の助言、支持、指導および教育的な説明など、スーパーバイザーによるまとめ・講評等を行い、スーパーバイジー（事例提出者とメンバー）の援助者としてのステップアップを支援する。スーパーバイジー（事例提出者とメンバー）の個々の課題や到達段階を考慮しながら、事例内容の理解／臨床像を構成する各要素（クライアントの「人」と「問題」、援助面接における相互作用、何が起こっていたか、援助職者自身の到達点や課題、援助職者自身の置かれている状況、など）について解説し、スーパーバイジー（事例提出者とメンバー）の理解を補足していく。

9. 事例提出者による振り返り；結果・成果の共有

　最後に、事例提出者自身による締めくくりを行う。メンバーからの支持や共有によるサポートを受けながら、事例提出者がまとめを述べる。

【資料3】グループスーパービジョンのプロセス

河野聖夫・江村宏子作成　2010版

実践／段階	取り組み内容	スーパーバイザーの留意点
（0）アイスブレーキング……	自己紹介やメンバー間の関係づくり（波長合わせ）	＊バイジー・バイザーラポール形成の意識化
（I）事例提供…… 20分〜30分を目安に	事例提出者によるプレゼンテーション	＊バイジーの立場・思い・引っ掛かりを意識しておく
（II）検討課題の焦点化……	検討課題をグループ内で共有化 バイジー自身による検討課題の言語化 バイザーによる検討課題の設定 ex・バイジーの立場や役割を明確化する ・バイジーの検討課題の対象と内容を明確化する	＊検討課題を情緒＋知識の面からみる
（III）情報収集…… （質疑応答） 30〜40分程度を目安に	基本情報・経過情報・援助情報の共有と吟味 課題解決に必要な情報は何か 臨床像を共有するための質問	＊質問の仕方の解説 ＊流れを活用する ＊バイジーの思いや思考に配慮する
（IV）バイジーによる気づきの言語化と課題の再設定	質疑応答からバイジー自身が気づいたことを言語化し、今の課題を確認する。	＊バイザーは意見せず、問いかける
（V）集めた情報の分析・統合　臨床像の共有化…… （意見交換）	意見交換を通じて、臨床像を共有するクライアントの人となり （過去—現在—未来や環境からみて） ・クライアントの置かれている状況 ・バイジーの直面している状況 ・バイジーとの関係で何が起きていたのか ・問題の本質は何か、見えてきたことを相互に確認する	＊図で視覚化する（必要に応じて） ＊まとめとしてバイザーによる解説
（VI）課題への焦点化 　　目標の再設定……	バイジーは今の課題解決に向け、知りたいことを表現する。 バイザーはバイジーの情緒面も汲み取り今の課題を確認する。	
（VII）助言・サポート・ 　　情報交換……	課題に沿ってメンバーやバイザーがサポートや対応策を一緒に考える。	＊情緒的な手当て 情報・助言の両面を意識する
（VIII）まとめ 　①メンバーから 　②バイザーから 　③バイジーから	感想や気づきを伝える 課題・臨床像・意見交換の内容、助言 考察や今後の成長課題を伝える	

4　OGSVモデルの実践過程　基本的な展開と流れ

事例提出者自らの考察や、気づきの内容を整理し言語化することで、今後の実践に具体的につなげていけるようになっていく。また、メンバーからその内容を支持・共有されることによってサポートされ、実践に取り組んでいく力（自信や安心など）を得ることもできる。事例提出者は自由に発言を行い、スーパーバイザーやメンバーはそれをサポーティブに受け止める。

第4節 OGSVモデルにおける展開方法と実践スキル

スーパービジョン関係における信頼を醸成する

　スーパービジョン実践において、スーパービジョン関係の重要性は先に述べたとおりだが、そこでは信頼関係が求められており、スーパーバイジーの過度な依存状態に陥らないように気をつけなければならない。人材育成であれ監督・指導であれ職業的な自立を目指しており、スーパーバイザーの存在感が必要以上に強くならないよう留意したい。そのためには、スーパーバイザーがスーパーバイジーにとって、できる限り身近な職業モデルであることが望ましい。またスーパーバイジーにとって、スーパーバイザーが到達可能な目標として存在していることが、信頼関係の軸にもなっていく。

　そこでの基本は、スーパーバイザーからスーパーバイジーに対して、何が伝えられるのか、どのような実践力の獲得が図られていくのかなど、スーパーバイジーにとっての意義や効果が明示されていることである。そしてOGSVモデルによるスーパービジョン実践では、この軸となる職業モデルの基礎がポジショニング視点による対人援助（援助職者）の実践であり、その習得や実践への思いが信頼感の源泉となる。なお、信頼関係とは相互関係であり、スーパーバイザーがスーパーバイジーを信頼するところから始まる関係性であることも忘れないでおきた

い。つまり、スーパーバイジーの変化・成長への意思と可能性を信じるところから、スーパーバイザーとしての役割とスーパービジョン関係が始まっていく。

スーパーバイジーの気づきを支援する
■ 気づきを図る問いかけと質問の方法

OGSVモデルによるスーパービジョン実践では、スーパービジョン関係における共感と受容を土台として、問いかけによる気づきの過程を意図している。スーパービジョン実践においては、援助関係と同様に共感や受容を土台とした専門的信頼関係を媒体とする。OGSVモデルは、この専門的信頼関係を通じて発せられるスーパーバイザーからの問いかけを受けて、スーパーバイジーが自ら考えて導き出す成果を、「気づき」として重視している。人は問われて応じようとするとき、自らの思考過程に入る。この問いかけによる気づきの過程を通じて働きかけ、スーパーバイジーの成長を図ろうとする視点が、OGSVモデルによるスーパービジョン実践の特徴である。そして、OGSVモデルで意図する問いかけは、大きく次の三つの焦点化による働きかけによって成り立っている。

〈質問の三つの焦点〉

◎ スーパーバイジーの思いに問いかけ、表現された思いを受容と共感をもって理解をしていく。スーパーバイジーの語りを引き出していくことで、スーパーバイジーが自らの思いに向き合い、自分自身の状態を認識していけるように導いていく。問いかけにおいて焦点化される思いは、スーパービジョン実践において話題になっている内容へのスーパーバイジーの思いであり、クライアントへの思い、自分自身への思い、周囲の関係者や職場への思い、援助関係での出来事への思い、問題状況への思いなどが想定される。

◎ 臨床像を描くために必要な情報を問いかけ、スーパーバイジー自身にクライアントに対する自らの臨床像を意識化させ、言語化させてい

く。スーパーバイザー自身も、並行して臨床像の把握に取り組みながら相互の認識の比較と共有を図っていくことで、臨床像に対するスーパーバイジーの新たな認識が得られるように導いていく。また、問題の中核に焦点化した問いかけを行うことで、スーパーバイジーが直面している困難状況や困惑などへの考察を促し、取り組むべき課題が何であるのかを見出していけるように導いていく。

◎スーパーバイジーの考えに問いかけることで、課題への考察を促し、新たな考え方を見出すなどしていけるように導いていく。それまでの自己の考えを振り返ったり見直すことで、多様な可能性を思考したり物事の多面性を意識できるように働きかけていく。また、自ら論理的に考えていく場面を創り出していくことで、指示待ちとならない主体性や判断力の向上を促すとともに、思考の組み立てや知識の活用などを訓練していく。

そして、これらの問いかけを行う際の質問の仕方として、スーパーバイジーの気持ちに配慮しながら、次のようなことに心がけたい。

〈質問の仕方〉
①分かりやすく、短く質問する。
　長い質問は、質問の焦点がぼやけたり、事例提出者が混乱してしまったりする。
②質問は、ひとつずつ行う。
　一度に複数の質問を行うと、事例提出者が混乱するばかりでなく、折角の気づきがぼやけてしまったりする。一問一答を重ねるような対話に心がけたい。
③関連する質問を、少しずつ重ねて質問していく。
　事例提出者の混乱を引き起こさないように、直前の質問に関連するものから質問していく。一通り類似の質問が終わったら、異なった質問を加えていく。
④前置きをしないで、率直に質問する。
　感想や主観、意見などを交えず、見たままを引き出すような質問を行

う。質問の際の前置きは、答えを誘導したり制限してしまうなど（バイアス）、意図しない影響を生じてしまうことが多い。質問者の意図に合わせた歪んだ回答を引き出してしまう危険も少なくない。
⑤質問は明確に行う。

　事例提出者が質問内容を理解出来ずにいるような時は、質問の方法や内容を変えて聴いてみる。ただし、質問攻めにしたり、畳み掛けるような流れにならないように気をつける。
⑥開かれた質問に心がける。

　見たまま、感じたまま、その時の思い、振り返っての思いや感じ方を、事例提出者が自由に応えられるような開かれた質問に心掛ける。例えば、「この時は、嫌な思いがしましたか」と尋ねるのではなく、「この時は、どのように感じましたか」というように、「はい」・「いいえ」（yes、no）では応えが返せないような質問の方法が、開かれた質問（オープン質問）である。なお、閉じられた質問は、確認を行う際には有効であり、開かれた質問との上手な組み合わせを工夫したい。
⑦流れを生かした質問を工夫する。

　スーパーバイジー（事例提出者）を混乱させないためには、対話と思考の流れを上手に活用した質問を重ねていく。例えば、いきなり「なぜ○○のような対応をしたのですか」というような質問から入らずに、クライアントへの理解を深めるための基本情報への質問から行っていく。

　またグループスーパービジョンの場面では、スーパーバイザーからメンバーへの問いかけを行ったり、メンバーの自発的な発言を生かした（ダイナミクスの活用）スーパーバイザーからの投げかけを図ることで、スーパーバイジーの気づきの過程を生み出していく。
⑧サポーティブ（支持的で受容的）な質問を主体とする。

　自分の意見や考えの表明、一方的な押しつけにならないように、「これは○○だと思いますよ」「ここでは○○すると良かったのでは」といった各人の一方的な意見を述べないように注意する。まずは、自分の感じた意見を再確認する（裏付ける）ために必要な情報の引き出しに心

掛けたい。スーパーバイジー自身の認識や理解を点検し、適切に深めていけるように質問していくことが最優先であり、それに合わせてスーパーバイジーやメンバーによる理解を深めていくことになる。

仮に情報収集のための質疑応答の場面で、メンバーより「本人（クライアント）は○○ではないかと思う（が）」というような意見（メンバー本人は質問だと思っている場合もある）が出されてきた時には、メンバーの発言を制止してしまうのではなくスーパーバイザーとしてその主旨を受け取る。その上で、メンバーの認識とスーパーバイジーのもつ情報とを照らし合わせるような質問へと、スーパーバイザーが変換していく必要がある。メンバーもスーパーバイジーの位置におり、スーパーバイザーとして気づきを支援する対象でもある。そのため、「△△（スーパーバイジー）さんとしては、クライアントの言動をどのように感じて（考えて）きていますか？（→スーパーバイジーの認識や理解）」とか、「クライアントの状態や○○に関係する情報はありましたか？→（クライアントに関する情報・事実確認）」というように、質問内容に応じながら問いかけの枠組みを置き換えていく。同様にスーパーバイザー自身は、自分自身の中に浮かび上がってきた様々な考え・意見の断片も含めて、情報収集の場面で表出してくる意見・認識などの検証・裏付けを図るために必要となる情報枠組みを持っていなければならない。

● **課題の焦点化と検討課題の設定方法**

スーパービジョン実践においての重要局面のひとつが、課題設定である。スーパービジョン実践における課題設定は、契約段階で確認されている目的や目標、実施計画に基づき、各回の実施内容における具体的な目標とともに設定される。その設定にあたっては、予めスーパーバイザーから提示されている場合もあれば、スーパーバイジーから提出されている場合もある。一方で、当日のスーパービジョン実践における実践過程の中で提示され、具体的に検討を要する課題の焦点化を図った上で設定される検討課題も存在する。そして、その時の検討課題が、あらかじめ設定されている目標や検討課題の内容に即したものになるとは限ら

ず、あくまでもスーパービジョン実践におけるリアルタイムな課題として設定されていくことになる。同様に、その場で表出されるスーパーバイジーの問題意識や検討課題への認識が、必ずしもスーパーバイジーの直面している本質的な課題であるとも限らず、スーパーバイザーによってスーパーバイジーの認識していない課題が捉えられていることも少なくない。スーパーバイザーは、このような事情を認識した上で、それぞれの整合性を図りながら実践過程の中での具体的な検討課題を設定し、スーパーバイジーに投げかけていくことになる。

　先にも述べたように、実践過程の中での課題設定においては、スーパーバイジーの自覚している課題、スーパービジョン展開の中で新たに見出された課題、スーパーバイザーが把握した課題に応じて、スーパーバイジーの認識を尊重しながら具体化されていく。その具体化においては、スーパーバイジーの実践力や到達段階に対応する分かりやすい表現で行われるのが良い。この分かりやすさは、言葉のわかりやすさではなく、内容の分かりやすさのことである。「アセスメントについて振り返りをしたいということですね」と示されるより、「自分の行ったアセスメントの内容に自信が持てないので、ここで一度しっかり確認しておきたいということですね」と表現される方が、具体的課題がどこにあるのか、問題意識が何に向けられているのかがより明確になる。このような分かりやすさは、スーパーバイジーの思いや状態などを読み取ることで可能となるものであり、スーパーバイザーの目線からだけで課題を捉えていては難しいものである。

　例えば、面接力の向上がスーパービジョン実践の目標に設定されていて、相談援助面接の場面をまとめた資料をスーパーバイジーが持参して事例検討を行った場面がある。この時、スーパーバイザーが捉えているスーパーバイジーの援助職者として課題は、クライアント理解を図る情報収集とそのための面接展開にあった。一方のスーパーバイジーは、クライアント理解を深めたいという問題意識の中で日々の実践に取り組み、その取り組みの中で真意が理解できないと感じているクライアント

への支援事例を資料にまとめ、スーパーバイザーに提出した。そして、スーパーバイジーより出されたその場の検討課題は、「クライアントの真意を知りたい」となった。加えて、資料内容の説明の過程で、「クライアントから援助者に向けられる依存心があり、それを負担に感じている」というスーパーバイジーの認識が表出され、援助関係における課題が意識化された。ここでの検討課題は、どのように定まり投げかけられていくのか、少なくとも「クライアントの真意を一緒に考えていきましょう」とはならないはずである。実際にスーパーバイザーが示した検討課題は、「どうしてあなたが、そのような負担感を感じるようになってきたのか、を一緒に考えてみましょう」であった。スーパーバイジーの感じている負担感と問題意識に理解を示した上で、クライアントを理解していける実践力の向上を目標に、いま何に取り組んでいく必要があるのかを考えてみよう、という論点を絞り過ぎない投げかけになっている。

　巻末資料2ワークシート（2－1、2－2）は、OGSVモデルによる事例検討の場面や、スーパービジョン実践の演習を行う場面で私が活用している課題設定のシートである。表出された課題がどのような内容であるかを問わず、ポジショニング視点を基礎にした考察や気づきを導いていくための流れになっている。これは、私自身がスーパーバイジーとしてスーパービジョンを受けてきた経験から作成したものであり、どのような事例や問題意識を持参していても、ほとんどの場面でこのような流れで取り組んできたという認識に基づいている。各項目を予め具体的な検討課題として共有しておくことで、実践過程の各場面で再確認しながら取り組んでいけるようになり、場の流れや焦点がぶれないようになっていく。また、各項目についてのスーパーバイジーの認識を確認していくことによって、スーパーバイジーの実践力の見積もりや特性の把握を行い、課題の発見や設定に関する評価基準（問いかけの視点）としても活用している。

■ スーパーバイザーからの伝え方

　問いかけにより気づきへと導いていくとしても、当然ながら限界もある。それを補う意味でも、問いかけが重ねられていく途上や、一定の考察や気づきが得られた段階で、スーパーバイザーによる確認や解説を加えて、押さえどころを伝えていく。「いまの……のところは……の意味があるね！」「……を考えておく必要があるということだね?!」「この……は、……と考えることもできる」というように、スーパーバイジーやメンバーの発言を受けてスーパーバイザーからのメッセージを伝えていく。そのメッセージは、意見や解釈、知識や技術に関する助言、対応方法への指導など様々に想定されるが、スーパーバイザーとしてはこれらを情報として伝えていく姿勢を大事にしたい。情報として伝えるということは、「○○○という情報があるよ」というような、多様な考え方や可能性の一つとして語りかけるということである。確定的なもの言いや断定した語りは、相手に少なからず不快感を与えてしまうことになり、押し付けられたように感じれば拒否感に至ることさえある。「それは……だよ」と言うよりも、「それは……じゃないのかな～」と伝える方が、スーパーバイジーに考えるゆとりや判断の機会を提供する。この考えるゆとりや判断があってこそ、気づきの過程に結びついていく。

　一方、スーパーバイザーによるまとめの段階では、スーパーバイジーの援助職者としてのステップアップを支援するため、その場のスーパービジョン実践によって得られた成果や新たな課題について、スーパーバイザーによる要約や解説が行われる。OGSVモデルでは絵解きと言われる、臨床像の言語化の作業である。このスーパーバイザーによる絵解き作業は、支持―教育―管理―評価の機能による総括作業であり、監督・指導の色合いが濃くなる。つまり、質問を通じて思考を促す気づきの過程とは異なった、臨床像の解説という投げかけが行われる。その方法は、スーパービジョン実践の場を通じて共有されてきた臨床像を図や言葉（視覚化・言語化）によって集約するとともに、スーパーバイザーが捉えた臨床像を基に補足・修正を加えることが基本となる。また、

図10 「臨床像を描いてみる」枠組み（シート）

臨床像を描いてみる

「クライエントは誰か」からスタート
（クライエント・システム）

（環境的な影響因子）時代、社会、制度、地域性、季節、時期（時間帯）など
いつ、どこで、だれが、なにを、どのような経過で、なぜ、対応はどのように始まったのか、
どのような経過の中で、「今」を迎えているか、周囲はどのような状況か

生活史からの背景
時代・歴史・社会
政治・地域・出来事
経験・家族歴
生活歴・生育歴
ライフイベント 等

社会環境からの背景
時代・社会・政治
制度・地域・近隣
季節・出来事
生活空間（場所他）
人間関係・家族状況
価値観・性格特性

問題の中核は
本質的な問題
状況発生の核心

組織的・社会的な背景
社会・地域・政治・制度
組織・職場・職員関係
職種・専門性・倫理綱領
役職・立場・役割
職能団体・所属団体等

人間的な背景（能力・気持ち等）
価値観・職業動機
性格特性・人間性
人間関係・社会性
知識力・技能・訓練

I
主訴・要求
表現された訴え
求めていること

その時の思い・考え
悩み・困っていること
情緒・考えている状況
認識・考えている内容

↓ 言動 ①
↑ 言動 ②
↓ 言動 ③

II
相手への認識・理解
どのように見ている
感じているか
受け止めているか

判断・対処
情報収集・分析・統合
アセスメント・目標
方針・計画・方法・手段

III
（場）と（関係性）何が起こっているか
どのような人間関係が形成されているか
（時間・空間）いつ・どこで・どのように始まったか

何をする立場で、何ができるか（役割・機能）
地位・役割・資格・体制
どこまでできるか（技能・訓練・熟成レベル）
実践力・技能力（技能、訓練、経験、知識、技術）

life-needs
身体・心
社会的評価

命・生命 ……………… 生命力（気力、体力、知力、発達、健康状態 など）
暮らし・日常の生活 …… 生活力（意欲、行動力、判断力、理解力、生活の知恵 など）
人生 ………………… 成長力（生きがい、向上心、自己実現、夢、人生指標 など）

スーパーバイザーの捉えた臨床像の諸要素や根拠に対する説明を行うことによって、スーパーバイジーの認識や理解との比較検討を促し、考察のさらなる深まりを図っていく。なおスーパーバイザーが、具体的な支援方法や対処の在り方などについてスーパーバイジーに指導・助言する際には、先に臨床像の絵解きを行った上で、その臨床像に基づく見解として伝えることになる。

臨床像の言語化
■ 問題の中核を捉える

OGSVモデルでは、事例検討を伴う実践過程においては必ず問題の中核を含む臨床像の明確化と共有が図られる。ここでの問題の中核は、スーパーバイジーである援助職者が援助関係の中で直面している、クライアントに生じている核心的要素を意味するが、その所在はクライアント・システム〔Ⅰ〕、支援システム〔Ⅱ〕、交互作用〔Ⅲ〕のそれぞれの枠組みの中に見出されることになる。例えば、援助職者として支援困難を感じるクライアントとの関係性において、その困難さを生じている要因がクライアント・システム内の事情であるのか、援助職者や支援システム側の事情によるものなのか、はたまた両者の関係性によって生じている事態なのか、複合的な事態であるのかを見極めていく。

問題の中核を捉える作業は、初期段階での見積もりの過程から臨床像の共有を図る明確化の過程まで、継続的に行われていく。事例の資料に目を通してから事例提供者による説明を経て検討課題の初期設定がなされるまでの間に、スーパーバイザーは問題の中核を見積もることになる。これは、主にスーパーバイジーより提示されている情報に基づいた仮説ということになる。この見積りの過程では、提示されている情報の精度や内容によってイメージが変動しやすく、スーパーバイザーの直感的感性（thinking）や経験的想起に頼ることになり、仮説もきわめて不確かであいまいなものである。この段階で大事なことは、自らの仮説（見積もり）を過剰評価しないことである。過信や決めつけは、その後

の情報収集を偏ったものにするばかりか、都合のよい情報のみに着目してしまい、本質を見失うという落とし穴にはまってしまうからである。時には、展開そのものが誘導的になり、スーパービジョン実践がスーパーバイジーやクライアント支援にマイナスに作用してしまう危険さえ生じてしまう。まずは自らの仮説に捕われないように心しておきたい。

　そして、検討課題の初期設定がなされて後、質疑応答による情報収集の過程で、情報分析による論理的考察（統合化）を進める。どの段階で確信の持てる問題の中核に到達できるかは一律ではなく、スーパーバイザーの力量によっても異なるし、情報の量や質、臨床像の全体像によっても異なってくる。スーパーバイザーとして考えれば、途上における仮説やイメージの断片は多いほど良いし、様々な可能性を視野に入れて多様で多面的な考察の広がりを心がけたい。その方が、特定の仮説やイメージに捕われる危険を回避できるようになり、中核に辿りつく手がかりもより得やすくなってくる。何より、この情報収集や分析・統合化の作業は、事例の内容や仮説などに捕われることなく、一貫して基本的な情報枠組みに基づく過程であることが望ましい。ただし、展開の流れとしての手順においては、スーパーバイジーの課題や状態に応じて柔軟に対処することも必要で、マニュアル通りに進めていけば良いということではない。どのような情報から触れていくのか、どのような角度から情報収集や分析を図っていくのかは、スーパービジョン実践の展開の中で常に最適の状態が変化している。だからこそ、目先の情報に振り回されたりまどわされたりしないよう、基本的な情報枠組みを拠り所とした根拠ある考察、客観的な見極め作業が不可欠となってくる。

■ **臨床像を明確化する**

　スーパービジョン実践において、スーパーバイジーの課題に応じた支持・教育・管理・評価等の機能を効果的に発揮するためには、実践内容やクライアントの理解などにおいてスーパーバイザーの側にスーパーバイジーとの一定の共通理解が得られていなければならない。OGSVモデルでは、これを臨床像の共有として位置づけており、実践過程の展開

の中で重要な局面となる。臨床像を共有するためには、まず共有するべき臨床像が明確になっている必要がある。この臨床像の明確化は、
・各自が、具体化している臨床像と捉えている問題の中核との整合性を吟味する
・問題の中核を含む臨床像の全体像を言語化する（視覚化を含む）
・スーパーバイザーやスーパーバイジー、グループメンバーとの間でつき合わせる

という三つの作業を通じて行われる。この三つの作業は、「科学的検証＝理論との突き合わせ」の作業を含めて、各自の臨床像の整合性や論理性を吟味するものであり、同時かつ交互に重ねて繰り返しながら行われていく作業となる。

　また、臨床像の全体像を捉えるためには、自らが活用できる臨床像の構成と情報枠組みを持つ必要があり、例えば図10「臨床像を描いてみる」のような内容となる。この図は、私自身がスーパーバイザーとして取り組む過程で、臨床像の全体像を視覚化して伝える必要性に迫られて作成したものであり、現在までこの枠組みを用いて臨床像を吟味し、言語化（説明）している（第2章第3節参照）。

　主な枠組みの構成は、
・クライアントは誰か（考察の出発点）
・クライアントの背景（生きてきた歴史、現在の生活状況）の把握
・援助職者の背景（人間的側面、専門的側面／支援環境・連携等）の把握
・Ⅰ—Ⅱ—Ⅲ（ポジショニング視点）の枠組みによる内的システムの情報
・相互交流①②③の情報集約（コミュニケーション場面、事実経過、支援経過）
・システム全体の考察（各構成要素間の交互作用の分析）
・ポジショニング視点による考察ポイント（5つの思考枠組み）
　→臨床像の全体を捉える（統合化）
となっている。これらの枠組みは、臨床像を明確化していくために必

要となる情報のカテゴリー、もしくは集められた情報を整理・分析する際の基本的構成要素や思考の構造を図式化したものである。しかし、シート自体は、自己の中にイメージ化された臨床像について情報の分析を通じて検証し、明確化していくための補助的なツール、メモ書きにすぎない。図の配置としては、左側がクライアント・システム、右側が援助職者（支援システム）、中央が援助関係である。また活用方法としては、最初に得られた情報をジグソーパズルのように関係する枠組みの中に置いていき、五つの思考枠組（点線枠）には自らの考察を入れていく。その上で、全体の整合性を吟味しながら分析し、論理的に説明可能な臨床像の全体的なイメージへと統合化を図っていく。

　なお、臨床像はこの枠組みに固定化されるものではなく、スーパーバイザーにおいてそれぞれの枠組みと思考過程が存在していて良い。奥川氏によるアセスメントの基本図（A―B―Cと⇔の枠組み）を用いた臨床像の明確化も可能であり、私は家族システムやエコシステムを捉える枠組みの一つとしても活用している。この他にも、ソーシャルサポートネットワークマップやネットワーク分析（法）など、私が臨床像を明確化していく際には複数の枠組みやツールを常に併用している。

● **臨床像を共有する**

　臨床像を共有するとは、お互いの中で作り出されている臨床像を伝えあい、相互理解を深めることである。臨床像は、援助職者としての専門性の中で作り出されている認識、理解の状態であり、絶対無二のものではない。もちろん、それぞれの視野の先にある本来の客観的状態は唯一であり、真実の姿が存在する。しかし、対人援助の場面でその真実の姿を見出すことは容易なことではないし、確認することさえ叶わないことが多い。OGSVモデルによるスーパービジョン実践では、その容易ではない客観化の作業において、各自の臨床像を突き合わせることで見いだされる共通点や相違点を手掛かりに、臨床像への考察と検証を進める。そして、その考察と検証の作業が、スーパーバイジーに対する臨床像への問いかけとなり、気づきの過程として機能していくことにもな

る。つまり、臨床像の共有とは、真の姿に少しでも近づこうと努力する取り組みであり、援助職者としての検証の場である。

　この臨床像の共有を図る過程においてスーパーバイザーは、どれが正しいか、というような正解探しの議論に向かうのではなく、違いは違いとしてお互いに認め合いながら、「なぜ（理由や根拠）」を一緒に考える場を作り出し、スーパーバイジーの実践力を高めていけるような意見交換に向かっていく必要がある。そして、この意見交換を活性化する方法は以下のとおりである。

◎ 視覚化してみる。紙面への記述や板書などによって、視覚を活用した表現を活用すると、言葉だけでやり取りするよりもイメージ化しやすくなり、分かりやすくなる。それぞれの発言を箇条書きに記録したり、提供された情報をメモ書きのように記述して共有してみる。また、意見交換を交えながら、生活史や支援経過を時系列に書き出したり、ジェノグラムやエコマップを描いてみたりする。さらには、「アセスメントの基本図（A―B―Cと⇔の枠組み）」や図10「臨床像を描いてみる」の構成を活用した記述など、様々な方法が考えられる。

◎ 言語化して伝える。理由や解説を付した臨床像の説明は、自らの中にあるイメージや認識をさらに深めるきっかけになる。また、スーパーバイジーより受け取った臨床像の説明に対して、言い換えや解釈を通じてスーパーバイザーの言葉で確認することで、相互交流（グループダイナミクスなど）による相違の検討と集約（発見、気づき）が促進される。なお、発言に当たってはスーパーバイジーの発言を優先することが基本であり、グループスーパービジョンの場合では、事例提出者が最初に発言し、その後にメンバーが発言していく。

◎ 考えや印象を語り合う。スーパーバイジーとメンバー、スーパーバイジーとスーパーバイザー、メンバーとスーパーバイザー、それぞれに臨床像への認識やお互いの発言に対する意見を語り合う。根拠の定まらない印象も含めて、言葉にしてみると良い。無責任な意見の投げ付けや、投げやりな発言は控えるべきだが、信頼感に基づく自由な語り

合いは思考を活性化していく。時に感じる反発や違和感なども自らを振り返る思考のきっかけであり、意見のぶつかり合いを抑え込むのではなく、スーパーバイザーは適度に通訳していく。ここでのスーパーバイザーには、スーパーバイジーの考えやイメージを膨らませていけるような語りかけが期待される。

◎ **集約して方向づける**。意見交換を通じて得られた多様な臨床像は、相互に共有された情報でもあり、それらの集約作業が必要となる。意見という形の情報が広がり散らかったままでは、スーパーバイジーの思考の焦点が定まらない。スーパーバイザーによる集約の作業は、スーパーバイジーの考察を促し導いていくサポートであり、実践過程においてスーパーバイザーが担う重要な役割の一つでもある。スーパーバイザーは、それまでに話し合われた内容を要約し、論点を押さえながら共通点や相違点を整理していく。また、検討課題に関連づけて、どのようなことが話し合われ、どのような考察に至っているのか、疑問や発見（＝気づき）の内容を確認する。そうすることで、スーパーバイジーを次のステップへと送り出していく。ここでのスーパーバイザーには、スーパーバイジーを送り出す先への視点が必要であり、臨床像に対する洞察を含む対人援助の実践力が期待されている。

■ **OGSV モデルのプロセス**

臨床像の言語化は、OGSV モデルの一連の実践過程の中で〔問題の中核を捉える―臨床像を明確化する―臨床像を共有する〕という段階を経て進められ、スーパーバイザーによるまとめ（絵解き）とスーパーバイジーによる振り返りの段階まで続いている。しかし、臨床像の言語化は、OGSV モデルによるスーパービジョン実践の実践過程の一部にすぎない。OGSV モデルにおける特徴は、これまで述べてきたように臨床像の言語化とその過程、問いかけにより気づきへと導く視点と方法、対人援助におけるポジショニング視点の習得などによって捉えられる。

〈実践過程（流れの組み立て）〉

思い（動機）への問いかけ……受容
＋
意識（課題）への問いかけ……共有
↓
臨床像への問いかけ……理解
＋
実践への問いかけ……支持
↓
気づき（発見）への問いかけ……焦点化
＋
自己覚知への問いかけ……言語化
↓
自己覚知への支持……情緒的な支援
＋
実践への情報提供……知的な支援

〈実践技能（基盤となる実践力）〉

信頼関係を形成する
↓
課題への「問いかけ」＝動機づけ
↓
臨床像への「問いかけ」＝考察（結果の振り返り）
＋
自己課題への「問いかけ」＝内省（自己覚知の深化）
↓
考えて、気づく（発見する）＝向上
↓
気づきへの保証・支援

第5章
スーパービジョンの実践展開
スーパーバイザーの視点と場面の組み立て

　スーパービジョン実践は、スーパーバイジーや実践事例の内容、そしてスーパーバイザーによって、その実際の展開は様々な様子を見せる。こうしなければならない、という絶対的な方法があるとは言えない面や、このようにすれば良いのだな、という適度な方法が見出される面など、実際の場面を多様に理解することで自らのスーパービジョン実践に役立てていけるようになる。

第1節
提供事例の概要
*1

1.提出者のプロフィール
　社会福祉法人Kに就職。Hエリア（S村）にある特養やデイサービスで介護士・相談員として勤務し、H18年より現在のH居宅介護支援事業所に勤務。事業所は管理者を除き常勤3名。H23年より通常の提供地域であるHエニリア以外のI市の利用者様の支援も一部担っている。基礎資格は介護福祉士。
*2

2.タイトル
「ADLが低下してきていながら、新たなサービスへとつながっていかないケースについて」
*3

3.提出理由
　関わってもうすぐ5年。パーキンソン病の診断を受

*1　事例提出者（以下：バイジー）自身がまとめた資料による

*2　Ⅱ支援システム
援助者（バイジー）の専門的な背景

*3　Ⅰクライアント・システム：ADLが低下してきていながら
Ⅲ援助関係：新たなサービスへとつながっていかない

け15年が経過、ここ半年転倒も増えADLが低下してきているAさんについてサービスの追加を提案しているがつながっていない。あれこれ忙しくされているご主人の負担も大きいと思う一方で、介護サービスについては今のままでよいと言われてしまい現在に至っている。今後どのように支援を続けていくべきか考えがまとまらないため、皆さんから助言をいただくとともに、自分自身を見直す機会にしたい。

*4 バイジーの問題意識（思い）

*5 バイジーにおけるクライアント理解、状況理解

*6 スーパービジョンに向けてのバイジーの思い

4．事例概要

〈基本情報〉

氏名：Aさん（女性）81歳　要介護2
認知症自立度……Ⅱa、日常生活自立度……A2（ともに主治医意見書）

主治医：I病院（総合病院）脳神経外科医師、ただ風邪等の時には近所にあるY医院で診察を受けることもまれにあり

既往歴：パーキンソン病（H13初診）、高血圧、便秘症、緑内障（右眼）、白内障（左眼）、左大腿骨頸部骨折術後（H18）、誤嚥性肺炎（H22）、左大腿骨骨折（ひびが入る・H28）

ADL：起き上がりはほぼ全介助。衣類の着脱はご主人の一部介助が必要。下肢の筋力低下もあり、自宅内はところどころに付けてある手すりや家具などに掴まり移動される。ふとしたことで転倒すると、ひとりでは立ち上がることができず、いざり移動をされる。居間には昇降座いすがあり、上げ下げは自身で可能。排泄は昼間はトイレに通い、夜間はポータブルトイレを使用。

円背あり、リハビリパンツがうまく引き上げられていない。外出時は車いすを使用、入浴は週3回のデイにて行う。

IADL：金銭管理はご主人管理。掃除・洗濯・調理もご主人が行う。買い物はご主人が車いすを介助し、いっしょに大型店を回ることもあるが、畑仕事が忙しく、また介助が大変なのだろう、以前に比べ回数は減ってきている。最近では実兄の透析の送り迎えの際に買ってくることもある。電話は本人持ちの携帯電話があるが、ほとんど居間のテーブルに置かれた状態。

サービスの利用状況：

* 通所介護…デイサービスK…3回／週
* 福祉用具貸与…KK福祉用具事業所…特殊寝台、特殊寝台付属品、床ずれ防止用具、手すり、移動用リフト、車いす
* I訪問看護ST…1回／週（特定疾患のため医療保険での介入）

排便コントロール、全身状態の観察、下剤の調節指導、療養相談、夫が毎日測っているAさんの血圧チェックを含めバイタルの測定、病状管理など

生活歴：I市の北にあるT町にて生まれる。6人きょうだいの3番目に長女として生まれる。結婚し2人の男の子に恵まれる。結婚前4年間は製糸工場に勤務し、S45年からH6年まで精密機械工場に勤務する。退職後はご主人とともに農業を行うが、徐々に体調が悪化し転倒が多くなり、H13年I病院にてパーキンソン病の診断を受けている。

ふたりの息子たちは県外で家庭を持っており、現在は夫と2人暮らし。

5.援助開始までの経過と開始の状況

　H13年I病院にてパーキンソン病の診断を受ける。

　H18年10月転倒して左大腿骨頸部骨折の手術を行うまでは車の運転もされていた。H19年介護保険申請を行う。まだパーキンソンの症状は少なく、I市内の地域包括支援センターやC在宅介護支援センターが関わり、デイサービスKやKK福祉用具事業所を利用し生活されてきた。

　H21年ころから体の動きが悪くなり、22年夏にパーキンソン症状進行し、体重減少（－10kg）、誤嚥性肺炎を起こされる。Y医院からI病院へ連絡、入院加療行う。内服薬の調節等を行い、同年12月I市内のD病院リハビリ病棟に転院される。デイサービスKの利用を3回／週に増やし、KK福祉用具事業所による福祉用具の追加と住宅改修による屋内環境を整備、また医療でI訪問看護STの介入が調整され、H23年3月退院の運びとなる（前任のケアマネジャーの関わり）。

　H23年7月I市にあるC在宅介護支援センターから連絡。8月末で1人退職する。後任は補充しない方針、同一法人のH居宅介護支援センターにケアマネをお願いできればと話があり、担当することとなる。

6.初期段階の実践内容

　H23年7月：C在宅介護支援センターよりケアマネ依頼の話がある。

　H23年8／4：前任者のC在宅介護支援センターEケアマネとAさん宅を訪問、Aさん夫婦とお話をする。他を知らないし、Eケアマネからの紹介なら……との

言葉がある。Eケアマネとの関係のよさがうかがえる。最近は手すりがなくとも移動ができると、昇降座いすを自身で高さ調節行い、居間から台所への移動時も膝に手を添えるようにされていた。ケアマネ交代により介護サービスも変わってしまうのかと思われていたようで、そのままのサービスが利用できることを説明すると、ふたりとも安心される。

　訪問後自宅の外でEケアマネより、Aさんについて、薬の副作用のせいかご主人への被害妄想があるとの話をお聞きする。

8/8~11：Eケアマネと情報提供・引き継ぎを行い、I訪問看護のみえる8/11にご自宅を訪問、契約締結する。訪問看護の方も気さくな方で、ふたりとも喜んで話をされていた。

8/12：引き継ぎと事業所の顔合わせ・プラン原案確認のサービス担当者会議を行い、引き継ぎを完了する。

7.経過の概要

H23.9/27[*7]：自宅を訪問。デイのない日のため、ご主人とゆっくり過ごされている。手作りの煮物や漬物がテーブルにある。連休中にはふたりの息子様がみえ、稲刈りをしてくれたと嬉しそうに話をしてくれる。

H25.11/2：ご主人より電話。ネギの出荷が始まるので、ひと月半ほどデイを休ませたいとのこと。週1回はデイに出かけお風呂に入ってくることを助言、ご主人も同意される。木曜診察のため水曜日を利用日にし、デイサービスKに連絡する。

H25.11/26：訪問すると道向かいのビニールハウス

＊7　（原版資料の一部。要約・抜粋の加工あり）

にいらっしゃる。ご主人の実兄夫婦もみえ、4人でネギの出荷準備をされている。

H26.7／8：訪問すると車で畑に出かけている。円背のためコンテナに上って高いところのキュウリを収穫されている。くれぐれも気をつけるようお話する。陽が長くなりご主人が遅くまで畑にいることが多いため、夕ごはんはAさんが担当していらっしゃる。プランに野菜や花に触れることを追加することに合意され、原案を作成することとする。

H26.7／25：デイサービスKにて担当者会議を行う。体調はよく外に出るのも楽しい。買い物もカートを押し車代わりにして、ご主人と出かけることができている。

H26.10／18：自宅を訪問。ネギの出荷に向け、ご主人の実兄と3人で作業をされている。2人が手伝ってくれるので助かるとご主人。「わしなんか遅いもんでダメな」と言いながらも、Aさんは嬉しそうに笑われる。

H26.11／25：寒くなってきて体の動きはあまりよくないが、ゆっくり動くことができていると、防寒具を脱ぎながらおっしゃる。

H26.12／18：入院されていたご主人の実兄が退院、ご主人は週3回の透析の送迎を開始される。そのためI訪問看護が訪問しても、ご主人は途中で出かけてしまったりと留守がちとなる。ご主人に対する妄想を話される。

H27.2／24：自宅を訪問。デイは休みの日だが、ご主人は実兄の透析の送迎でAさんだけである。私の座った場所のテーブルを拭いてくれる。1日のほとんどを

居間のこたつで過ごしているとのこと。居間の中が前より乱雑に感じる。

H27.3／19：ご主人より、畑仕事が忙しくなってきたので、実兄の透析の送迎がなんとかならないだろうかと相談がある。実兄のことなのでなかなか言い出せないと困っている様子。やはり週3回の送迎は負担のようである。

H27.5／23：自宅を訪問。ご主人は実兄の送迎を再開されていた。仕事は何とかなるとのことであったが、再びI訪問看護の訪問時に不在気味となってしまった。I訪問看護ではご主人からも様子を聞きたいと、訪問時間をずらす努力をしてくれるが、なかなか難しいようである。

H27.7／28：担当者会議を自宅で行う。実兄の送迎はひき続き行っていきたいとご主人。長年ネギの出荷を手伝ってもらい、ここまでやってきている。お互い子どもたちが遠くで家庭を持っているため助け合ってやっていきたい。Aさんは「わしは何もしてやれんで、お父さんがやれるようにやるんだら……」と話す。家事もご主人ができるだけ行い、Aさんは洗いものなどを流しに寄りかかって行っている。サービスについては、まだ看てやれるので、今のままでいい、とふたりともおっしゃる。

H27.9／9：デイサービスK管理者より電話。Aさんの妄想についての連絡。このところ言うことが増えた、とのこと。

H27.9／21：自宅を訪問。長男様帰郷されており出てこられるが、「父は畑に行っている」と言って出かけていく。Aさんは息子様帰郷中デイを休むことが多

く、自宅にいらっしゃり話をお聞きする。ひとりのせいかご主人に対する妄想もたくさん話される。

H27.10/6：ご主人から電話。ネギの出荷を手伝ってもらうため、来週からAさんのデイ利用を週1回にしてほしいとのこと。

H27.10/20：自宅を訪問。ネギの根切り作業をされている。一昨日久しぶりにAさんを大型店に連れて行ったが、足がカートについて出ずに倒れてしまった。車いすで車に戻り、買い物もせずに帰ってきてしまったと。幸い怪我はなく、今後は車いすを使うとご主人おっしゃる。

H27.10/23：I訪問看護より電話。昨日、Aさんが自宅裏口の階段で転倒されたとのこと。額をぶつけて腫れ・出血していたため処置をしてあると。

H27.11/25：自宅を訪問。一昨日転倒されたが、ネギの出荷のためハウスでご主人を手伝い根切り作業をされている。今年はふたりだけの作業で、Aさんもだいぶ作業がゆっくりになってきている。「はい、もうダメな……。わしもそんなにできんし」とおっしゃる。

H27.12/17：I訪問看護の日。自宅を訪問する。今日はご主人がいてくれ看護師さんと話をされているが、当の本人は居間の座いすに座ったまま眠り込んでしまう。たびたび頭を上げるもすぐに垂れてしまう。畳におろして横になって休んでいただく。眠ってしまったAさんを見ながら、ご主人から「もうほとんど仕事にならない。それもしかたないので、来週より週3回のデイに戻してほしい」と話がある。

H27.12/21：デイサービスK管理者より電話。Aさ

んが来るなり眠り込んでしまっているとのこと。今回の葱の作業でそうとう疲れているようだと話がある。

H27.12/25：デイサービスＫ看護師より電話。Ａさんが歯肉を痛がっており食事が摂り難い状態であるとのこと。ご主人に連絡をとるが、ネギの最終出荷作業があり、今年はほとんどひとりでやっているので忙しく連れて行けないとのこと。Ｍ歯科に付き添い受診する。

H28.1/5：デイサービスＫ看護師より、1/2、3と転倒したようで右目の眉の上に切り傷、周りが内出血していると電話。

H28.1/20：デイサービスＫ看護師より、昨日再び家で転倒、今日のデイ利用時に左足のつけねのあたりに熱感、痛がっていると連絡がある。自宅を訪問、ご主人に様子を聞くと、座っていた椅子から落ちたようだ。触ると大騒ぎをするので動かせないでいるとのこと。Ａさんも「洗濯物の部屋で椅子に座っとったら転んじゃったんな。お父さんはすることが我慢だもんで痛いんな」とおっしゃる。受診を勧め、Ｉ訪問看護にも連絡する。

このところの転倒について相談するが、主治医の話ではパーキンソンの薬も最大限出されておりどうにもならないとの回答であった。

H28.1/21：車への乗り込みを手伝い、受診に付き添う。左大腿骨にひびが入っているが、オペも入院も必要ない。薬を服用し様子をみて、痛みはしばらくあるだろうから無理をしないようにとのこと。ご主人より、あまりに痛がるためこれからどのようにＡさんに対応してよいものかと話がある。ＫＫ訪問介護に連

絡、明日より入ることとなる。

H28.1/22：KK訪問介護の事前訪問の後、夕方デイサービスK、福祉用具事業所を交えてサービス担当者会議を開催する。受診結果と今後の対応について検討。寝室が乱雑で驚く。

H28.1/28：ご主人より電話。痛み止めが効いてきたようで、ベッドをギャッジアップし何とか起きあがれるようになったことと、寒い間は畑もないため看てやれる。また農家が忙しくなると考えなくてはならんかもしれんが、今は訪問介護がなくても大丈夫と話がある。時間を変え、朝の忙しい送り出しに入ってもらうのもいいのでは……と話してみるが、それも今は大丈夫とのことであった。訪問介護の利用をいったん中止することとなる。

H28.2/4：I訪問看護より電話。訪問するとAさんが玄関に座っており、ご主人の甥御さんから電話があり、ご主人が法事先で倒れ救急搬送されたとのことであった。搬送先の病院に向かう。I訪問看護より連絡、看護内容のほかAさんの排泄ケアを行い、お餅を焼いて食べさせてくださったとのこと。ご主人は幸い点滴2種を行い、甥御さんの車で帰宅された。自宅に伺うと、いつもどおりふたりでお茶を飲んでいる。検査の結果はどこも異常ないと話がある。ご主人の緊急時についても検討の必要があると感じ話を切り出す。ご主人もAさんもそのことは決めておきたいとおっしゃる。ご主人が長男様に電話で今日のことを話されたため、次回帰郷の際に緊急時について相談したいと伝えていただく。

H28.2/20：ご主人より、昨夕長男様が帰郷され、明

日朝にはまた戻られてしまうとの電話が入る。ご自宅を訪問し、長男様とAさん、ご主人とお話をする。ご主人の緊急時に備え、残されてしまうAさんに対する対応を確認させていただく。長男様からは、仕事で遠くにいることもあり、連絡が来てもすぐに動けない時もある。普通に帰ってきても5時間はかかる。正直よくわからないから、Aさんについては任せたい、とのお話がある。受け入れサービスなどについて説明し、緊急連絡は長男様を軸とし、代わりに動いてもらえる親戚の方を明確にする。連絡網を作ること、ご了解をいただき緊急連絡カードを作り、免許証と一緒に携帯していただくこととなった。

H28.2/27：自宅を訪問。デイ帰宅後の夕方のためふたりとも家にいらっしゃる。Aさんは少し眠そうだが、起きて話を聞いていてくださる。寝室の扉が開いており乱雑な様子が見える。このところ家にお邪魔すると尿の臭いがしている。

H28.3/27：自宅を訪問すると、ご主人はこれから会議に出かけるとのこと。デイの朝の送り出しが大変ではないかと確認するが、大丈夫とご主人。Aさんは今日もご主人のことを話される。

H28.4/1：ご主人から電話あり、Aさんのために玄関上がり口に手すりを付けたいとのこと。

H28.4/11：デイサービスK管理者より電話。Aさんが今朝はご主人を強く批判するようなことを迎えの車の中から話され、多数のスタッフに被害妄想のような話を話された。お迎えの準備ができてないことがあるほか、衣類だけでなく、家の中が尿臭くなってきているのがやはり気になっていると話がある。

H28.4/14：Ⅰ訪問看護より電話。主治医によると、妄想についてはパーキンソンの薬の副作用や高齢になってきたことで認知症によるものもあるのではないかとの話であった。

H28.4/26：自宅を訪問。Ａさんから、今朝ハウスに上がる階段で転倒し、背中を擦ったと話がある。寝室だけでなく居間も相変わらず乱雑な様子。

H28.5/23：デイサービスＫ管理者より電話。Ａさんが送迎車に乗ってくるのがやっとの状態で、来所後ベッドで静養中に無呼吸状態がみられる。ご主人に電話するが出ないため、訪問看護に電話指示を仰いだとの連絡であった。救急搬送は必要ないとの判断。

H28.5/25：自宅を訪問。ご主人、一昨日は携帯電話を持たず田んぼに行ってしまったとのこと。Ｉ訪問看護の緊急時訪問加算はどういうものかと聞かれる。デイサービスＫを訪問、Ａさんにお会いする。デイサービスＫ所長と話をする。眠気はあるがきちんと話もできている。妄想については、誰に話しても相手にされないと不満を漏らされたようである。

H28.5/31：自宅を訪問。ご主人に対する妄想を話される。連休中に帰ってきた息子たちにも話したが信じてもらえなかったと、デイサービスＫの管理者より話のあったことを繰り返し話し、それがとても不満のようであった。

H28.6/16：自宅を訪問すると長男様帰郷されており、自宅周辺の草刈りをされている。ご主人は出荷作業をされ、Ａさんは何もできないと裏口から外を眺めている。作業の手を止められた長男様と話をする。「四六時中聞いている親父は大変だ。自分はそれを病

気と説明されても受け止めることができない」

8. 考察・まとめ

「大丈夫」「今のままでいい」[*8]と言われるとその先に進めない自分がいると思う。時間をかけて話をしていても、相手が納得できる言葉を返してあげられずここまできたように感じる。

デイサービスKからはたびたび問題提起をされていたが、サービスにつなげられずにいる。

ご主人の救急搬送を機にやっと長男様とコンタクトをとっており、長男様ともう少し早く話をして相談していけば、もっと早く何かが変わっていたと思う。

Aさんの妄想については、未だどのようにしてよいかがわからない。四六時中聞いているご主人にとっては妻であり、時折来て聞かされる長男様にとっては母親である。私たちのような介護に携わる者は他人であり、あまりに受け止めるものが違う。「それを病気と説明されても受け止めることができない」と言われた長男様の言葉にどうすればいいのか。

*8 事例提出者自身による内容（原文のまま）

第2節
臨床像の共有と言語化に向けて

検討課題の焦点化；スーパーバイザーによる検討課題の確認と初期設定

河野：はい。ありがとうございます。お疲れ様でした。Sさんとしては、Aさん、ご主人、長男さんという、今3人を含めての考察を言っていただいたのです

が、特に皆さんと一緒に考えてみたいのは、誰のどんな状況のことでしょうか。

提出者：Aさんの状態が変わってきているので、もう少しAさんにとってのサービスが入ればいいのかなと感じています。サービスを入れることで、ご主人の状況は少し良くなるのではないかなと思うので、やはり一番はAさんと考えます。

河野：今おっしゃっているサービス。つなげたいサービスとか、つなげられないでいるサービスは、どういったことをおっしゃっているのですかね。

提出者：デイサービスKのほうからも話があったのですが、服だけじゃなくて、ご自宅の中が尿臭くなっていると。もう少しいい状態にしてあげられないかというような話もあったり、私のほうもそこを感じています。そういったことが少しでも改善されていけば、ご主人の負担軽減にもつながるのかなと思っているので、まずはそういったところで。

河野：具体的なサービスとしては、どういう種類のものですか。

提出者：訪問介護。ご本人の着ていくものというか、そういったものを、きれいなものに変えてあげて、いい状態で、やはり外出していただくことも、していただきたいなと感じています。

河野：そうすると、具体的には訪問介護を考えていて、訪問介護の方には、本人さんへの直接な関わりで、できれば外に出かけるとか、そういったところも含めての支援を考えたいと。

提出者：はい。

河野：それについては、どうしたらいいかということ

*9　バイジーの意識するクライアントが誰であるのかの確認

*10　バイジー自身の問題認識におけるスタートラインの確認

*11　バイジー自身の思い、考えを確認

*12　問題意識の再確認

5　スーパービジョンの実践展開　スーパーバイザーの視点と場面の組み立て

※13 把握漏れがないかを確認するための問いかけ

※14 思い、問題意識を受容するための言語化

※15 課題の焦点化
共感的理解による言語化でもある

※16 揺らいでいるバイジーの状態に応じ、提示された様々な課題に優先順位をつけずに、検討を始めることにした（「自らの思いを言語化するのが苦手」である当時のバイジーの達成課題を含め、バイジー自ら整理を図ることが必要と判断した‥熟成段階に応じた課題設定）

※17 思いの共有に向けた言語化

を中心に、皆さんと考えたいという感じでよろしいですか。ほかには何か。※13

提出者：あとは、そうですね。Ａさんの妄想について。

河野：妄想が強いなかで、どうしたらいいかわからないということなんでしょうかね。※14

提出者：はい。

河野：Ａさんの妄想については、もうとにかくどこから手をつけていいかわからないという、そういう受け止めでよろしいですか。※15

提出者：はい。病気のせいだという話を出されてしまうと、もう薬も、ドーパの最大限出されている、認知症もあわせてという話を聞いていて、これをどういうふうにしていっていいのかがわからないというのと。本人が、何をここで言いたいのかなということもわからないと。いろんなことがあります。

河野：はい、わかりました。あえて、ここでは限定せずに、非常に思い悩んでいるところがあるということで受け止めさせていただきます。※16 どこから手をつけていったらいいのかも含めて、皆さんと一緒に考えてみたいと思います。

　はい、皆さんよろしいでしょうか。いくつか課題が出ていますが。まず一つは、Ａさんの状態に対して、身体的なことも含めて、生活環境も含めて、ＡＤＬの低下とか妄想とか、そういうことも含めて、Ｓさんが心配されていらっしゃいます。その中でもサービス導入によって、身体機能への支援であるとか、もう少し機能維持、回復、外出したりとか、精神的なところも含めて、※17 Ａさんにプラスになるのではないか、それが結果として、ご主人の負担軽減につながるのではな

いかというふうに、Sさんは考えていらっしゃるということです。
*18

　それが実際には、なかなかサービスに結びついていかない。そのあたりのところも含めて、Sさんは自分の中で責任も感じていらっしゃる、どうしたらいいかというところで迷ってもいらっしゃる、という状況ですので。その状況をまず、私たちの中でも、もう一度再検討させていただいて、Sさんと一緒に何かしら取れる手立てがあるのか、具体的にどうしていったらいいのかということを考えていくということを、とりあえずの目標としたいと思います。Sさんも、それでよろしいですか。
*19
*20

提出者：はい

質疑応答；臨床像の意識化と共有のための情報収集

河野：はい。では、皆さんのほうから、何か課題についてありますかね。ご質問とか、もしくは、ここも検討したほうがいいんじゃないかというようなご提案とか、ありますか。
*21

（特に質問なく皆うなづく）

　では、事例の内容や経過についての理解を一緒に深めていきたいと思います。

　最初、出だしでもありますので、事例の概要と生活歴までのところ、Aさんなり、Aさんの周囲の状況について、基本情報のあたりから質問をいただいていきたいと思います。どうでしょうか。
*22
*23

基本情報の確認（クライアント理解の基礎情報、必要となる知識、実践的背景など）

---

*18　考え（ここでは展望）の共有

*19　共感的理解：バイザーとして受け止めたバイジーの思いを言語化して伝える

*20　検討課題の焦点化と共有；ここではバイジーの定まらない様子に応じて、情緒的な整理がなされるように配慮した

*21　メンバーのもつ問題意識も把握しておく。メンバーもバイジーである。

*22　初めて参加したメンバーもいたことから、出だしを限定して示した

5　スーパービジョンの実践展開　スーパーバイザーの視点と場面の組み立て

|発言|：ありがとうございました。パーキンソン病の関係でおうかがいしたいのですが。お薬は介助でしっかり飲めていらっしゃるかどうか、そのあたりをおうかがいできればと思います。

|提出者|：はい。パーキンソン病のほうの、っていうか服薬はすべてご主人管理です。ご主人が食事のたびに出してあげて、服用されております。

|発言|：ありがとうございます。

|河野|：今、お薬の話が出ましたけど。それは、基本的には飲み残しとかはなくて、飲めているという理解でいいですよね。

|提出者|：はい。*24 養命酒を飲むコップ、ああいうようなコップにご主人が入れてあげて、それを本人が口に持っていっています。白内障の入院のときに、ちょっと病院でやっていたのを参考にしてつくりました。

|河野|：通院状況とか、お薬をもらう頻度というのは、どんな感じですか。

|提出者|：月に一度、*25 総合病院に受診しております。あとは眼科に3か月に一度かかっています。

|河野|：はい、ありがとうございます。ほかは、いかがでしょうか。はい、どうぞ。

|発言|：*26 Aさんのご様子、関わってもうすぐ5年って書いてあるなかで、Aさんの身体的なご様子は、大きく変化している感じで受け止めてよろしいですか。

|提出者|：はい。そうですね。パーキンソンになって一度お薬が調節できて、私が関わり始めたときは、転倒をすることなく歩いておりました。杖もいらないくらいの状態だったので、かなりいい状態のときに私が引き継いだかたちになります。

---

*23　必ずしも基本情報に限定してはいないが、経験の少ないメンバーもいることから、流れを伝える目的で示した

*24　質問者の意図と提出者の回答のすり合わせ。押さえどころの確認

*25　メンバーからの質問の流れに合わせて、バイザーからの質問を行う

*26　バイザーからの質問はできるだけ簡潔に切り上げる。バイザーから長々と質問をすると、場が動かなくなることがある。

発言：ありがとうございます。

河野：受診のきっかけについては、どのような感じで診断が出てきたのかっていうあたりはどうでしょうかね。Sさんが関わられる前のことなので、情報としてどの程度わかるか。

提出者：細かいことは、ちょっとよくわからないんですが。農作業中に転ぶとか、そういったことがあり、どうもおかしいなってことで行ったようです。これが、どうも平成13年だったみたいで、それからあとはずっと安定した状態できていたのですが、平成22年の夏に、やっぱりパーキンソン症状が進行して、すごくこけたりとか、動けなくなってしまって、本当に動けない状態になって誤嚥性肺炎を起こされ入院をして、長いことお家を離れていた経過があります。22年夏に入院して、23年3月に退院になりました。

河野：その後は、治療はずっと継続してきているけれども、結果としての転倒の頻度とか、状態の低下が顕著になってきて。現状では、そのお医者さんの説明では、薬ももう最大限に出しているけど、これ以上はちょっとどうすることもできないという話があったという理解でよろしいですかね。

提出者：はい。

河野：ありがとうございました。今、医療の状況、身体状況から質問が出てきてます。そのあたりでも結構ですし、それ以外も含めて質問いただいて。

発言：主治医の意見書でいくと、認知症が出てますけれども。お家の中での妄想っていうのはありますけど、そのほかでは、気になることとか、ご主人が困っているようなことっていうのはありましたでしょう

*27　クライアントの「問題がいつから始まったのか」を押さえるための質問

か。

提出者：細かなことは、「忘れちゃった」っていうことは言われますが、ご主人が、うんと困ってしまうようなことは、あまり見られなかったです。大きく本当にご主人が困ってしまうってことは、妄想以外はあまり見られなかったです。

発言：お薬とかは、出てるんですかね。

提出者：認知症薬は飲んでいません。

発言：身体状況と離れる部分で申し訳ないんですけども。ご本人の性格の部分と、旦那さんの性格の部分、わかる範囲で、どんな性格なのかなっていうのと。逆にあと、Aさん、パーキンソン病のほうで症状が強く出始めてから、また性格とか見ていて変わったのかなとか、その辺を見ていてわかるところを教えてもらえればと思ったんですが。

提出者：Aさんの性格ですが[*28]、わりと誰とでも気さくに話ができる方という感じを受けておりました。若いスタッフとかにも結構冗談を言ったりとか、その場をちょっと笑わせるようなことを言ってみたりとか、結構頭の回転の速い人のように私は見てきております。

　ここ最近はちょっと、弱々しいことを言うこともあるのですが、そこは、自分が動けなくなってしまったということで言ってるのかなと感じています。結構、動けないなりにも、ご自分で一生懸命台所に立って、流しに寄っかかって洗い物をしたりとか、そういった部分のお手伝いを今もされています。

　ご主人の性格ですが、一生懸命になると本当にしっかりやってしまうというか、うまくちょっと説明できないですけど。すごく頑張ってしまう方のように感じ

＊28　複数の質問が出されており、バイジーの反応によっては質問内容をバイザーが整理する必要がある

ています。80歳を過ぎてからパソコンを始めたり、スマホを使っていたりと、わりと新しい物とかにも適応されている方です。1人ですが、しっかりと畑の仕事などをされて、頑張り屋な方です。

河野：今、Sさんから、印象としてのAさんご自身と、ご主人の性格というところで、お話しになったんですが。たとえば、ご主人からご本人、ご本人からご主人に対して、「お互いはこんな性格だ」とか、「こんなんなんだよ」というような話を言葉として聞かれたことはありますか。[*29]

提出者：そうですね、あまり。本人は、妄想のところで言うことはあるのですが、それ以外のことは、あんまりお互いのことは。

河野：言わない。

提出者：はい。

河野：ご主人もAさんについて、あんまり普段も言われないということですかね。

提出者：はい。

河野：あとは、デイサービスの方だとか、訪問看護の方が、お二人について何かおっしゃっていたことはありますか。

提出者：デイサービスの方も、訪問看護の方も、「お父さんが頑張ってしまって大変そうだ」ということを常に心配されています。

　ご本人については、私がさっき言ったみたいなことで、職員の方とも冗談を交わす。ご本人のことは、そういうふうにお話をされています。明るい方で、ちょっとその場を楽しくさせるようなこともしていく方で、気になっている、お家の環境とか妄想といった

5 スーパービジョンの実践展開　スーパーバイザーの視点と場面の組み立て

*29　バイジーの印象だけではなく、多面的な情報から把握できるように、事実関係を確認する質問を重ねてみた

＊30 質問者の中に仮想イメージがあるために発せられる確認であり、バイザーとしては気配りが必要である。この段階でバイジーにまとめさせるには、まだ無理がある。状況としては、バイジーの回答を誘導してしまう危険性を含んだ質問である。

＊31 質問者の中にイメージができてしまっているために「妄想」から「被害妄想」へと、表現が変わってしまっている。これも誘導の危険性を含んでいるので、必要に応じてバイザーが注釈を入れるとよい。この場面では、バイジー自身が修正できているので、その流れを尊重した。

＊32 バイジー自身によって、質問者のイメージを修

以外のことは、わりとそういうふうに見てくれております。

河野：はい。今性格についてのご質問でしたけど、そこについては何か追加はありますか。今の説明くらいでよろしいですか。

発言：ありがとうございます。お父さんの性格のほう、頑張るとき、しっかり段取り踏む人っていう話があったんですけど。たとえば、頑固とか。そういったことかもあるんですか。一言でまとめると。そこを教えてもらえれば。

提出者：すごい、頑固さというものではないです。＊30

河野：Sさんの中では、頑固だとは感じないということで、いいですか。

提出者：はい。

河野：よろしいですか。

発言：ありがとうございます。

河野：ほかのご質問どうでしょうか。

発言：ご主人に対して妄想があるということなのですけど。具体的に、どんな被害妄想が奥さんの口から、ご主人のことでお話があったんでしょうか。＊31

提出者：ご主人のところに毎晩女の人がやってくると。自分やご主人が休んでいても、その人は平気でやってきて、自分のものを着ていくとか。そういった被害妄想というか、妄想。そういったことがあります。出かけていると、「会いに行ったんだ」という話をされたりとか、そういったことがあります。＊32

発言：お二人はいつ頃ご結婚されて、子どもさんはおいくつで、息子さん、お二人のことを話されることっていうのは。Aさんからあります？

提出者：ご主人とご本人は、この年齢です。結婚したのは20代だったとお聞きしています。長男さんが50代後半、次男さんも50代半ばだったと思います。*33

（中略）

お嫁さんとお孫さんの年齢
お嫁さんのはっきりした年齢は、聞いたことがない。お孫さんたちは、それぞれ20歳過ぎから大学生くらいの方々だという話。

経済的には
経済的にお金に困った様子はない。ご本人も厚生年金。
お金をわりと使いたがらない傾向にあるような気はする。

事実経過と援助経過の確認
河野：このあと、情報収集については、基本情報だけではなく、その後の経過も含めて、これから質問に入っていきます。特に質問の範囲を限定しませんので、事実経過、もしくはＳさんの気持ちとかお考え、もしくはサービスや支援内容も含めて、ご質問いただいて結構です。*34

　では、まず、これまでのところでＳさんから皆さんに、ちょっと追加で説明したいとか何か思いついたところはありますか。*35

提出者：6月16日にご長男さんとお話をした場面で、そのときにご長男さんが、今はちょっと離れて暮らされている方なんですが、「もし俺が一緒に暮らすっていったら、とても耐えられない……妄想が結構ひどいので、これを聞いている親父は大変だ……俺だったら、殺しちゃうかもしれない」みたいなことをちょっ

正する場面

*33　事前説明の段階では省略していたため、この場面でジェノグラムを用いて説明

*34　通常のグループスーパービジョンでは、質問を限定しない方が質問者は質問しやすく、情報理解も深められる。一方、質問の範囲が広がることで場がより流動的になり、バイジーの負担感が増すことも多いので、バイザーとしての介入や配慮の重要性が高まる。

*35　バイジーは、質疑応答の形で説明しているので、受け身になりやすい。また一方的な質問が続くことによる負担感も生じやすいので、時々バイジー自身からの発言の場を用意する。

※36 バイジーの課題、問題意識の本質にかかわる内容と判断しての質問

※37 「申し訳なさ」と途切れたバイジーの言語表現の先を確認する意図だが、少々踏み込みすぎた印象。「何か重たい気持ちになったのですね」と反射して続きの発言を促しても良かったか。

※38 導入時に優先度を明確にしないまま捉えていた複数の課題への焦点化（絞り込み）を図っている。

※39 次頁のジェノグラム、エコマップの確認などを行った

※40 どのような人がどのような状況に置かれているのか：問題はいつから

と言われたことがありました。この息子さんも、悩まれているなと。

河野：息子さんからそう言われたときの、率直なSさんの気持ちというのは言葉になりますか。

提出者：妄想だけではなく、お家に帰ってくると、今はやっぱりおしっこの臭いがするという話なんかも息子さんからありました。そういったところを、そのままにしてしまっているということの申し訳なさというか、そのままになっているという申し訳なさ。※36

河野：Sさんとすれば、そういう言葉を息子さんが言われた、言わせてしまったみたいななかで、Sさん自身の中で何もできずに来ている部分が非常に重たく感じたということでよろしいですか。

提出者：はい。※37

河野：事例の資料をまとめていただいたあとの話ですからね。今、Sさんが抱えていらっしゃる思いというのは、非常に続いているわけですよね。そこも、皆さんの中でご理解をいただきながら、これからというところ。もしくは、Sさんとすれば、これまでの自分を確認したいという課題も含めて出していただいてますので、皆さんと一緒に考えていきたいと思います。そこを踏まえて、もう少し状況確認をしていただければと思います。※38

ご質問、どなたからいただけますか。

（中略）

■ 問題の中核に関わる情報収集の場面 ※39

発言：お父様（夫）が、お母様（Aさん）、先生からちゃんと、病状の説明を直接お聞きになられたってことでしょうか。※40

【ジェノグラム】

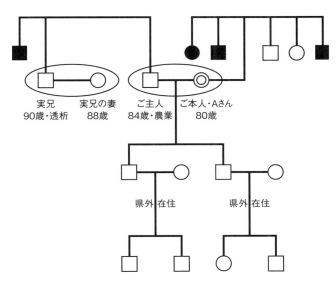

【エコマップ】

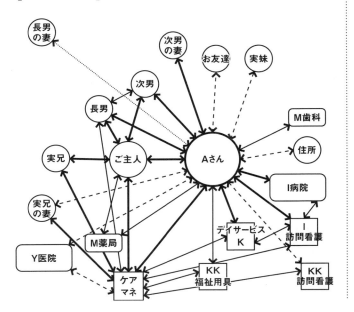

5 スーパービジョンの実践展開　スーパーバイザーの視点と場面の組み立て

始まったのか
どのように対処し
てきているのか

*41 バイジーの認識であり、推測も入っている	提出者：はい。このご夫婦は、息子さん夫婦が遠くに出ていて、（息子さんは）2人とも5時間かかるところに住んでらっしゃいます。そういったことで、もちろん息子さんたちは心配して来てくれているのですが、ご主人も本人も、2人の息子さんに迷惑をなるべくかけないようにという思いで暮らされてきているので、そこら辺の話は、ご主人が聞いて、先生から息子さんに話をしていると思ってます。ご主人以外に聞く方がいらっしゃらないので、ご主人が直接先生から聞いてるかと思います。
*42 長男の帰省に同行したことがない、との情報。本人夫婦と長男妻の関係性は、情報がなく不明である。	河野：よろしいですか。*41 では、次の方どうぞ。
*43 夫の言動に基づく、バイジーの解釈（見立て）である	発言：今、息子さんの話が出ましたけれど。お父さんがだいぶお疲れのようですし、歳も歳ですけども。今後、どうするかとか、方向性を話し合われた様子はありますでしょうか。
*44 質問者に、質問が終わったかの確認	提出者：はい。今後としては、長男さんが、ゆくゆくは戻ってきたい気持ちがあるようだという話を、ご主人から聞いてます。ただ、長男さんの奥さんが、このお宅には一緒に帰ってきません。そういったことで、ご主人もなるべく頑張って、迷惑をかけたくないという、（息子夫婦）2人を離したくないという思いがあるようです。*42
*45 質問者の質問が終わったことを確認してから、別のメンバーの質問に移る	河野：よろしいですか。*43
	発言：はい、ありがとうございます。*44
	河野：ほか、いかがでしょうか。どうぞ。*45
	（中略）
*46 メンバーからの質問の乱れに対するバイザーとしての対応の一例	● 質問への対処*46
	発言：更衣とか、トイレ・デイの準備とか食事っていう部分で、どの程度の一部介助で、逆にそれに伴って

夫の気持ちっていうのを聞いたことは、あれば教えていただきたい。

河野：いっぺんにじゃなくて。まず一つは状態ですね。

発言：はい。

河野：いつ頃の状態をお答えしたらいいでしょうか。

発言：では、更衣の。

提出者：着替え？

発言：着替え。

河野：いつ頃、時期的にいつ頃で答えたらいいですか。経過が変わってきているという状況の中なので、身体状況も気持ちも、たぶん変化している人だと思うのですが。

発言：今現在をお願いします。

提出者：更衣のほうは、上のほうはわりと、かぶりでなく前開きのものが多いです。ゆっくりであれば着ることができるのですが、円背があるので後ろが引っかかって下がってなかったりとかがあるので、下げてあげて、近くのボタンは留められないので、首元のボタンは留めてもらったりしてるようです。ズボンのほうですが、ほぼご主人がやってあげてます。少し通してもらえると、自分で上げることはなんとかなっているのですが、途中までしか上がらないので、ご自分だけでやると半分くらいお尻が見えてる状態であったりとか、紙パンツが見えてる状態であったりとかなので、手直しは必ず入ったほうがいい状態かと思われます。

河野：よろしいですか、まず一部回答のほうは。

発言：はい。

河野：もう一つのほうの、聞いたことがあったかというところは、どうすればいいでしょうかね。

*47　複数出された質問を、一つずつに分けて対応する

*48　事実把握における情報への視線として
いつ（時期、時間帯）
どこ（場面、場所）
だれ（対象、主体）
なに（内容、出来事）
どのように（様子、方法）
を意識しておく

*49　質問の主旨や意図を確認するため、このような投げかけをしてみた

5　スーパービジョンの実践展開　スーパーバイザーの視点と場面の組み立て

*50 「聞いたことがあるか」というバイジーの対応状況を含む質問なので、答えやすくする意図から、時期の範囲を広げて投げかけた

*51 質問と応答が、漠然としたやり取りになっていたため、質問者の意図に沿うと思われる経過の場面を具体的に示すことで、情報（説明）の深まりを図ろうとした

発言：ありがとうございます。旦那さんの、介助をしていての気持ちは、聞いたことがありますか。

河野：いつ頃で考えて？

発言：今現在でお願いします。

河野：では、ここ2～3か月含めてどうでしょうか、最近。*50

提出者：ご主人は、「（Aさんが）とにかく何もできなくなったので大変だ」と。あちこち手をかけなければならない状況なのが大変だとはおっしゃっています。更衣だけじゃなくて、横に寝たら起こしてあげなきゃいけないし、たびたびこけるので大変だと。そういうことは、おっしゃいます。ただ、わりとあっけらかんな感じでおっしゃる方です。

発言：ありがとうございます。

河野：よろしいですか。たとえば、ちょっと時期がさかのぼりますけれども、平成27年12月から28年1月にかけてのご本人さんの状態。たとえば歯肉を痛がっているという状況がありましたよね。左のつけねを痛がってる。この頃は、ご主人がなかなか対応できなかったところがあるわけですよね。*51

提出者：はい。

河野：その頃は、ご主人自身が、ご自身の状況だとか、Aさんの状況について、気持ちを話されていたことはありますか。

提出者：「とにかく触ると痛がるから、なにもできない」ということをおっしゃって。「どうにもならない。ちょっと触るとギャーギャー、痛い痛い言うから、どうにもならない」ということをおっしゃって、骨折したときは、そういうことをおっしゃって。本人も「我

慢なことするもんで」って言って怒ってましたが。それ以外のときも、わりとあっけらかんというか、さばさばと、「えらい（難儀）」っていうことをおっしゃる方です。

河野：少し具体的な場面も含めて聞いていただくと、いろいろ様子が見えてくるだろうと思いますので、経過も含めて聞いていただいて結構です。いかがでしょうか、ご質問のほうは。

発言：その「えらい（難儀）」とおっしゃるご主人が、電話をかけてくることは、たびたびその当時ありましたか。[*52]

提出者：「えらい（難儀）」とおっしゃったことは、たびたびということはないです。痛みがあって。

河野：気になってるのは、その電話の頻度ですか、内容ですか。

発言：頻度です。

河野：頻度ですね。ここ１年ぐらい、もしくは年明けぐらいからは、結構ご主人からの電話っていうのは、何回かは記述ありますよね。

提出者：はい。

河野：Ｓさんとしては、そんなに以前と今とを比べて、増えたとかいう印象ではないということですか。

提出者：はい。何かと電話をくださるご主人で、ちょっとこの記述の中以外にも、ちょこちょこくれるので、いろんなことで。電話の頻度の数だけで言うと、結構くれる家族、直接携帯にくださる方です。もうどうにもならなくて困っているというようなのは、骨折をしたとき、おうちにうかがったときに言われるくらいで。ほかのときに、「えらくて（難儀で）、も[*53]

*52 バイザーがメンバーの質問を引き取ってしまったときには、改めてメンバーからの質問に戻す説明や投げかけを行う

*53 質問者とバイジーの間にある認識の相違に焦点化した投げかけ。単なる事実の確認だけではなく、バイジーの受け止め（認識）を含めた確認となるように、バイザーの類推による問いかけ（先取りした質問）を行った。

うどうしようもないから助けてくれ」とか、そういったことはないです。

発言：ありがとうございます。

河野：ご主人の電話というのは、わりと具体的な要件があっての電話なんですよね。

提出者：はい。

河野：相談事があったり、「なんとかならないか」とか、「こうしたいけど、どうだ」とか、という話ですよね。

提出者：はい。

河野：逆に、「もうやめたい」とか、「できない」とか。そういう形の発言というのは、ご主人からは。

提出者：「できない」という発言はないのですが。朝、ご本人のデイサービスの準備も、ここのところ本人がやっていると。ご主人がやったのかなと思っていたところが、やっていない場面なんかが、ちょこちょこっと出てきています。

河野：Sさんからすれば、そういうところが気になって、少しサービスの利用だとか、電話をしてみると、「大丈夫、今のままでいい」っていうような言葉が、やっぱり返ってきてしまうということなんですかね。

提出者：はい。

（中略）

■質疑応答で確認された情報の要約

Aさんの妄想について：夫は結構聞かされている。「何、バカなこと言ってるんだ」「そんなこと、あるわけねえじゃねえか」と言って返す。

若い頃のご夫婦：夫が建設業で、出稼ぎでかなりお留守だった。その中でAさんは2人の息子を育ててき

た。

最近のご夫婦仲：夫が手広くやっているネギの出荷を、2人で協力し合ってやってきた。

「ご主人が負担じゃないかなと思う」と、Sさんがどんなときにそれを感じるか：一番は、デイサービス事業所から「着替えができてないんじゃないかな」「ここ最近はもう着替えだけじゃなくて、利用袋も臭うよ」と聞いたりする。

Aさんが漬物を漬けたり、ご飯の支度、3食のうち2食を当番したりとか、手伝いができてたものが、どんどんできなくなっている状況。

ネギ仕事の手伝いをしていた実兄が透析を受けており、透析の送迎を夫が火・木・土と毎回やっている。

手広く野菜（農業）をされている。

日々の家事をやった上に、ご本人の介護となると、やっぱり大変なのかなっていうか、大変だろうなと感じるところがある。

夫は、「えらい（難儀）」ということは何一つ言わない。「大丈夫だ、大丈夫だ」と、いつも言っている方。「本当にえらくなったら言ってください」と話していても、言わない。「いや、いつもと変わらないよ」「大丈夫だ」と言う。

夫の様子（援助職者の見立て）：忙しいように見える。口では言わないけど、いっぱいいっぱいでやっているんじゃないかと思う。黙々と畑仕事をしている。

夫が倒れたときのSさんの気持ち：どんな状態なんだろうか、とにかく確認しなければ。Aさんが自宅に1人でいることはできないから、という感じで病院に行った。

夫の健康状態：夫も定期的に病院に受診。胃潰瘍を昔されて、胃薬を内服中。血圧が高めで、血圧の薬を飲んでいる。

農業をやっていることついての夫の様子；長年やってきている。人から借りてる土地もある状況で、どうも長男から「ここは借りといてほしい」「俺が帰ってきてやるから」みたいな話があったらしい。そんな話があったので、「そこを荒れ放題にしておくのも、なんだから、何かつくらなきゃ」という感じで、年間幾種類か、結構手広くやっている。あとは、「これは、もうずっとやってきて、みんながくれるものだと思っているから続けている」と言っている。（近所に野菜を配っている）

● **課題の（再）焦点化**

河野：Ｓさん、ここまでのところでずっと情報提供いただいているんですけども。ご自身について、今、どんなふうに振り返っていらっしゃいますか。今です。今このとき。どんな感じで、気持ちでいますか。[*54]

提出者：きちんと聞けてないのかな、ということを感じて。

河野：Ｓさんの中では、もう少し何かを聞いておかなきゃいけない。聞いておく必要があったというふうに、今、感じていらっしゃるということですか。[*55]

提出者：はい。

河野：たとえば、ご本人さんには、どんなことを聞いてみたいですか。

提出者：ちょっと思い浮かびません。[*56]

河野：ご主人については、どうでしょうか。

提出者：ちょっと、たびたび聞いてはいるんだけど、今

---

*54 質疑応答を通じてのバイジーの考察や気づきへの焦点化。意見交換に入る直前に行う課題の再確認である。導入時とは変化することも多い。

*55 気持ち（情緒面）の確認

*56 考え（思考面）の確認

の、やっぱりサービスで大丈夫なのかということを。

河野：Sさんの思い悩んでるところ。Sさん自身は何か言ってあげたいし、サービス利用してほしいっていうような思いで提案もしてはみるけれども、「大丈夫」っていうふうにご主人から言われてしまうと、なかなか動きがとりきれてない。[*57]

あと、ご本人さんについては、何を言葉として、そもそもかけていっていいのかというのは、ちょっと思い浮かばない状況に至っている。これは妄想がみられる事実への意識（Sさん自身の気持ち）も関係していますよね。

提出者：はい。

河野：そういう状況で今、非常にSさん、思い悩んでいます。それをこれから一緒に考えていただくということになりますが。[*58] Sさん自身（バイジー）も含めて、今のこのご本人さん、ご夫婦、ご主人。もしくは、長男さん入れてのご家族が、皆さんの中でどんなふうにイメージされているのか。そこに向き合ってるSさんは、どんな状況になってるかを、現時点での情報の中で整理をしていただいて、[*59] 意見交換に入りたいと思います。[*60]

第3節 グループの力を生かしたスーパービジョン実践

意見交換；臨床像の言語化と再検討

河野：このあとですが、若干の補足質問をいただいて、意見交換に入っていきたいと思います。皆さんか[*61]

---

*57　バイジーの自覚している課題の再確認（導入時には明確になりきっていなかった、バイジーが直面している課題の具体化を図っている）

*58　メンバーへの投げかけ

*59　臨床像のこと。「臨床像」という表現を用いずに、具体的な枠組みを説明するように心がけている。

*60　臨床像の共有作業

*61　休憩を挟んでの再開の場面。休憩は、メンバーそれぞれが自らの思考を整理する効果をもつ。そのため、意見交換に入る前に、再確認や補足質問を行うようにしている。ただし、だらだらとならないように、時間を制限したほ

5　スーパービジョンの実践展開　スーパーバイザーの視点と場面の組み立て

らいただいていくご意見というのは、Sさんが今、非常に思い悩んでいらっしゃるんですけれども。Sさん自身も、何をどう考えていったらいいのかというところが、ともすると今ひとつ整理がつききれていないところがあるかと思います。※62

そういったあたり、皆さんにどんなふうに見えているのか。Aさん、Aさんご夫婦、ご主人。そして息子さんを含めてのご家族に向き合っているSさんが、どう見えているかを、ご意見いただくところが最初になるんですが。そこに向けて、ちょっとこれは聞いておかなければいけないというところが、もしおありであれば、質問いただきたいと思います。

発言：いくつかの事業所が関わっていますけど、事業者との担当者会議上で、この内容を議題とかにされているんでしょうか。

提出者：今現在、ないです。

河野：そのご質問は、何が気になってのご質問でしょうかね。

発言：どうしていいか、整理がつかないと言っているんですけど。（Sさんが）担当になる前から、もう事業者が入っていたので、そこで事業者がそういった面の問題点とか抱えていなかったのかなと思いまして。※63

河野：補足ありますか。

提出者：デイサービスのほうから、たびたびちょっと排泄関係とか、保清の部分というか。おしっこ臭くなってきちゃったとか、そういう話をいただいて。そういう話をいただいていたので、骨折したときを機に、そういう形で会議をやったときに、そこで入っていけたらと思って入っていったのですが、そのあと、

うがよい。

＊62　意見交換に入る時には、その目的や主旨、求める内容（テーマ、課題の焦点など）を明確にする。

＊63　これから意見交換に入る場面であることを意識して、単なる情報確認に終わらせず、質問者の意図や問題意識（つまり意見の断片）を問いかけた。質問者の意図が見えない時（バイザーがわかっていても、バイジーが理解できていない場合もある）やバイジーに考え方を伝えたい時などに行う投げかけ方。その後の質問が出にくくなる場合もあるので、多用はしないほうがよい。

ちょっとヘルパー（サービスの利用）のほうはお断りをされてしまって。デイのほうからは、そういったことが増えてきている。だいぶ多くなってきたという話はいただいています。ちょっと、会議になったこと、ここのところはないです。あと、訪問看護さんも、同じことは感じています。

発言：今、Sさん、とても悩んでいらして、お話を聞いている限りでは、1人で一生懸命やろうというところが見受けられるので、ほかの方たちがそういったアプローチができないのかなと思いまして、質問しました。

河野：その辺は、のちほどまたご意見のところでいただきたいと思います。質問から、意見が入っても構いませんので、気になるところを聞いていただいて。

発言：Aさんの言動とかを、ちょっとピックアップして見ていったときに。たとえば、「手伝ってくれると助かる」とご主人が言ったら、Aさんうれしそうに笑ってらっしゃると。「わしは何もしてやれんで。お父さんがやれるようにやるんだら」と話すっていうところとか。「Aさんは何もできないと、裏口から外を眺めている」っていうような記述とか、いくつかあるんですけども。そういう言葉を、Sさんが聞いたときに、どういうお気持ちだったかなというところをお聞きしたいんですが。

提出者：これをまとめながら、やっぱりそこのところは気になっていて。やっぱり、Aさんも以前は家事をやったり、役割があってやってきたのに、ここにきて体が思うようにならなくて、できなくなってしまった。それが、Aさんにとってとても大きいものなん

だなということを。「何もできない」という話を聞いたときには、Aさんが、そこを感じているんだなあっと思って。

（中略）

■ **意見交換に入る**

河野：よろしいですか。そうしましたら、まず、このAさん、ご主人、あるいはご家族が、どんなふうに受け止められているかというあたりを、ご意見いただいていいですか。*64

発言：お父さんは、今までお仕事、出稼ぎだとかに行かれて、仕事を一生懸命やってこられて、退職されたあとも、ずっと農業だとか、会議というのも出ていたりとか、お兄さんとの昔からの仕事の関係性だったりだとか、そういったところを最優先に考えられる。自分の役割的なところを一番に考えられて。

　ご本人が、お父さんを支えるために家事だとか、そういったものを自分の役割だとかというふうに考えて、今まで支えてきたんだけれども、それがうまくいかなくなってきている自分というのを感じ取られてきてるときと、病気の関係のときに動いちゃったり、動けなくなっちゃったりというときがあるのかなっていうことと。

　ご主人のほうに戻るんですが。自分が思っている役割的な仕事であったりだとか、みんなに期待されてきたことを、やり続けようと思っているんだけれども、体力的なところと思いがかけ離れてきてしまっている時期になっているのかなっていうふうに見受けられました。

河野：ありがとうございます。今のご発言を受けて、

*64　意見交換＝臨床像の共有作業は、バイジーやグループの状況（力量など）に応じて、枠組み設定を図りながら行うとよい。「臨床像を」と全体から投げかけるのではなく、臨床像の枠組みの部分部分を個別に示しながら、段階的に重ねていく方法である。個別の枠組み設定は、事例の内容（問題の中核）に応じて具体的に行うようにする。

追加のご意見とか、もしくは「ちょっと違うよ」というところはありますか。*65

発言：お父さんは一生懸命畑やら、いろいろやっていることも苦ではなく。息子さんが、いずれはやっぱり帰ってくるんじゃないかという思いがあるなかで、息子さんとお父さんの気持ちに少しズレがあるのかなって。

河野：息子さんの存在なりが、ご主人なり、ご本人にも大きく影響しているという理解でよろしいですか。そうではなくて、期待感ということですか。

発言：そう。お父さんは将来的には、息子が帰ってくるんじゃないかという気持ちもあって、畑を一生懸命やっているところがあるのかなと。

河野：期待のほうが大きいということでしょうかね。ありがとうございます。*66

発言：お父さんは、若い頃は家を空けてきてるんですね。現在も、お父さんは自分のことに関しては、もう最後のほうになってきてる。Ａさんの気持ち自体は、もっと自分を見てほしいっていう気持ちはあると思うんですけども、それをずっと我慢するというふうに、過去からの生活習慣になってきている。さみしさとか、それを理解してほしいっていう気持ちが、妄想のほうにきてるのでは。息子さんにその妄想のことを言っても信じてもらえない。Ａさんの気持ちは、まだ理解されていないって、Ａさん自体は感じてると思いました。

河野：Ａさんが理解してほしい相手は、誰ですか。

発言：自分の周りにいる方、まずはご主人。それと、あと息子さんだと思いました。

＊65、66　意見交換の場面では、意見の要点やその本質を明確にしておく必要がある。判断理由や根拠（情報や知識、理論など）の発言を求めることもある。

＊67　問題の中核の一つを明確化するために行った問いかけである。
＊夫婦の関係性－過去・現在・未来
＊バイジーにとってのクライアントである夫の問題（表現された訴え、求めていること、悩み・困っていること、必要としていること）と思い・考えへの視点＝ポジショニング

＊68　問題の中核への入り口

＊69　問題の中核に関するメンバーの発言がほしいところ。クライアント・システム（夫の本音とか）についてではなく、バイジーに目が向いてしまっての発言。

河野：ご主人は、そういうAさんの状況を、どう見ているというふうに受け止めたらいいですか。
発言：（夫は）対外的なほうをとても重要視している方なので、そこまで理解していないんじゃないか。それで、ひょうひょうとした形になってきているのかなと思いました。＊67

　ご主人なりにも薄々とは感じてますけど、ご自分の中でどこを一番重要視するかという、バランスを見てると思うんですね。まだ、奥さんのほうはいいかっていう形になってきちゃって。順番をつけちゃってると思います。
河野：じゃあ、多少なりともご主人の中でも、Aさんご自身に我慢させてる部分とか、そこはしょうがないみたいなところで後回しにしているのは、ご主人の中でも認識はあるだろうと。そういう中でSさんが一生懸命ご主人に投げかけをするんだけど、「大丈夫、大丈夫。今のままでいい」っていうような言葉が返ってきてしまう。そういうご主人を、どういうふうに受け止めたらいいかということについては、ご意見いかがですか。
発言：ご主人は、今までの自分で決めてきたプライドというところから、まだ抜け出せてないのかなって。
河野：そうすると、本音としては、どうなんでしょう。＊68
発言：そこは、ちょっと。
河野：そこが、わかりきれないことね。
発言：Sさんの中では、やっぱりこのまま2人の生活が支えられるんだろうかっていうような。＊69
河野：それは、Sさんですよね。Sさんのことは、ちょっと待っていただいていいですか。

発言：すみません。

河野：ご主人のところなんですけど。Sさんとすればご主人から「困っているからこうしてほしい」とか、「助けてほしい」というところを、もう少しサービス利用という部分で言ってもらえたらいいんですよね。いろいろ「こうしよう、ああしよう」って電話がかかってくるけども、実際にはご主人の反応が得られない思いがあるわけですよね。ご主人の「大丈夫、大丈夫」というところ、どう受け止めたらいいですか。

発言：そうですね。お父さん（夫）の中では、病気として受け止められているから、「大丈夫だよ」ということを言えるのではないかと。「大丈夫、今のままでいいよ」と言うのは、お父さん自身もきっと、精神的に肉体的にいっぱいいっぱいのところがあるのかもしれないですけど、自分の妻だからっていう思いが結構あるのかなって感じます。

河野：自分の妻だからっていうのは、ご主人の中では、何かするのであれば、まず最初は自分という、そういう発想があるということですか。

発言：はい。

河野：そういう中で、Aさん自身の身体状況、妄想も含めてですが、かなり、多々変化してきていますよね。そういう状態の変化についても、ある程度ご主人は受け止めてきているというふうに考えていいですか。

発言：受け止めようとしている、わかろうとしているというところがあると思いますね。

発言：昔、ご主人が建築業で出稼ぎに行かれていて、奥さんが息子さん2人を一生懸命育てられた、お家を

*70　意見交換の焦点（臨床像、問題の中核）を再確認して、場の流れを戻す

*71　バイジーが捉えきれていないクライアントの臨床像、問題の中核の一つ

*72　バイザーとして押さえておきたい問題の中核の要素

*73　問題の中核の要素
要所要所で言語化しながら、意見交換を展開する。

5　スーパービジョンの実践展開　スーパーバイザーの視点と場面の組み立て

*74 グループ内で共有化されてきた臨床像の要約＝言語化。ここでは主に「夫婦の関係性やクライアント（夫・妻）の思い」について、メンバーから意見が出された。結論ではなく要約であり、多面性・多様性を生かしながら要点を捉えて、バイジーやメンバーに伝える。

*75 長男を含む家族関係（クライアント・システム）や、本人家族との援助関係（臨床像）については、このグループスーパービジョンの展開では、この後の流れの中において出されてきている。バイザーとしてはこの場面では先取りせず、グループの動きに任せながら少し先の段階まで待ってみようと判断し、ここでは言及しなかった。

守られたという気持ちが、ご主人には何かお気持ちの中であるのかなっていう気はしました。

河野：先ほど、Ａさんは我慢しているんじゃないかっていうご意見もあったわけですが。

発言：ご主人の中では、最低限というか、命を守ることと食事。最低限のことは、しっかりやっているという気持ちがあるのかもしれない。

（一部省略）

河野：Ｓさん、どうでしょうか。これまでの皆さんのご意見をちょっと私なりにかいつまんで整理すると、ご主人は、やっぱり自分がするということが第一にあって。だからもちろん、頑張ってる部分もあるけれども、ほかにも役割を担うなかで、どうも優先順位をつけながら、対応してらっしゃるところがある。ときには、ご主人の認識の中でも、Ａさんのことをちょっと後回しにするとか、それなりに折り合いをつけている部分は、ありそうだということ。そうしていくなかで、病気への理解も含めて、ご主人の中ではなんとなく折り合いがついている。頑張ってはいるけど、無理とまではいかないような折り合いがついているところがある。一方のＡさんは、ちょっと我慢を強いられていて、わかってもらえるという手応えがない。わかってもらえないという思いが、どうしてもご主人とのやり取りの中で出てきているのではないか。

どうでしょう、それぞれの思いだとか、もしくはこのご夫婦の関係みたいなところ。Ｓさん、改めて今、どのように振り返られますか。

提出者：皆さんが言ってくださったことは、確かにその通りなのかなと。ご主人が、確かに介護をやってく

198

れているのですが。やっぱり畑とか、そういったものが先になったり、（兄の）透析のお迎えに行けば、それだけご本人の訪問介護、看護さんが来たときにいなかったりして、ご本人の様子をお話ができないときがあったりとか。そういったことも少し、おざなりになってしまうんじゃないかなと。訪看さんたちと感じていたことっていうのは、実際起こっていて。それでも、やはり本人さんを大事にしたい気持ちとか、畑を息子さんたちがそのまま借りておいてくれって言ったことに対して、一生懸命やろうとなさっているところなんか見てきているので。まずは、自分のやる役割を優先させているなと感じています。*76

検討課題への取り組み；
話し合いを通じた事例提出者への支援1 *77

河野：Sさんとすれば、もともと、Aさんご自身がわかってもらいたい思いがあったり、わかってもらえてないというようなところで悩んでいるんじゃないか、困っているんじゃないかということは感じてるわけですよね。ご主人のほうにしても、無理をしているかどうかはともかく、Sさんは、（夫が）自分の役割として頑張ってきている姿が見えていて。

そういうお二人だからこそ、Sさんとしても、なんとか力になりたい、ご自分の役割として、なんとかしなきゃいけないというような思いが、非常に強く感じられる。

そのなかで先ほどおっしゃっていたのは、Sさん自身が、先をどう感じているかということだったですかね。そこのところ、もう少し詳しくご説明いただいて*78

*76 バイジー自身による問題の中核、臨床像の言語化

*77 事例の内容やバイジーの課題によって、援助者や援助関係に関する臨床像への考察（焦点化）のタイミングが異なる。臨床像の共有化における意見交換の場面で行うことが多いが、バイジーへの支援（助言の内容）の段階で焦点化することもある。このグループスーパービジョンでは、「援助関係」や「何が起こっているのか」を捉え言語化すること自体が、バイジーの課題でもあった（バイザーとしての判断）。そのため、臨床像への意見交換の場面でバイザーからは明確に言及せず、バイジーへの支援という位置づけの中で

発言を求めることにした。

*78 意見交換の経過の中でメンバーから出された発言を生かしながら、援助職者を含めた臨床像に視点を広げていく。

*79 臨床像におけるポジショニングⅡ：援助職者（バイジー）の認識・理解／判断・対処　何ができるか／どこまでできるか

*80 臨床像におけるポジショニングⅢ：援助関係　どのような関係性にあるのか　何が起こっているのかに焦点化

*81 息子さんを含む臨床像への意見がグループで出ていなかった中で出された対応案である。息子を含めた臨床像（援助関係を含む）への焦

いいですか。

発言：Ａさんと夫が、この先どうしていきたいのか、どう暮らしていきたいのかというところのなかで。2人で暮らしていくことの可能性とか、継続性とか、どう見極めて予測しているのか、Ｓさんの見解のところを。*79

河野：Ｓさんとしては、どうですか。まさに今日現在のお考えでいいと思うんですが。

提出者：もう少しサービスが入っていけば、もう少し2人でいることは可能なのかなと思う反面、息子さんたちは、まだ2人での生活が続けられなくなるほど緊迫した状況だとは思っていない。けれども、ある程度サービスを利用していかないと、かなりＡさんにも（これまでも）負担がかかっているだろうし、ご主人にも負担があると思うので。

河野：Ｓさんとすれば、サービスを利用してもらえれば、まだ続けられると思う。負担も軽くなってよいと思うのに、ご主人からは「大丈夫、今のままでいい」と言われてしまう。そのあたりの事情を、今度はＳさんも含めて、どういうふうに受け止めておいたらいいんでしょうか。もしくは、どう考えた上で次に進めていくことができるんでしょうかね。ご意見、アドバイスは、どうでしょうか。*80

発言：息子さんにしっかり、病状の説明を聞いていただいた上で、お母様の様子を病状から見てどうかっていう部分をわかっていただけるとどうかなって思う。*81

河野：その点に関しては、この事例をＳさんが気になってまとめられた時点ではまだなかった出来事が追加されてるんですよね。つまり、以前から、Ｓさんと

すれば、息子さんとも話をしなければという思いはあったんですよね。だからこそ、「帰ってきたときにお話をしましょう」と思って対応した。それが、追加説明いただいたここ最近の状況ですよね。

提出者：はい。

河野：そのやり取りの中で、「自分だったら殺してしまいたい。殺してしまうかもしれない」という言葉が出てきているんですね。（中略）ということを改めて考えてみたときに、もう一歩アドバイスが必要だと思うんですけど。息子さんとの接触は、もうしてるんです。（そしてSさんは）どうしていいか、わからなくなってる。だから今日、まさに言葉が重たくなっているのは、そのあたりだと思うんです。

発言：実は、（Sさんが）すごく初めから口が重いですし、「俺だったら殺してしまうかもしれない」という息子さんのセリフを言ったときに、顔がゆがんだんですね。それで、そのあとに「一緒に暮らすことが大変だ」と言ったときは、もう本当に顔がつらそうだったんです。私は、たぶん、この息子さんの一言が、Sさんにものすごいダメージを与えたんだなと思ったんです。

　これを言ったときに、長男さんは、どうしてケアマネさんにこれを言ったのかな、どういう気持ちで言ったのかってこと。こういうふうに長男さんが受け止め、思った気持ちをって言いますかね。この家族を解決していくのは、ケアマネさんなのかなって思ったんです。私の思ったのは、その気持ちで、ケアマネさんがこれを解決していかなきゃいけないことなのかな。それをちょっと思いました。

点化のタイミングとなった。

*82　長男を含む臨床像、問題の中核の要素

*83　臨床像におけるポジショニングⅢ、問題の中核　何が起こっているのか

5　スーパービジョンの実践展開　スーパーバイザーの視点と場面の組み立て

*84 臨床像におけるポジショニングⅡ
「援助職者としての私」
どのような援助職者としているのか
(援助関係)
援助職者として何ができるか
どこまでできるか

*85 問題の中核への焦点化であり、ここではバイジー支援の過程でもある

*86 バイジーが辛そうにしており、当時の自分を振り返りながら自ら言葉を発することができない状態にあるとみられたことから、バイザーが推し量って、バイジーの思いを代弁した。
バイジーは、長男の発言を受け取っ

河野：「ケアマネさんなのかな」と思ったっていうのは、それはケアマネじゃないよっていうご意見でいいんですか。

発言：そうですね。私たちは支援をする人間なので、解決するのは誰なんだろうっていうふうに思いました。*84

河野：誰だっていう答えを、ご自身だったら出すんでしょうか。

発言：家族だと。ケアマネは、それができるようにフォローするので、非常に重いことっていうことと、それからそういうふうに長男さんが言ってくれた、その心はなんだろうってところを、ちょっと考えたいなと思いました。

河野：そういう非常にインパクトのあるような言葉をSさんに発したときの長男さんの思いは、どう受け止めたらいいですか。推し量るしかないんですけど。

発言：私がもし言われたとすれば、長男さんは、ものすごく戸惑っているんだろうなというふうにとらえたと思います。戸惑っているんだと思います。*85

河野：Sさん、いかがですか。Sさんは、もっと違う思いが自分の中に出たんですよね、その言葉をもらったときに。「なんとかしなきゃいけない、しよう」と思って何度となくアプローチをして、提案もして、やってきたなかで、思うようにいかないところに出てきた言葉だったんですもんね。*86

提出者：はい。

河野：改めてどうですか。Sさんとすればどんな状況に追い込まれてしまったんですか、そのときに。

提出者：何もできてないという自分の状況を指摘され

てしまったというか、「やっぱり、そこしなきゃいけなかったんだ」って思いのほうが非常に湧き出てしまったと……。
*87
（中略）

検討課題への取り組み；
話し合いを通じた事例提出者への支援2

■援助展開（クライアント支援）に向けたバイジー支援への取り組み

河野：今日「ここは聞いて帰りたい」とSさんからいただいてるのは、サービスを提案してもなかなか前に進まない状況について、どうしたらいいかなっていうこと。あとは、Aさんの妄想について、どうしていいかわからないということと。改めて、どのあたりを皆さんからアドバイスもらって帰りたいですか。
*88

提出者：……
*89

河野：「私、どうしたらいいんでしょう」と聞いてみましょうか。もう少し具体的なほうがいいですか。
*90

提出者：それで、お願いします。

河野：では、今のこのSさんの状況も含めて、少し言葉をかけていただけたらなと思います。いかがでしょうかね。
*91

■メンバーから出された主な助言等の要約

* 支援っていうのはやっぱり1人じゃない、みんなでグループで解決してくべきもの。主治医との連絡も取りつつ、長男さん、ご兄弟家族も交えた話し合いの場を持って、方向性を具体化していく。
* 息子さんに、今までの利用者さんの状況を説明しつつ、こういった方向の話し合いを持ちたいという申

た当該場面で自らの衝撃のほうが強く、その時の長男の思いを捉えきれなかった。（そこまで思いを向ける余裕がなくなっていた）

*87 バイジー自身による援助関係（何が起こっていたのか）についての言語化。
ここでは自己覚知（いわゆる気づき）の言語化であり、再認識の場面でもある。
バイジーは、その当時から今まで、長男に責められてしまっと感じていた。また、長男に言わせてしまったことへの自責の念に捕らわれていた。

*88 課題の再焦点化

*89 この場で得られた気づきによって気持ちが乱れており、導入時に

し出をする。

＊介護度が上がってきているので、今後の方向性についての家族の意向を聞く。

＊（戸惑っている息子さんであるからこそ）情報を伝え、どんな選択肢があるか、どういうほうに行けばいいのかを話し合う。（息子さんにとっても心強いと思う）

＊状況がだいぶ変わっているところに、息子がたまに帰ってきて直面した状況なので、息子と父親（夫）と一緒に、双方の気持ちと意見を聞き、今後の話し合いをもつ。そのあとに担当者会議をする。

＊（Sさんが今回の事例を出すにあたって、感情がこみ上げてくる部分とかで、Sさんの中の熱い思いが汲み取れるが）やっぱり家族にはなれないので、ケアマネは、ケアマネとしての立ち位置みたいなところを、もう一度気持ちの上で再確認、再認識する。

＊父親の気持ちとかを息子に聞いてもらう機会を持って、そのあとに（Sさんが）息子さんの気持ちを聞いて、その上で担当者会議を開いたらいいと思う。

＊まず息子さんに勇気を出して舞台に上がってもらう。結果としていいことができたら、すごく満足に変わる。

＊夫（父親）は、Sさんに毎回電話してくるなどとても頼りにしていて、必要なところはしっかり相談していたと思う。息子さんも、自分がサポートできない思いもあって、（Sさんに）表出された思いだった。（Sさんは）現実的にデイサービスやケアマネが支援している内容を息子に伝えて、一緒に考えていくスタンスが、一番最優先のところと感じる。

提示した課題（サービス導入について）の修正ができない状態にある。

　このような状態のときに、メンバーから一方的な意見が出されてしまうと、バイジーには責められ感（自責の念）、無力感が強くなってしまう。

バイザーとしては場の見極め、展開方法の吟味が求められる。

＊90　バイザーとして感じたバイジーの思いを言葉にしてみた（参考とした技法：類推、感情の反射、受容、解釈、要約、焦点化など）

＊91　バイジーの思いや状態に寄り添うように努めながら、バイジーの成長や意欲の向上に向けて場を展開する。

ここでは、多くの

*もしかしたら息子さんから言ってもらうと、うまくいくことも出てくるかなと思う。息子さんってどんな人って、まだきっとわからない部分が多いと思うので、そんなところもお話をしながらできていくといいかな。

*ご家族のことをとても思っている息子なので、これからも、こちらからお願いする形になると、ちょっと引いてしまう。なるだけ折々に触れて報告するような形で連絡を取っていく。

*すごい言葉がいきなり出た、その関係性を大切にしていけたら。

*本人は要介護3だが、まだまだできることがたくさんあるので、そちらに焦点をあてた支援が必要かな。

事例提出者による振り返り；結果・成果の共有

河野：（長男は）たまにしか帰ってこられない状況のなかでも、大変だっていう状況にある。ということは、「大丈夫、このままでいい」って言うご主人以上に、長男さんはＳさんと今の問題意識を共有できる一番近い存在なんじゃないんですか。*92

提出者：はい、そうです。

河野：そのなかで今、長男さんと、まずは話をしていく。もっと言うと、しっかり関係をつくられて、そこで「どうしようか」っていうところを考えていくところから手をつけていけないのだろうかというご提案のように聞こえるんですけれども、どうでしょうか。*93

提出者：その通りだと思います。

河野：これから長男さんへ、まずは電話連絡になると

メンバーがバイジーの思い、辛さに共感し、一緒に考えていける状況にあると判断している。

*92 バイザーとしての助言、支援

*93 メンバーからの発言を総括しての問いかけ

思うのですが、話ができそうですか。

提出者：息子さんには連絡先をお聞きしてるんですが。まだ、かけた経過がなくて、初めてになるのですが、できます。

発言：質問ですけど。息子さんに電話とか連絡はどうですか。Ｓさん的には、しやすいでしょうか。それとも抵抗がありますでしょうか。

提出者：初めてなので心配ですが、すごくお二人のことを大事にしてくれていることは、とてもわかるので、大丈夫です。[*94]

（中略）

■ メンバーによる更なるバイジー支援として

発言：このご家族にとって、Ｓさんがケアマネさんで、ほんとよかったって思うんです。まずは、日々の大変なところを一番そばにいてわかっているＳさんなので、Ａさんをはじめ、Ａさんとお父さんのそばにいる応援団の１人として、これからもちょっとそばに寄り添っていってもらいたいなと思います。

発言：Ｓさんのところに、皆さんが「こういうことが心配なんですよ」「ああいうことが心配なんですよ」って言ってくる。ご主人もそうですよね。「こういうことはできるかな」って言ってくる。それからＡさん自体も「これこれこうなのよ、私は何もできないからここに座ってるの」って言ってくる。本当に、（Ｓさんを）一番信頼しているのは、もしかしたら長男さんかもしれない。五十男が、若い女の人（Ｓさん）に、こういう弱音をなかなか吐かない。やはり専門職の人ということと、信頼できる人ということで、一目置いたから「俺だったらできない」っていうような、ある

＊94　質問となっているが、メンバーからの意義のある支援（語りかけ）でもある。

意味弱音が吐けたと思うんですね。だとすれば、長男さんが心の内をポロッと見せてくださったんであれば、Ｓさん自身も、お電話したときに「それを聞いたときにすごくショックだったんですけど。じゃあ、どういうふうにしていったらいいのかな。私の手札としては、こういうものがあるんですけれど」というように、今風の言葉で言えば、ぶっちゃけ話してしまうのもいいのかなという気もしました。

発言：たぶん、お父さんが一生懸命やっていらっしゃるなかで、尿臭のところまではなかなか言いづらかったっていうところもあるんじゃないかなって気もしています。

あとは、息子さんには、やっぱり病状の説明をきちんと先生から受けていただくなかで、息子さんも力になっていただけるんじゃないかと。お父さんと息子さんにも、よくいろいろ相談しながら、お父さんと一緒にご家族とＳさんが相談して、進められていいんじゃないかっていう気もありますし、家族の力をまた信じていただきたい、息子さんの力も信じていただきたいなっていう気もします。

本人もお父さんのお手伝いをしていたときに笑顔もあったっていうこと、まだまだお勝手に立って頑張っている姿のことなど、その辺も息子さんにお話していただきながら、相談していただくのもいいんじゃないかなと思いました。

河野：ありがとうございます。Ｓさん、みなさんのご発言は、どんなふうに受け止めていらっしゃいますか。

提出者：そういう、なんていうのかな。本当にびっく

りしてしまったので、……そういうふうに受け止めれば、もしそうであれば非常にありがたい話だなとは思うんですが。

河野：……Sさんにしてみると、逆にそういう心の奥底というか、本音の部分を受け止めなきゃ、知らなきゃと思いながらも、どこかでそれに触れることに構えてませんかね、聞いてしまうことに。聞く必要も感じてらっしゃるし、聞こうという気持ちももちろん伝わっている。でもどこかで、聞いてしまったらどうしようっていう迷いが、Sさんの中にあるような。ご主人に対しても、ご本人もそうですが、息子さんに対しても、触れられない話題があるとおっしゃってましたよね。

提出者：はい、言えてないです。

河野：なぜ、言えないのか、今、振り返ってみてどうですか。

提出者：なんで、自分がこれを言えてないかっていうところが、はっきりとは。

河野：自分の中で、まだ見えきれてない。

提出者：はい。

発言：今までの経過の中で、息子さんに伝えていくということは、してもいいと思うんですけど。

河野：今の関係の中で、Sさんから伝えていいということですかね。たとえば、Sさんなりの思うところの提案だとか、「今のこの状況だからこそ、こういう対応を取りたいと思うけど、どうか」っていう話を息子さんに伝えるということは、して構いませんかね。

発言：構わないと思います。お気持ちをまず（伝えるところから）。

＊95　バイジーには、まだ引っ掛かりが残っている様子

河野：そういうことであれば、息子さんとすれば、きっと負担にならずに一緒に考えてくれるっていうことでよろしいですかね。Sさん、いかがですか。

提出者：今まで、わりと息子さんが来ているときというのは逆に避けてたというか、自分の中で、それは水入らずを邪魔したくないという思いがあったので、なるべく連休で帰ってきているっていうと、あえて行かなかったりとかしていた部分があったり、いるときには、なるべく早く切り上げてきたりとか、そういったことがあったので。これからは、まずはお電話をしなければいけないって思うんですが、これからは帰ってくるときをお聞きしたりとか、そういった形で。あまり帰ってきたときに、しばしば行っても負担になるので、そこら辺のさじ加減を見ながら、まずはお電話から始めていきたいと思います。

河野：ここまで皆さんからいただいたアドバイスは、「何々してほしい」ではなくて、「何々させてほしいけど、どうか」という形のほうがいいのではないかというところですかね。場合によっては情報を伝える、「こうこう、こういうふうにさせていただいてます」というところとかも含めて伝えていくところから関係づくりをということでした。ぜひそれは踏み出していただければと思います。

（中略）

　Sさん、今日事例を出されて説明されてくる経過のなかで、皆さんからご意見、アドバイスいただきましたけど。私の受け止めとしては、Sさんの中で全く思い至らない、発想してない独自の意見とかは、なかったんじゃないかと思うんですね。たとえば長男さんと

*96　自分が関わることで、家族関係・親子関係に波風立てたくない、損ねてはいけない、という思い

*97　先述のメンバーからの意見（要約を）を再確認した

5 スーパービジョンの実践展開　スーパーバイザーの視点と場面の組み立て

やり取りしなきゃいけないとか、どこかでは、こういうふうにしなきゃいけない、したほうがいいんじゃないかという思いがあった。それが、むしろ皆さんのご意見の中で、再確認されたんじゃないかと思うんですけど。

提出者：そうです。

河野：そうすると、「どうしたらいいか」ではなくて、今Ｓさんがまさにご自分でおっしゃった、ご自分の中でちょっと止めてたところもあるなかで、覚悟決めるしかないっていうことなんだと思うのね、Ｓさんの中で。援助者って、やっぱりわかっているけど、覚悟決めて踏み出さなきゃいけないときってある。それってほんとにつらいことだったり、大変なことだと思うけど。今ご意見いただいたことで確認できることは、今はそこに踏み出さなければ、結局Ｓさんが心配してること自体は、解決に向かえないよっていうメッセージだと思うんですよね。

　それともう一つ、「1人じゃなくていいですよ」っていうメッセージがあったと思うんです。問題意識を共有できる人がいれば。長男さんが一番身近なっていうこともあるし、支援者側だっていっぱいいらっしゃるじゃないですか。デイサービスも訪問看護も含めて、実はそこを共有できる。そこも皆さんと、もう1回しっかり問題意識とか問題点を共有し、対応方法についても確認しながら踏み出していく覚悟が、Ｓさんの中で今一番必要なことなんじゃないでしょうかね。

提出者：ありがとうございました。ちょっと考察のところにも書きましたが、やっぱり長男さんともう少し早く話をして、相談しておけばと書いてあったんです

が。やはり、皆さんからいただいたところは、そこだったのかなと。私が、そうですね、先生が言った「覚悟」というものを持って、先ほど皆さんのまとめてくださったものを確認しながら、これから覚悟を決めてやっていきたいと思います。

河野：どうもありがとうございました。《拍手》

　今日、Ｓさん、初めてではない事例提供でありながらも、非常に緊張されながら事例提供の場に臨まれていました。そういうＳさんの中で、いろんな思いを感じながら、皆さんから指摘されることも含めて非常に気にされながら、それでも自分自身の問題意識だとかを一つ一つ口にされて、そして皆さんに受け止めていただいてきました。

　Ｓさんの中での課題が見えてきたところで、援助者として、支援者として踏み出していく一歩を確認したというスーパービジョンであったということ、Ｓさんの自己点検という意味で皆さんからいろんなメッセージいただいたと思います。どうもありがとうございました。

提出者：ありがとうございました。《拍手》

展開への補足として

　このグループスーパービジョンにおいては、メンバーがスーパーバイジーの思いや辛さに共感し、一緒に考えようとすることで多様な意見が出されるまでに至った。その結果、スーパーバイジーは初期段階（課題設定の場面）では言語化できなかった思いに触れて、自らの思いを整え課題を捉えることができた。だが、その課題を克服しながらクライアントとの関わり

*98　納得するように、頷きながう

5　スーパービジョンの実践展開　スーパーバイザーの視点と場面の組み立て

を深めていくための手がかりまでは言語化できていない。本来であれば、その先の事柄にも踏み込んで実践過程を進めていきたいところである。この時は、開催予定時間を消化してしまってことに加えて、スーパーバイジーがその先の事柄までを考え、受け止めていける心身の状態にはない（知的作業によって相当に疲れている）と判断して、ここまでの内容にとどめている。そして、終了後にスーパーバイザーによる補足解説の形で言葉をかけ、今後の継続的なスーパービジョン実践の必要性を確認している。それは、このグループスーパービジョンが体験型の開催であり、参加メンバーが初顔合わせであるとともに、初めてグループスーパービジョンを体験するメンバーが多かった事情も含めての対応である。

　本来スーパービジョンは、継続的になされていくものであり、全てをその場で完結することにはならない。またスーパーバイジーの熟成段階によって、臨床像を通じた知的作業の深まりには差異が生じてくることから、スーパーバイジーの援助職者としての力の見積もりやその時々の心身の状態をスーパーバイザーがしっかりと捉えて展開していく必要がある。その一方で、クライアントに対する次の支援やスーパーバイジーの成長につながるように、その日の達成状況を確認するとともに具体的な対処・取り組みに向けた方策などを持って帰れるように締めくくる必要もある。これらは、マニュアル通りには展開できないという、スーパービジョン実践の本質を理解しておきたい理由にもなっている。

　本書においては、敢えてそのような場面の展開例を

示すことで、スーパーバイジーやメンバーの達成状況（熟成段階）と事例提出者の情緒的な状態にも対応した展開を表現している。そして、これから新たなグループを立ち上げてスーパービジョン実践に取り組んでいこうとする際の留意点を含んでいる。スーパービジョン実践は全てがライブであり、そこでの展開例は常に唯一である。単に見た目の展開を模倣するのではなく、その内容から得られる展開のポイント、要所での意図や焦点化の考え方に着目することで、スーパービジョン実践の実践過程を学んでいただきたいと考えている。

第4節 個人スーパービジョンの実践に向けて

　グループスーパービジョンでの途中休憩に入る段階までにおいて、初対面のグループメンバーを前に質問内容に戸惑いを表しながら一生懸命受け答えをしていたスーパーバイジー（事例提出者）がいた。このようなメンバーからの質問の意図が汲み取りきれないスーパーバイジーの状況は、スーパーバイジー自身の達成課題（熟成段階）とグループ内の関係性に影響されることが多い。休憩後の意見交換の段階に入ってからはメンバーの理解と共感が深まることで、スーパーバイジー自身の思考（振り返り）が深まり始めたものの、元々思いを言語化することが苦手であるためか、スーパーバイザーとの個別のやり取りでは語ることができていた内容も、最後までスーパーバイジーの言葉では

語られないままに終わっている部分がある。スーパーバイザーとしては、本文では省略したグループスーパービジョンの場面で何度か問いかけの形で語りかけているのだが失敗に終わっており、場の力動を創りきれなかったスーパーバイザーとしての課題でもある。

　ここでは、問題の中核を捉えるため必要となるその内容を補足する目的に加えて、個人スーパービジョンを必要とするスーパーバイジーの状況への理解を図るため、（スーパーバイジー自身の同意の下に）休憩時間の合間に行った個人セッションを紹介しておく。セッションでは、スーパーバイザーとしてスーパーバイジーの思いを整理し、メンバーからの投げかけへの理解を促しながら、その時のスーパービジョン実践におけるスーパーバイジーの課題に焦点化している。

■ **グループスーパービジョンの場では表現されなかったバイジーの姿（思いや気づき）**

休憩時間で行った個人セッション……舞台裏

*99

河野：グループでどこを吟味していったらいいかを、確認の意味で。Ｓさん、何かしなきゃっていう思いもあるし、聞かなきゃって思いもあるけど。一方では、何を聞いていいかわからない。どう、声かけていいかわからない。声かけてみるけど、「大丈夫、大丈夫」って言われちゃうと、それ以上先に踏み込めない。大変なんだろうと思ってサービス提案してみるけど、それも、「まあ、いい」って言われてしまう。

　どうしたらいいんだろうという状況の中だけでも大変だったのに、息子さんから「俺だったら殺したくなっちゃう」みたいなこと言われたら、「ああ、やっぱりなんかしなきゃいけなかったんだ、でも、できて

*99　グループでは深めきれないバイジーの思いについて、休憩時間に個人スーパービジョンのスタイルで行った場面。

ない」っていうところで。ともすると、Ｓさん、ちょっと責められてしまったような、そんな気持ちまで抱えちゃったっていうふうに受け止めたんですけど。そういうことで、よろしいですか。

提出者：はい。まさか、そんな言葉が出てくるとは、びっくり。^{*100}

河野：びっくりしたんですよね。^{*101}

提出者：確かに感じてて。息子さんたちが帰ってきたときに、このお家をどう感じてるんだろうとは。想像というか。

河野：見た目も臭いも含めてだよね。

提出者：感じたことはあったんだけど。いざ面と向かって言われて。息子さんと話すのが二度目だったので。ほんとに昔から関わってたわけじゃなくて、緊急時の対応のときに、初めて言葉らしい言葉をっていうか、話をして。最初に出会ったときでそんな話をして、次だったので、ほんとにそのなかで、そんな言葉を聞いてしまったので。「よく介護疲れで、介護者が人を殺すっていう話を聞くけど、介護してた人を殺すっていうのは、こういう感じなんだろう」みたいなことも言われたので、ちょっとびっくりして。やっぱり、（息子だけでなく）ご主人がそう感じても無理もないのだろうかと思うので。^{*102}

河野：一つ大事なところは、Ｓさんがこの事例を選んでまとめたときには、まだこの言葉もらってないですよね。^{*103}

提出者：もらってなかったです。

河野：ここでまとめて、まさに今日に至るまでの間に出てきた言葉じゃないですか。

*100 バイザーとして捉えたバイジーへの理解を言葉にして確認。スーパービジョン関係の形成において重要な作業のひとつである。

*101 グループの場面では、バイジーから言葉に出なかった（出せなかった）思い。その理由は？

*102 バイジーの中では、長男との関係形成ができていると思えないでいる。

*103 息子さんの発言に、夫の心情を重ねて考えているバイジー

提出者：はい。

河野：ということは、Sさんの中でも常に何か感じてたんでしょうね。このご主人なり、ご夫婦の置かれる状況については、息子さんからそういうことを言われるまでもなく感じていたということが、まず、大事なことじゃないですかね。

提出者：はい。

河野：一つはね。

提出者：はい。

河野：だから先ほども質問が出てたけど。Sさんは、何を見て、どういう状況を見て心配してるのか。要するに、ご主人から言われたわけではない状況の中で、Sさんが察してるわけじゃないですか。慮（おもんぱか）ってというようなこと、言いますけど。ある意味それが、息子さんのセリフからすると、裏づけられちゃったというか。*104

提出者：そうです。

河野：そういう思いが大きいんですよね。

提出者：そっか。あの方は、それが言いたかったんだ。あたしがそこに気づかなかった。*105

河野：自分が気になってるところ、そのままズバッと言われた感じなわけでしょ。*105

提出者：そうですね、ほんとに。そうそう会わないので、ほんとに、わりとそういう家族が帰ってくるところは、水入らずでと思って避けてきてたので、会う機会もなく。結局、倒れたことがきっかけになっていたんだけど。いざ帰ってきてみて、「ヘルパーの話をしてるんですけど」っていう話も、ちょっと今回してみたら、そんな話も出てきて。臭いっていう話も出てき

＊104　バイジーが夫に対して感じていた不安（負担感への心配）について、言い当てられた思い

＊105　グループスーパービジョンのでは手に入れられなかった気づき。その理由は？

＊106　バイザーは、メンバーからの発言について述べている。一方のバイジーは、長男からの発言と受け止めて、反応している。バイジーの中にあるご家族（本人、夫、長男ほか）への強い思いが影響していると考えられる。

て。「すごいんだよ、奥の部屋は。これ、たぶん、親父じゃなくてお母さんがやるのかな」っていう話とかもちょっとあったりして。「とてもじゃないけど、俺じゃ」って。

河野：実際Sさんとすれば、息子さん、この家のこと、どう思ってるんだろうっていうふうに思ってる、っておっしゃったけど。実際それを推察すると、どうなるんですか。息子さんは、どんなふうに思っているんだろうとかっていうのは、あるんですか。

提出者：このおしっこ臭いお宅に、自分が帰ってくるのも、中に入ると「うわー」って思うっておっしゃって。だから。

河野：少なくとも自分の仕事を変えて、生活を変えてまで戻ってくるという感じでは、もちろん息子さんも今は考えてはいないですよね。

提出者：そうですね。奥さんと別れて帰ってこなければならなくなってしまうので。子どもは大学生だったりするのもあるので、すぐには帰ってこないけど、いずれは長男が帰ってくるだろうみたいな。ご主人は、そういうふうにおっしゃる。

河野：帰ってくるために別れたっていう話なんですか。*107

提出者：帰ってくるためには、離れて帰ってこなければならない。別れるって、どこまであれなんだかわかんないけど。とりあえず、奥さんはもう来ないと。今までも来てないので、全然。

河野：今は、まだ離婚してはいない。

提出者：はい。

河野：するって話は出てきてる。それ、ご主人からだ

＊107　問題の中核の要素
バイジーが家族関係を心配しながら関わることになっている事情のひとつ

*108 バイジーが気がかりに感じている状況のひとつ

けで。

提出者：そうですね。ご主人がちらりとおっしゃった。

河野：息子さんから出てる？

提出者：息子さんからは、その立ち入った話ができてないので。

河野：ない。出てないんですね。あくまでご主人からですよね。*108

提出者：うん。

河野：でも実際、息子さんがそこまでするというふうに、Ｓさんは思ってるわけではない。

提出者：今すぐはそんな気持ちじゃないけど。

河野：でも、いずれはその気があるのかなというふうに、受け止める節がある。

提出者：「土地も、自分の畑やるから、ここの土地はこのまま借りとけるように」って、ご主人にもおっしゃって、ご主人が一生懸命ピーマンつくったり、ネギつくったりしてるので。それを考えると、夏のうちは帰ってきてくれるつもりはあるんだろうと思ってはいるんですけど。

河野：思ってるんですね。

提出者：ただ、このおしっこ臭い状態では、帰ってきたくないんだろうなと思うし。もうほんとに外で草刈っている間はいいけど、入ってくると、「わー」って思うと言われたので。それはもう、そういうものが、そうさせているし。奥の部屋と、もう年々すごくなっていく部屋と、あとはおしっこ臭いお部屋に、もう、「うわー」って思うんだろうなと感じています。なので、帰ってきます。仕事の途中で帰ってきたりして、わりとササササッと出かけてくので、必要なこと

218

はやって。次男さんの奥さんが片づけてくんだけど。衣類とかを片づけて、また、まとめてくんだけど、すぐにぐちゃぐちゃになっちゃって、追いついてかない。だけど、きっと、これも嫁さん来たらびっくりするだろうなと。次男の嫁さんも、さすがに今回は、びっくりするだろうみたいな。「今までもすごかったけど、今回はすごいから、びっくりするだろうな」みたいなことから、割と話はしてくれたんですが。久しぶりに会って。

　ヘルパーさんの話は、「自分もしてみるから」という話だったんだけど、そのあとピーマン畑に行ったけど、何も出てこず。もう1回確認をしてみたんだけど、「まあいい」って言われてしまって。「ああ、大丈夫だ、大丈夫だ」って。「これだけやるのは大変だから」って言ってもみたけど。

河野：そういう状況のなかで、Sさん、なぜ踏み出せないんでしょうかね。要するに言葉としてね。聞きたい、言いたい。サービスの提案はしている。受けてもらえない。Sさんの中に何か抱えてるんですか。それとも、ご本人、ご主人の状況がそれを受け付けない。もしくは、ほかに何かっていうか、そのあたりのとこも。

　Sさんが思い悩んでるということは、私も含めて、皆さんも含めて、もう十分感じているんだけど。じゃあ、その思い悩んでいる理由や事情っていうのを、それぞれがね。私も含めて、みんなどういうふうに受け止めているか、受け止めっていったらいいか。Sさんが、ご自身ではどうなんだろうと思って。

提出者：さっきもちょっとお話ししたんですけど、そ

5　スーパービジョンの実践展開　スーパーバイザーの視点と場面の組み立て

このお家の環境はよくないというところを、本人なりご主人には言えてないというところはあります。はっきり「こういう状態だから」っていう話がしにくいというか。言われてどうだろうとか、いろいろ考えちゃうのかな。

河野：Sさんの中で、本当は言いたいことを我慢しているんですか。このご主人なり、ご家族、息子さんに対して。そういうわけではない？※109

提出者：いや、たいていのことは言えてるような気がするんですけど。はい。言えてないとしたら、「お家やお部屋がおしっこ臭いから」という言葉は、言えてないですが。はっきり。

河野：なるほどね、うん。少し皆さんからどう見えてるかを聞いて、一緒に考えたほうがいいですかね、少しね。ここで2人で考えるよりもね。案外、自分では見えてない姿があるかもしれないですしね。じゃあ、あと5分ほどになるので、ちょっとだけお休みいただいていいですか。休憩取っててください。※110

＊109 バイジーの核心的な思い。グループの場面では、語られないままとなった。

＊110 バイザーとしては、援助者側の課題であると判断した部分。

補足

本事例においてスーパーバイザーが捉えていた「問題の中核」と「臨床像」

　自らの状況を受け入れながら夫を気遣い、妻としての自分を全うしようとしている妻。

　その妻を思い支えながら、家長としての自尊と尊厳（自覚的には威厳でもある）を保ち、役割を果たそうとし続ける夫。跡取りと願う息子への思いや期待も夫自身の意欲の維持を後押しする。

　それらの状況を肌で感じながらも、思いや期待に応えきれない葛藤を抱えながら実家に通ってきている息子。肌に感じて両親の状況が変化してくるなかで、対処しきれないやるせなさを感じ、両親とくに父親の立場を傷つけたくない思いや事態を打開したい思いもあり、葛藤している。自分自身を責めるような思いも湧き出ているようでもある。**［人と問題への理解］**

　一方、それらの状況を肌で感じ、感覚的には理解している援助職者（スーパーバイジー）は、介護福祉士としての経験と視点（要介護状態への認識など）も重ねながらニーズを捉え、介護支援専門員としての責務を果たしたいと思っている。夫婦それぞれの尊厳を傷つけまいと思う気持ちと、サービス導入（支援）の必要性を強く感じながら、夫の同意を引き出せずに葛藤してきている。尿臭などによって発せられてくるニーズに対応しきれない思いに加えて、そのことを情報提供という形で伝えてきているサービス提供者からのメッセージ（要請という形の圧力）もあり、自らの対応の不十分さを責めるように悩む援助職者。その苦悩する状況に加わる形で発せられてしまった息子からの訴え（メッセージ）は、言葉になりきれない様々な思いを援助職者自身に生じさせた。**［スーパービジョン実践を必要とした問題点（自覚されていた課題）］**

　夫の自尊を尊重し（見せかけの自己決定という形に捕らわれ）、息子への連絡を躊躇してきていた援助職者としては、親子三人の思いをそれぞれに

慮ってさらに動きが取れなくなってしまった。頭ではすべきことが浮かんでいるのに、実行に移せない。それは、夫の同意を得られずにきている自分自身の実践力への自信のなさと、本質的な自己決定を支援できないという実践力における課題（未熟さ）によるものである。本質的なニーズへの支援に踏み出せずにいる援助職者の状態や思いと、両親の老いを目の当たりにして手立てが見いだせずに苦悩する息子の状態や思いは、相互に類似して重なり、思わず本音を表出させてきた息子と思いもかけずに受け取ることになった援助職者。息子の動揺・葛藤に共鳴するように援助職者の感情も揺さぶられてしまうことになった。**[問題の中核（→気づきを必要とする＝自覚されていない課題でもある）]**

本事例においてスーパーバイザーが捉えていた
スーパーバイジーの課題

　スーパーバイジーに対するスーパービジョンは二回目であり、自らの思いや考えを言語化しきれない実践力上の課題のあることを事前に把握（評価）していた。その課題への取り組みがどの程度図られているのか、その成長・変化の度合いを量りながら、スーパーバイジー自身で言語化していくことに一つの課題（目標）を捉えていた。

　クライアントの状況とくに要介護等に関わるニーズの把握やアセスメントにおいては、それまでの経験を活かしながら状況理解には対応できている。一方で、コミュニケーションへの自信のなさ（情緒的レベルの課題）、面接力の未熟さ（技能レベルの課題）があり、夫婦・親子に対して踏み出せずにいる。さらに、その自覚と努力への意思もあるなかで、具体的な支援つまり真の問題をクライアント（ここでは夫・妻・息子）と共有し自己決定を支援する道筋（ここでは援助職者としての「私（自分）」に出来ること）が描けていない。

本事例においてスーパーバイジーに求められる取り組みや今後の方向性

　援助職者としての実践力を高めるために、クライアント・システムに生じている問題の中核を捉えるアセスメント力、そこに踏み込んでいける相談援助面接の力量が求められる。これらは継続的なスーパービジョン実践による振り返りと訓練を必要とするところであり、個人の努力だけでその達成はなかなか難しい。

　目の前の支援（クライアント・システム）に対する援助職者としての対処に向けては、スーパーバイジーの実践力を前提に実現可能とスーパーバイザーが考えていた内容は次の通りである。これのみが絶対的な内容ではないが、スーパーバイジーの意思と実践力（熟成段階）を尊重しつつ助言（提案）していくことになる。

　①息子と問題意識を共有し、「いま解決に向けて取り組まなければならない問題点が何であるのか」を確認していくこと。

　②その内容を踏まえて夫（父親）との話し合いに向けた方策を話し合い、息子と援助職者での役割を共有・分担していくこと。両親の尊厳を保ちつつも、取り組まなければならない状況に触れて踏み出していく必要がある。

　③援助職者が夫に対して現実を伝えていく場合には、息子が父親（の尊厳）を支えていく。息子が自ら父親に現実を伝えて話し合いを行うのであれば、援助職者が夫（夫婦）に添い支えていくことになる。また、いずれの場合であっても、援助職者には誠意をもって引き下がらない覚悟（本気で話し合うこと）も求められる。スーパーバイジーの人間性とこれまでの援助関係の積み重ねを鑑みれば、夫や息子は援助職者の行動を受け入れていくと判断できる。ただし、最初に行うべきは問題や方策への話し合いであって、対応に向けた（サービス利用などの）提案ではない。

第6章 実践編
地域、職場での実践を深めるために

第1節 自主活動としてのスーパービジョン実践

職業モデルへの出会いから

　スーパービジョンに対する関わりは、スーパーバイジーの立場とスーパーバイザーの立場の、大きく二つの視点から考えることになる。また、何れの場合においても、そのきっかけは自発的であったり、業務であったり、周囲からの働きかけであったりと様々に考えられる。これから本章で紹介する実践事例は、主としてスーパーバイザーとしての私自身の取り組みに関する経験的な内容であり、その捉え方には是非を含めて様々な見方があるものと予測される。ただ、本章で実践事例を取り上げて述べる一番の目的は、賛否に関わらずそれらの内容を通じてスーパービジョンに関わりだして欲しいという思い、スーパービジョンへの取り組みが広がっていって欲しいとの思い、きっかけづくりの一環である。そしてここで述べていく内容は、スーパービジョンに関する活動を開始・継続していく上での留意点、実施の方法や形態に主な焦点を当てている。

　私自身とスーパービジョン、もしくはOGSVモデルによるスーパービジョン実践との出会いは、第1章と第2章で述べたように業務として始まったものである。私は、援助職者としてのスタートとともに、スーパーバイジーとしてのスーパービジョン実践への取り組みを始め、その後は業務と業務外を通じて並行して進行してきた。さらにスーパーバイザーとしてのスーパービジョン実践への取り組みは、私に教えを求めて

きた一人のスーパーバイジーとの出会いをきっかけとしている。その当時の私は、医療ソーシャルワーカーとして仕事を始めて7年目のことであり、まだスーパーバイジーとしての自覚と立場にしかなく、私自身が何かを伝えるという意識も意欲もまだ持ってはいなかった。いま思えばその少し前、経験3年目で実習生を受け入れ指導をする機会を持っていたのだが、その際は委託された仕事としての認識であり、スーパーバイザーという意識はなかった。

　この二つの経験を得るきっかけには、私の中で一つの共通点がある。それは、私の背中を押した職業モデルの存在である。先の例では、依頼者である医療ソーシャルワーカーからの話を受けて、私は自分自身のスーパーバイザーに相談した。スーパーバイザーの答えは「やってごらん」であり、私自身の成長にも意義が大きいという理由から引き受けを促すものであった。後者の例では、地域に縁もゆかりもない新人の私を受け入れ、何かと指導をしてくれていた医療ソーシャルワーカーからの委託であった。「貴方の勉強にも実績にもなるから実習指導を引き受けて欲しい」という、エリア内の中心的存在である大先輩からの要請は、私のやる気を引き上げたことは言うまでもない。私にとって地域での目標である存在と援助職者としての目標であるスーパーバイザー、その二人からの後押しはスーパーバイザーとしての第一歩を踏み出すに十分すぎる動機づけとなっていた。そして、そのことへの感謝と恩返しの思いが、現在までスーパービジョン実践に取り組み続けてきている私自身の原動力にもなっている。つまり、二人のような医療ソーシャルワーカー（対人援助職者）になりたい、という職業モデルへの思いが、自信がないながらもスーパービジョン実践に取り組む私の拠り所になってきた。

実践力向上を目指した個人スーパービジョン（個人契約）

　まだスーパービジョン実践に自信がもてない私は、初めてのスーパーバイジーに対して、最低3人以上で一緒に学びにきて欲しいという条件を出した。それは、仲間をもつことで私に対する物言いができる状態

を、意図的に創ろうと考えたからである。さらに、私からの不十分な説明や指導に対しても、仲間がいれば一緒に振り返りができるし、学びや確認も深まるのではないかという思いや、複数の相手に伝わらないのであれば、私の方に課題があると容易に把握できるという、私自身の自己点検の意識もあった。実際に、3人編成の中で各回のスーパービジョンを自分たちで振り返っていて、次回には揃って前回の内容への質問を投げかけてきてくれた。何がどのように伝わっていて、何が伝わっていなかったのか、相互に確認しながらのスーパービジョン実践は、スーパーバイザー（見習い）の私にも大変有意義なものであった。

　このスーパービジョン実践は数年続いたが、最初の時期はポジショニング視点による問題の捉え方（問題を四つに分けて整理してみる）などについて、3人の事例を交互に持ち寄って検討し、解説を加えるという方法が中心になっていた。また、3人が話し合うという形ではなく、私の質問に3人がそれぞれに応え、相互の違いを感じながら考察を繰り返す形になっていた。これは、グループスーパービジョンとしてではなく、個人スーパービジョンとしての実践スタイルであり、見習いの私があえてそのようなスタイルをとっていた。そして、ポジショニング視点についての取り組みが一通り終わった頃合いに（確か1年以上が経過していた頃に）、事例検討を通じた話し合いの方法へと移行していった。この数年の取り組みを振り返って、3人は「スーパーバイザーが決して批判や間違いを正すような指導をしないことは、やってきてプラスになっている」「他のメンバーに支えられるような気持になり、前向きな自分になれる」「なぜ？どうして？を深められた時、スーパービジョンの必要性を実感できたように思う」というような感想をそれぞれに示してくれている。[1]

　その後、このスーパービジョン実践について掲載した地元の研究冊子をみた新人の医療ソーシャルワーカーが、私からの個人スーパービジョンを求めて相談してきた。大学を卒業して間もない新人からの連絡には正直驚いた記憶があるが、彼女は大学時代の教員に影響を受けていて、

学生として教わった内容と私の拙い論文の内容が重なったことがきっかけと説明してくれた。そしてその内容から、個人スーパービジョンの契約における主旨は「人と問題を理解する視点」と「援助関係の形成に関する実践力」となった。当初は月1回のペースで、バイステックによる「ケースワークの原則」の内容を実践事例の中で読み解いていく内容から始め、ポジショニング視点の習得へと移行した。スーパーバイジーにおいての職業モデル、目指したい援助職者の姿とそのために学ぼうと考えている内容が明確であったことから、スーパーバイザーとしての私の役割も自覚しやすかった。実はこの時、彼女が職業モデルとしていた大学教員は、偶然にも私と同じスーパーバイザーの下で学んだ仲間であり、スーパービジョン実践の広がりと継続の姿を実感する出来事でもあった。彼女の中で内容が重複して捉えられたのはそのためであるが、それを感じ取った彼女の学びと感性が力となり、その後の実践力向上の土台にもなっていった。

実践力向上とネットワーキングを目指したグループスーパービジョン（自主グループ）

　スーパービジョン実践の契約が、自主グループを単位とする形態もあり、この場合は学びの仲間を求める動機によるものが多いようにも思われる。なかでも、私が対応してきたグループの形態は、大きく二つのパターンで分類される。一つは、グループ編成の後にスーパービジョン実践の依頼を受ける場合であり、もうひとつは私自身がグループ編成に関与している場合である。

　前者では、例えば新潟県医療ソーシャルワーカー協会の会員有志がグループを立ち上げ、スーパービジョン研究会として同協会の助成を受ける形で運営されてきている。この会との契約は、文書による契約書が作成されており、3期目となる現在まで契約の更改とともにメンバーや内容が変化してきている。そもそものグループ編成の目的は、スーパーバイザーとしてスーパービジョン実践を学び、自らの実践力を高めながら

スーパービジョン実践の方法をトレーニングすることに置かれており、この点では3期にわたって一貫している。一方で、取り組みの目標や方法においては、3期それぞれに変化してきている。1期目はOGSVモデルによるスーパービジョン実践の方法、特に臨床像を捉えて言語化するという過程を体験し、事例検討からの学びの視点を習得しようとすることに置かれた。当然ながらその方法は、実践事例を順に持ち寄っての事例検討であり、スーパーバイザー（役）は私が直接担当した。2期目は、話題提供者とスーパーバイザー（役）を持ち回りで行う方法で設定され、実践事例に限定せずに各自が自己課題を持ち寄った。人事異動にともなう戸惑いがテーマとなった回や、業務課題の整理や取り組み方法がテーマとなった回もある。もちろん相談援助の実践事例が提出された回もあるが、その形式や内容は多様性と自由度を増していた。この時の目標は、スーパーバイザーとしての問題解決力・指導力の向上に主眼が置かれており、ポジショニング視点の基盤を学ぶ場となっていた。そして現在は3期目であり、事例検討によるグループスーパービジョンの形態に戻っているが、スーパーバイザー（役）は持ち回りであり、私の役どころは助言者である。今回の主題は、職場や地域でのスーパービジョン実践とそのための訓練であり、スーパーバイザーとしての自立に目標が置かれている。

　一方の後者のパターンでの取り組みとしては、例えば私の部下（当時）の学びの場を設定するために立ち上げた自主グループによる活動がある。職場での個人スーパービジョンだけではどうしても業務優先の視点となるため、彼の成長には職場を越えた学びの場と仲間が必要であると考えてのことである。私をスーパーバイザーとする形で同期の新人医療ソーシャルワーカーに声をかけるよう彼に促し、彼自身が人選と声かけを行って数人ほどで構成されるグループができた。部下である彼を除けば自主的に集まった仲間たちであり、彼にとってのネットワークとしても機能することになった。指定書式に従って実践事例を順に持ち寄り、事例検討による学びを基本としていたものの、一巡目は相互の仕事

の紹介や比較が主題となった。二巡目以降は、インテークやアセスメント、援助面接などの実践場面を題材としながらポジショニング視点を主題に三巡程度を繰り返し、その後は困っている事例を持ち寄るようになっていった。そしてグループとしての終結期の頃には、各自が自己の実践力の課題を主題として実践事例をまとめてくるようになっていた。このグループにおいては、一巡が終わるごとに継続の意思を話し合いで確認し、全員一致によって継続を決定しており、数年を経過したところで終了となった。新任者の時期を過ぎたことやメンバーの結婚などが区切りの理由であった様子である。ただ、彼は上司である私が既に職場を退職していたこともあり、私が引き受けていた別のグループに合流する形で学びを継続したいと希望した。彼の継続の理由は、面接を通じた援助実践の力を高めたい、との動機であったと記憶している。（現在はそのグループも終了している）

実践力向上を主題とするプログラム設定（自主訓練）

　個人契約によるスーパービジョン実践でのプログラムは、スーパーバイジーの問題意識や目標を軸にして設定する必要がある。当然ながら、スーパーバイザー自身の力量を自覚するなかで、引き受けられるか否かの判断を行う必要もあり、期待される内容に応じることができないのであれば、引き受けるべきものではない。また、グループへの対応においては、目的意識と実践力において、ある程度の範囲で共有できる構成であることが望ましい。目的意識の相違が大きくなると、参加意欲の低下が起きて集まりが悪くなったり、活動内容への意見のまとまりを欠くなど、運営に支障をきたしやすくなる。さらに実践力の差が大きい場合には、実践過程における発言内容での影響や偏りを生じる可能性が高くなる。グループスーパービジョンは、グループメンバー相互の力動関係を生かした学びの場となるため、その関係性や影響にも気を配る必要がある。その分、スーパーバイザーの役割や負担も増えることになり、スーパーバイザーの力量として統制可能な範囲での力動関係でなければ展開

そのものが行き詰る。つまり、グループメンバーの力量の差を排除するということではなく、力動関係を活用していくスーパーバイザーの視点に立って見極めていければよい。

加えて、OGSVモデルによってスーパービジョン実践を行うことになれば、個人やグループの形態を問わず、その主旨や方法を説明するとともに、ポジショニング視点への学びの過程をプログラムに組み込んでいく必要性が生じる。その時期や方法は、スーパーバイジーの状態によって異なるため、スーパーバイジーへの評価を基に検討することになる。例えば、先述の新人グループを対象としたプログラム設定では、援助職者としての自己のポジショニングを行うことから始め、クライアント理解のためのポジショニング視点までを第一段階として実施した。第二段階は、ポジショニング視点を土台に援助職者としての実践を具体化していくことが主題となり、相談援助面接やアセスメントなどの具体的な援助実践の場面に応じた事例検討が主になった。その後の第三段階は、各自が困っている事例を持ち寄っての検討になったが、臨床像の明確化を内容とするプログラムであった。新潟のスーパービジョン研究会でのプログラムがスーパーバイザーを目指す中級向けだとすれば、新人グループへの三段階のプログラムは初級向けの基本型である。

このほか、第一段階で相談援助面接の基礎を自己点検し、ポジショニング視点による考察方法も学びながら、第二段階として臨床像の形成と問題の中核を捉える事例検討、第三段階で臨床像の言語化による援助実践への反映（フィードバック）を学んでいくプログラムも、複数のグループや個人を対象に行った。このプログラムを適用することになった対象を振り返ってみると、少なくとも援助実践に関する3年から5年以上の実務経験を必要とするように考えられる。一方で、いわゆる10数年を超える中堅以上の指導者レベルのプログラムでは、後輩や部下への指導、職場の人間関係や利用者からの苦情への対応など、問題意識や学びへの動機が大きく変化することが多くみられ、プログラム設定も個別的で多様化する傾向にある。ある管理職をスーパーバイジーとする個人契

約のスーパービジョン実践では、部内の人材育成と指導者の養成、業務の運営と管理、組織的マネジメントという、三つの課題（目的意識）の下にプログラムを設定し、各回にスーパーバイジー自身が取り上げた具体的な実践事例を通じて、それぞれの課題に焦点化しながら展開した。そこでの基本的な流れは、「報告→確認（質疑応答）→意見交換→提示（助言・指導）→考察・振り返り⇒現場へのフィードバック（実践）⇒結果の報告→確認（検証）→総括・振り返り（助言・指導）」となっており、職場内での実務的な指導方法を意図した構成とした。

振り返りを求めるスーパーバイジーへの個人スーパービジョン（自己点検）

　ところでスーパーバイジーがスーパービジョン実践の場に求めてくる主旨は、実践力向上だけではない。例えば、介護支援専門員のあるスーパーバイジーが、地域包括支援センターから一方的に伝えられた担当交代の事例について自己点検を求めてきたことがある。またある地域包括支援センターの主任介護支援専門員は、地域の介護保険サービス利用者から担当ケアマネジャーへの不満を訴えられた事例への対応について検証を求めてきたこともある。立場の異なる援助職者が、他の専門職との関係性の中でクライアントに向き合う場面は、とかく葛藤を生じやすい。スーパービジョン実践では、このような援助職者自身の葛藤や不安などから持ち込まれる、検証や自己点検の主旨も少なくない。

　ある時、地域包括支援センターに所属する一人の援助職者が、介護保険サービスを利用する家族への対応に苦慮するなかで、個人スーパービジョンを依頼してきた。主任介護支援専門員でもあるその援助職者は、要介護者の家族から寄せられる介護支援専門員への不満や苦情に対応することが多く、要介護者を担当する介護支援専門員と要介護者・家族の間に立って奔走していた。そしてスーパービジョン実践に持ち込んだ問題意識は、特定の対応例に関するものではなく、多くの対応のなかで重ねてきた自らの立ち位置や対応方法について点検したいという主旨だっ

た。そこで、当初はまず3回ほどの予定で事例を検討し、実践力の検証を図ることになった。まず1回目には、エコマップの検討を通じて実践方法や視点の傾向と課題を確認した。また2回目には、実践力の自己評価を図るなかで、コミュニケーション力の具体的な課題が見出された。ここで本来であれば、3回目に専門職としての思考過程を検証し、実践場面におけるポジショニングの再考を図る計画になっていた。ところが、3回目の当日になって、当初予定していた内容（設定課題）ではなく別の実践事例に関する実務的な課題に取り組むことになった。スーパーバイジーが直面していた実践場面について、相談を含めて確認を行いたいとの申し出があったためである。

　少々思いつめたような報告となった実践内容は、介護支援専門員の交代を求めるクライアントからの相談に応じて、数か月の対応を重ねたものだった。スーパーバイジーとしては、クライアントの情緒的な怒りとそれを介護支援専門員に言えない葛藤を感じ取り、どうにか関係の修復が図れないかと模索しての数か月間であった。クライアントによる訴えの主旨は、上から目線で自らの意見（サービス利用や日常の対応に関する内容）を押し付けてくる介護支援専門員に耐えられない気持ちと、「怖くて何も言えない」という内容だった。スーパーバイジーとしては、介護支援専門員のアセスメントやプラン（提示）自体は妥当なものであると認識しており、あくまでも援助関係における情緒的な不調が要因であると判断していた。そのため、介護支援専門員を交えた話し合いを含め打開策を模索したものの、相談していること自体を当の介護支援専門員には伝えないで欲しいとクライアントより強く求められるなかで、単独での苦しい対応が続いていた。そして改善が得られないまま、「これ以上耐えられない」というクライアントの決断と要請によって、後任の人選を含めた担当の交代に対する調整を求められるに至った。だが今度は、家族の意向と経緯を伝えたスーパーバイジー（地域包括支援センターの主任介護支援専門員）に対して、介護支援専門員が怒りをぶつけてきたのである。介護支援専門員自身の介在がないまま、いきなりの担

当交代となったことで、地域包括支援センターや主任介護支援専門員の役割を果たしていないという不満となって跳ね返ってきた状況である。

　この時のスーパービジョン実践では、スーパーバイジー自身の実践力と対応方法が検討課題となり、実務的な対応経過の検証作業とともに展開したが、あわせてスーパーバイジーへの情緒的な手当てを必要とした。スーパーバイジーにしてみれば、自らの力量不足から調整が不調に終わったと自覚しながらも、他の事例を含めて長く連携してきた関係性にある介護支援専門員が、自らの努力に対して一定の理解の下に受忍してくれるものと思っていた。そのため、予想を超える介護支援専門員の怒りに触れて、受け止めきれずに落ち込むと同時に、一方的に攻め立てられたことへの反感も感じ始めていた。スーパーバイザーとしては、波長合わせや臨床像の共有を通じて、スーパーバイジーの気持ちを整えるための対応にも気を配ることになる。感情的なままでは、提示される情報が一面的になりやすく、何より冷静な振り返りや検証が図れない。

振り返りを求めるスーパーバイジーへのグループスーパービジョン（検証と訓練）

　援助職者が自己点検を課題とするきっかけの一つに、クライアントからのメッセージによる場合がある。例えば、要介護者のグループホーム入居を突然家族より告げられたことがきっかけとなり、介護支援専門員自身が自らの対応を振り返ることになったグループスーパービジョンの場面がある。事例提出者から出された検討課題は、クライアントへの理解を含む自らの認識と対応の検証であった。事例提出者は、前任の介護支援専門員から引き継ぐ形で、要介護者と主介護者である姉妹への支援を担当することになった。要介護者である姉は軽度の認知症を指摘されながらも、出来るだけ妹への負担をかけないようにしたいと語り、穏やかに過ごしていた。その姉を引き取って同居し、自身の娘家族とも同居しながら生活を切り盛りしている妹は、介護保険サービスを利用しながら姉との生活継続を希望していた。前任者の異動に伴う担当者の交代に

対して、妹は「ケアマネジャーさんは、急な交代なのですね」と戸惑いを見せながらも、「事情が事情だから、これまで通り（の介護保険サービスの利用内容）でお願いします」とケアプランの継続を求めた。前任者から姉妹の関係の良好さと安定したサービス利用の経過を引き継いでいた事例提出者は、釈然としない違和感を覚えながらも、ケアプランを継続する形で対応を始めた。

　その後、妹の介護負担と姉〔要介護者〕の意向を気にかけながら事例提出者は対応を重ねたが、掴みきれない姉妹の真意に戸惑いを感じる日々が続いていた。要介護者本人の意向を確認したいと姉自身に語りかけても、「妹に聞いてもらったらいい」との返答が繰り返されるばかりである。妹の方は、ショートステイ・サービスの利用頻度の日数を多少増やしたのみで、「いつまでも今のように、一緒の生活を続けられるわけではないと思っている」と将来的な姉の施設入居に言及しながらも、現状の継続を希望しているようであった。それでも、事例提出者の判断で先々の準備を支援しておこうと近隣の入居施設の情報を集め始めていた矢先、妹から姉のグループホーム入居を決めたとの報告を受け取った。突然の知らせに驚きながら、姉の本意が気がかりだった事例提出者は、姉自身にも会って話を聴いたが、姉も自らが妹宅を離れてグループホームに移り住むことを理解しており、受け入れている様子にも見えた。それでもと考えて入居当日も同行した事例提出者であったが、自ら荷物を準備して出かけていく姉の姿をみても、納得しきれない引っかかりを感じたままであった。自らの理解が足りなかったのではないか、姉妹への支援に不足があったのではないか、なぜこのような急展開に至ってしまったのか、事例提出者は自らの反省点も見えないままにグループスーパービジョンの場に臨むことになった。

　自主グループによるこのグループスーパービジョンでは、「出来る限り自分たちで臨床像の明確化を図る」とする共通テーマの下、司会・進行役をメンバーが担当し、スーパーバイザーとしての私は助言者として参加している。この時に設定された検討課題は、事例提出者のもやもや

感を解きほぐすことを目標に、「本人（姉）の本当の思い」を捉えることと、支援経過で「もっと何ができたのか（不足していたのか）」を振り返ることが、検討課題とされた。そして共有された臨床像は、姉妹関係と家族システムに問題の中核を焦点化した「互いに気遣う姉妹」の姿であった。ライフヒストリーを丁寧に整理するなかで、6人きょうだいの第一子長女である姉と末の妹との関係性は、60年を超える姉妹関係の歴史のなかでひときわ強い思いで結びついていると考えられた。妹は転居してまで姉との同居を選択しており、姉に対する敬意さえ感じさせるものであった。一方の姉は、そんな年の離れた妹を大切に思い、子どものころから可愛がってきたのであろうと思われた。両親を看取り、自らの病気を機に妹と暮らすようになってからは、妹の身を気遣いながらの暮らしであったとも察せられた。そのようななかで、妹が体調を崩しており、それぞれに人生の決断を行ったとの理解に辿りついた。姉は自らが妹の負担となることを望まず、妹は姉の生活の安定を図った。その結果が、グループホーム入居という決断となった。また、突然の展開となった理由としては、新しく開設されたグループホームであったことから受け入れ決定までの対応が早かったことと、自ら情報を入手し行動する妹の生活力の強さとして認識された。つまり、介護支援専門員に相談するまでもなく対応できたとの見解である。グループで共有化された臨床像は、このような主旨のものであった。

　さらに、スーパーバイザーとして助言（追加）を行った視点は、クライアント・システムと事例提出者の援助関係への焦点化である。妹は介護支援専門員をどのように認識していたのか、後任である事例提出者をどのように位置づけていたのか。これらをポジショニングの視点から問いかけ、問題の中核を含む臨床像への反映を促した。問いかけを受けてグループメンバーは、担当者の交代を問題の中核として焦点化した上で、援助関係がどのように受け止められるか（臨床像）を話し合った。事例提出者とクライアント・システム（姉妹）との信頼関係は形成されているとした上で、様々な意見が出された。事例提出者としては、感覚

的には感じ取っていた妹の変化について、(介護負担と受け止めていて)踏み込みきれなかった自身の実践力を振り返った。それを受けてスーパーバイザーは、「ケアマネジャーさんは、急な交代なのですね」「事情が事情だから……」という妹の言動に焦点化し、前任者との関係性や突然の担当者交代という妹の経験が、後任の介護支援専門員(事例提出者)との関係の取り方に影響している可能性を示唆した。クライアントとの援助関係を、そのまま別の援助職者との関係性に移行することは不可能である。しかし、クライアントにおける過去の援助関係や紹介者との関係性が、その後の援助職者とクライアントとの援助関係に影響することも避けられない現実である。援助職者はそのことに留意し、前任者との交代に臨む必要がある。つまり、引き継いだ直後の妹の発言に焦点化し、早い段階で姉妹の思いを言語化できていたならば、妹の決断に先だって何らかのメッセージを受け取る可能性が高まっていたことになる。

第2節 業務に一体化して実施するスーパービジョン実践

職場内での位置づけ

　私自身がこれまでに職場内の位置づけで実施してきているスーパービジョン実践は、部下および法人内の後輩や新人に対する育成指導・監督指導としての実践、委託契約によるスーパーバイザーとして特定の機関(部署)に赴いての実践、所属職員を対象とする研修に対応した形での実践に分けられる。この中には、スーパーバイザー養成を意図した継続的育成プログラム(研修)として受諾した例や、他機関や他の部署からの派遣(研修や出向)による育成指導として対応した例が含まれる。

　何れも個人スーパービジョンとグループスーパービジョンの形態を主とするが、業務との関連による位置づけは様々であり、展開や内容にお

いて異なるところも多い。何よりもスーパーバイザーの立ち位置の相違は、スーパーバイザーに対するスーパーバイジーの意識に影響するため、スーパーバイザーの責任や権限の範囲に留意しておく必要がある。本来、スーパービジョンは職場内で職種や専門性を同一にして行われるものとされるが、その条件下であってさえも組織的位置づけや目的・主旨の異なる基盤の影響を受けながら個別的なスーパービジョン関係を築き上げなければならない。

　職場内におけるスーパービジョン実践で直面するもう一つの状況は、対象となるスーパーバイジーの力量の幅である。機関の規模や実情によって異なるものの、特定の部署に限定してみれば、対象となる人員の数はそれほど多くはならず、経験年数や年齢、役職などもまちまちとなる。特にグループでスーパービジョン実践を行う場合には、自主グループを編成する時のようにあらかじめ構成メンバーの力量や条件設定を行うことは困難であり、この差異を意識するなかで適切なスーパービジョンを展開するのは簡単ではない。また、経歴や力量の差異が少なく同様のスーパーバイジーである場合であっても、同一職場というなかでの仲間意識やライバル意識が影響しやすく、関係性に気を配った対応がスーパーバイザーには求められてくる。一方、個別に行うスーパービジョン実践の場合では、職場内で複数実施することによって、それぞれに異なった内容や課題が盛り込まれることになるため、スーパーバイジー相互の関係性や情報交換などにも気を配ることになる。

　なお、ここでいう職場内でのスーパービジョン実践は、業務として行われている主旨のものであり、職場内の有志などによる業務外の活動を含まずに述べている。それは、業務として行われるスーパービジョン実践においては、スーパーバイザーやスーパーバイジーの責務が明確であり、人事考課などとの関連性が切り離せないものである一方で、業務外ではそれらの関係性が本質的に存在しない（関連させるべきではない）という、全く異なった位置づけとして捉えられるためである。ただ、私自身はこのような業務外の活動を否定しているわけではない。取り組み

が業務上であるか否かに関わらず、スーパービジョン関係における両者の責任が明確であり、業務に関連する援助実践がテーマとなるスーパービジョン実践であれば、援助職者としての専門的活動に位置づいていると考えるからである。大切なことは、いずれの場合においても職場や上司など組織上の理解が不可欠であり、スーパービジョン実践の内容がスーパーバイジーの置かれている状況や職場事情に適合しているかどうかということにある。

人材育成を図る個人スーパービジョンの実践

職場において個別に行われるスーパービジョン実践では、それぞれに期待される役割や業務遂行能力などを基準に、個々の評価に基づく具体的な目標の設定を行うことになる。先述の、部下で新人の医療ソーシャルワーカーに対するスーパービジョン実践においては、職場の基準に基づいて部門ごとに定められた課業と職能評価基準があり、その内容を基に年間目標と毎月の取り組み課題を設定していた。表1はその一部分であるが、それぞれの項目は医療福祉相談を行うソーシャルワーカーとしての業務と実践力を想定して私自身が作成したものであり、法人内の医療ソーシャルワーカーに共通する職能評価基準となっていて、今現在（平成30年度以降は改定予定）も使用されている。

同病院を含む法人では、早くから人事考課制度としての課業目標とその評価基準を導入しており、基本フォーマットを基にした各課ごとのOJTシートが作成された上で、課内で求められる業務や職務能力が具体的に明示されている。私の着任当時は、ちょうどこのOJTシートの見直しの時期にあったことから、上位管理者の了解の下にスーパービジョン実践を意図した内容と表現に基づいて改定を加えた。その結果、フォーマットの「業務」—「課業」—「課業内容」—「課業内容レベル」に基づき、「相談援助面接」「電話相談」「退院計画・支援」「ネットワーキング」など17の基本業務（3病院共通）と病院別によって構成される業務を設定した。全体では基本業務だけで課業が54項目、課業内容

表1　OJTシートの内容例

課業内容（初級レベルから上級レベルを含む）
医療福祉相談室の利用方法が説明できる
医療福祉相談室の役割が説明できる（対応の可能な相談内容・範囲の説明）
相談の主旨・主訴の把握ができる
相談の当事者が誰か（クライアント）を把握できる／問題の所在を判断できる
相談動機が把握できる／来談の理由や紹介経路の把握
来談者と患者様の関係が把握できる
基本情報の聴き取り・把握ができる（フェイス・シートの作成レベル）
表出している問題が把握できる／当事者の自覚する問題の聴き取り・確認
課題分析に必要な基本情報の項目を理解している（アセスメント・シートの必要項目）
課題分析に必要な基本情報の把握ができる（アセスメント・シートの必要項目の記述）
課題に関連して潜在化している情報を把握できる／因果関係の把握・奥行き情報の発見
クライアントを取り巻く対人関係の状況が把握できる
相談の継続が必要か否か、相談継続の必要程度が判断できる
相談の継続が必要な内容を説明できる
必要な相談継続への動機付けが図れる／必要な相談援助面接への継続が図れる

は難易度をフォーマットに合わせる形で具体化し、初級レベル、中級レベル、上級レベルの200を超える評価項目によって構成される。そして表1は、「相談援助面接」（業務）における「インテーク面接」（課業）の課業内容に関する部分の抜粋である（相談援助面接の課業は、「インテーク面接」や「情報収集」、「アセスメント」など7つの課業に分類している）。

この「課業内容レベル」の達成状況が、組織的には昇給や昇任等の判断材料となるが、課内におけるスーパービジョン実践はそれらの内容や評価作業と連動する形で実施されてきている。具体的には、まず年度初めに前年度の達成状況をスーパーバイザーとスーパーバイジーが個別に記入し、その突き合せを行う。内容の相違については意見交換を行って認識の共有を図り、その結果に基づいて当年度の年間目標を相互に話し合って決めていく。この作業のなかで、達成を目指す課業内容や割合、そのための取り組み方法やスケジュール、評価指標（何をもって達成状況を判断するか）などが具体化していく。なお、新採用の場合には、当初に内容の説明を行い、その後は折りに触れてその内容を説明しながら業務の指導にあたる。（人事考課上の評価は、二次評価者である部長職が確認・修正を図り、その結果は両者に非開示である）[2]
　そして現在、同病院の医療ソーシャルワーカーに対するスーパービジョン実践は、かつて新人であった医療ソーシャルワーカーが責任者（現在は中間管理職に準じる立場）として実施するとともに、私が非常勤スタッフとして定期的に赴いて共に実施している。スーパーバイザーとしての私の立ち位置は、部門のスーパーバイザーである彼（責任者）に対する補佐とスーパービジョン実践であり、スタッフの育成担当である。少々わかりにくいが、責任者自身に対するスーパービジョン実践を行うとともに、本来は責任者がスタッフに対して行うべきスーパービジョン実践の一部分を補佐し共に行うことが、私の主な業務となっている。つまりスタッフから見れば、上司と私の二人のスーパーバイザーがいることになり、業務権限を持つ責任者に意見する立場として私が見えている。そのため、私と責任者である彼との連携（関係性）は重要なものであり、常に相談・協議と報告を行いながらスタッフに向き合っている。このような位置づけの中でのスーパービジョン実践では、時にスーパーバイジーより自己検証や再点検の場として活用されることがある。上司から行われた指導や業務上の指摘をきっかけとして、スタッフが再確認するように育成指導を担うスーパーバイザー（私）に「振り返りを

したい」と申し出てくるという訳である。この際の私の役割は、指摘を受けた場面を振り返りながらどのような実践力が課題となっているかを話し合い、実践力向上やより良い業務展開を目指した取り組みへの示唆を提供していくことになる。これによって、二人のスーパーバイザーの中で共通する評価を土台としながら共に支持機能を発揮したうえで、管理機能と教育機能を両者で分担していくことになる。二人の間での認識の相違による混乱のリスクはあるものの、スーパーバイジーにとってはより理解を深める再確認の機会になっているようである。

　ところで、かつて私がこの病院の医療ソーシャルワーカーとして常勤で勤務していた折には、スーパーバイザーの訪問による形態とスーパーバイジーの出向による実務指導の形態によって、同法人内の他の病院に勤務する医療ソーシャルワーカーへのスーパービジョン実践を担当したことがある。前者においては、新採用の時期から3年程度が経過するまでの期間において月1回程度で現場へ出向き、電話相談への対応や相談援助面接などの実務場面を通じたスーパービジョン実践を行った。

　一方、出向形態による対応は交換研修の位置づけで行われ、先述の部下と入れ替わる形でスーパーバイジーが現場に入った。期間は6か月間の予定とされ、主に退院援助に向けたクライアント理解や相談援助面接の力量アップが目的とされていた。急性期とリハビリテーションという病院機能の相違はあったものの、相談援助の実務経験を経ての研修であり、1か月程度の準備期間を経て実務を担当することになった。そして、彼女が最初に担当することになった相談事例は、難病を抱える患者の治療方針の選択に向けて今後の対応を家族と話し合うという場面から始まった。主治医からの電話による一報は、「開発中の治験薬の効果が大学病院で確認されたものの、現在の保険診療では対応が困難な難病であり、余命をにらみながらの治療方針の決定が必要だが、家族が決められずにいるので相談に乗ってほしい」という主旨であった。治療方針の自己決定に関する相談援助そのものは、彼女も本来の職場で何度となく経験してきた実務である。スーパーバイザーの目が届く面談室まで案内

した上で、ご家族との相談を始める心積もりで病棟に向かった彼女は、1時間を過ぎても戻ってこなかった。その後ようやく戻ってきた彼女は、「そのまま病棟で相談が始まったみたいだね、終わったのかな」との私からの問いかけに対して、「まだです……ご家族にはお待ちいただいて、（スーパーバイザーに）相談に戻ってきました」と答えた。彼女が面談に行き詰ったことを理解した私は、家族を待たせているため「5分以内で状況を報告して」と彼女に説明を求めた。家族は三つの選択肢を主治医より提示されており、その内容は理解しているようであった。その上で、相談を担当する彼女に対しては、患者である母親が子である自分たち兄弟を、女手一つで苦労しながら育ててきてくれたいきさつを30分ほどかけて話してくれたという。彼女は傾聴し、家族が母親を大切に思う気持ちを受容した上で、今後のことを話し合おうと声をかけたところが、家族は「ですからね……」と、それまでと同様の話を再度30分かけて繰り返したというのである。そして、同じやり取りが再び繰り返されて三巡目に入った段階で、家族の許しを得て彼女は一時的に戻ってきたということだった。

「母親を大切に思っているそのご家族が、いま決断を迫られていることは何？」─私

「三つの治療方針から対応を決めることです」─彼女

「30分かけて母親との生活歴を話した家族の理由はなんだろうか」─私

「……決められないということだと思います」─彼女

「なぜ決められないのだろうか」─私

「……わかりません」─彼女

「それぞれの選択肢を選んだとして、その後にお母さんはどうなるのだろうか」─私

「余命が半年から1年と言われていて……病院かご自宅で亡くなられることになるか……」─彼女

「ということは、家族が決めることになるのは、いつどこで母親が亡くなるか……その時と場所を決めるということにはならない？」─私

「そうですね……決められるはずないですね、お母さんがいつ亡くなるかなんてこと……」―彼女
「どうする？」―私
「もう一度ご家族と話してきます」―彼女

　そう言って再び病棟へと向かった彼女であったが、今度はご家族を伴って相談室へと戻ってきた。当初は母親が入院する病室近くのロビーで面談を希望していた家族ではあったが、相互の話が先に進まなかったことから、上司（私）の同席による面談に家族が了承して訪れてきたものであった。改めて面談を再開し、途中から私が対応を引き継いだ上で、母親の死期にかかわる決断を求めている病院側の姿勢を謝罪するとともに、家族の苦悩に対する理解を言葉にして表した。「そうなんです。……わかってもらえますか」。家族は揃ってそう言うと、兄の方が背広の胸ポケットからメモを取り出し、兄弟で話し合った希望の内容を説明し始めた。第四の選択肢とも言える家族の希望は、主治医の説明や医療保険上の事情などにも理解を示した上で、可能な限りの治療を母親に確保したいという主旨の内容であった。結果としては、家族が第一に希望した治験薬を用いた保険外診療での入院継続は叶えられなかったものの、その希望を受けて病院内で話し合いが行われたこともあり、主治医から示された選択肢の一つで後日に決断を下した。このように、この場面では実践的な対応を見せて示すというライブスーパービジョンの形態によって、クライアント理解や相談援助面接の力量アップという課題への取り組みの場を彼女に提供した。

　その後の彼女は、それまで以上に誠意をもって相談援助面接に当たるようになり、クライアントへの理解を言語化できるようにもなっていった。そして、特別養護老人ホームからの入退院を繰り返す患者の家族と相談を重ねていた折、患者の死という形で相談援助の終結に至る場面があった。それまでリハビリテーション病院勤務であった彼女にとって、自らが担当する患者の死亡退院に直面することは、初めての経験であった。しかも、特別養護老人ホームの介護状況に不安を訴える患者の妻へ

の相談にあたっていたこともあり、患者の死が彼女の中で可能性としては認識されていたものの、その現実に直面して退院調整を担っていた自分自身の役割や姿勢における迷いを深める状態に陥った。このとき、スーパーバイザーとしての私に、葬儀が一段落する時期を待って、自宅にいる家族のもとに彼女を連れて行った。その時の家族は、共に悩みながら患者の退院を願っていた彼女の仕事ぶりに感謝の気持ちを伝えるとともに、口惜しさや切ない思いも話してくれた。この経験を得て、彼女は退院に関する相談援助の意味を再び考えられるようになり、退院が相談援助の終結（ゴール）とは限らないことに気がついたようである。このように実務を通じての様々な経験は、スーパーバイジーである援助職者としての学びの源泉となるが、その経験から何を得ていくのか、その後の自分にどのように生かしていくのかについては、スーパーバイザーの支援を必要とすることが少なくない。それ故に、私は職場でのスーパービジョン実践においては、実務だけを主題とせずにスーパーバイジーの思いや情緒的側面にも焦点を当てた展開を心がけるようにしている。

職員グループへのスーパービジョン実践（部内研修、人材育成等）

　さて、先述の病院内における医療ソーシャルワーカーを対象としたスーパービジョン実践は、業務に合わせた随時対応と日時設定による定時対応での個人スーパービジョン、課員が参加してのグループスーパービジョン、さらには法人内2病院の医療ソーシャルワーカーが会しての課内研修によるグループスーパービジョンの、大きく三場面で実施されてきた。まず随時対応による個人スーパービジョンは、相談援助の実践過程に応じてリアルタイムで行うことから、実践記録やバイジーからの経過報告を基にした具体的な実践内容が焦点となる。また定時対応の個人スーパービジョンは、経過途上や終結時・後の評価（効果測定）を通じて、実践内容の検証とともにバイジーの実践力や課題、達成状況がその焦点となる。一方で、課員が参加してのグループスーパービジョンは、職場体制や業務分担など部門内での共通課題に対する内容と、個々

の実践内容を通じた実践力向上に対する内容とに焦点化して行われる。いずれの場合も、情報交換や意見交換、話し合いを通じた展開が中心となり、それぞれの具体的目標や課題などを確認して終了する。業務ミーティングや職場会議とは区別して実施しており、業務分担や役割に関する協議はスーパービジョン実践の場とは別の機会としているが、実践力と難易度に応じた相談援助の担当者の変更やケースごとのバックアップ体制の構築については、スーパービジョンの内容に含めている。また、課内研修として実施するグループスーパービジョンでは、各自の年間目標に焦点化しながら各回のテーマ設定を行い、輪番で事前資料を準備して取り組んでいる。例えば、「課題分析に必要な基本情報の把握ができる」という課業内容の達成を目指してバイジーであるスタッフが参加し、その中の一人のバイジーが「面接技術の習得・向上」をテーマに実践事例を報告する。さらには「実践上の課題が発見できる」という課業内容（課業大項目「スーパービジョン」）に取り組む別のバイジーが、その場の進行役となって「面接技術の習得・向上」をテーマとした事例検討（会）を行うというような展開となる。

　定例の課内研修として実施されたある日のグループスーパービジョンは、公費医療制度を素材とした課題設定によって展開した。参加メンバーは、課員である医療ソーシャルワーカー4名と看護師1名に、私を含めた6名である。業務時間内に1時間少々の予定で開催することとし、4年目になる医療ソーシャルワーカーが制度の説明を行う面接のロールプレイの形態で行った。クライアント（患者・家族）役は、公費医療制度を学び内容を理解する必要のあった退院支援を担当する看護師と新人医療ソーシャルワーカーが担った。この時のそれぞれの課題は、退院支援看護師は制度への理解と活用のポイントを理解すること、新人医療ソーシャルワーカーは制度内容を患者視点から理解すること、4年目の医療ソーシャルワーカーは面接技能の向上を図ることに置かれていた。また、9年目になる医療ソーシャルワーカーの課題は面接展開の自己検証であり、私が進行を担うなかでロールプレイ場面への意見を述べ

ることによって取り組んだ。一方、責任者である医療ソーシャルワーカーの課題は、実務的な指導方法の習得とスーパービジョン実践の技能向上に置かれ、4名に対する個別的な助言・指導を担当した。ロールプレイの場面では事前の打ち合わせが一切なく、退院支援看護師が自らの考えで家族役（視点）に立ち自身の感じた疑問や必要性から、様々な質問を医療ソーシャルワーカーに投げかけていた。この作業を通じて、退院支援看護師は制度への理解を深めるとともに、家族の心情を疑似体験できたとの感想を述べた。また新人医療ソーシャルワーカーは、ロールプレイを通じて制度への疑問点を再整理し、ロールプレイ後に質問することで理解を深めた。一方で、説明を担当した医療ソーシャルワーカーと9年目の医療ソーシャルワーカーは、それぞれの面接展開の傾向と相違、課題などを自覚できたようである。この時の展開の流れは、概ね次のようになる。

事前の課題設定と課題に応じた役割分担
- ▼ 部門責任者；指導方法の習得／スーパービジョン実践の技能向上
- ▼ 医療ソーシャルワーカー（2名）；面接展開の技能向上
- ▼ 新人医療ソーシャルワーカー；制度への理解
- ▼ 退院支援担当看護師；制度活用とポイントの把握

面接担当者の事前準備（説明資料の準備を含む）
- ▼ 既存資料の再検討・修正および面接展開の考察

導入；主旨説明と取り組み課題の確認
- ▼ スーパーバイザーによる目標の提示

ロールプレイ（模擬面接）の実施
- ▼ 検討課題（場面）の共有／臨床像の形成

説明内容への質疑応答（制度内容への確認）
- ▼ 認識・理解の共有／情報共有

面接内容への意見交換（スーパーバイザーよりの問いかけを含む）
- ▼ 判断・対処の共有／臨床像の共有

各自の課題についての考察（責任者よりの助言・指導を含む）

▼　学び・気づきの言語化／相互に助言や情報を交換
助言・指導（患者・家族の心理、制度の要点、面接展開などについて）
　　▼　実践力向上に向けた知識情報の共有／実務的な理解の共有
まとめ（各自の振り返り・感想など）
　　　各自の振り返り／学びの共有

　一方で事例検討を行う課内研修は、実践力向上に向けたグループスーパービジョンの場となり、経験やレベルを問わず実務的な共通の課題を持ちながら、それぞれの段階での向上を意図した展開となる。例えば、アセスメント力の向上を共通の課題とした機会がある。その時の構成は、主任医療ソーシャルワーカー、5年目と2年目の医療ソーシャルワーカーに、法人内別病院の医療ソーシャルワーカー（新人2名）とスーパーバイザー（私）であった。この時は2年目の医療ソーシャルワーカーが当番となり、自らが判断に迷っている退院支援の担当事例を資料にまとめて提示した。迷いの様相は、自宅退院を望む患者と対応に悩む家族、家族の介護力に不安を感じる医療ソーシャルワーカーという構図になっていた。複数の同居家族の間でも意見が異なっており、本人の意を受けて自宅に連れ帰りたい主介護者と、困難さを訴える子ども（成人）という状況である上に、病棟看護師のなかでは「自宅での介護は難しいのではないか」という意見が大勢を占めていた。
「退院支援を担当している立場として、自分としてはどうしたいと思っているの？」─私
「本人の希望する自宅への退院を考えています」─事例提出者
「（自宅への退院が）可能と考えているってことかな？」─私
「自宅に退院できると思います」─事例提出者
「自宅で生活できるということだね？」─私
「ご家族の協力が必要ですが（可能と考えています）」─事例提出者
　スーパービジョン実践の初期段階（課題設定の段階）で、事例提出者である医療ソーシャルワーカーはスーパーバイザーからの問いかけに答える形で、自宅への退院を支援していきたい思いと、その可能性に対す

る考えや課題を述べた。そして、患者本人と主介護者が自宅退院を望んでいることをその一番の理由に挙げるとともに、子供たち家族の理解と協力をどのように得ていくかが課題であると説明した。一方で迷いが生じている理由については、自宅での介護困難を指摘する看護師たちの意見に対して、理解を得る説明ができない自分がいること、家族の協力を得ていける確証がもてないことなどが挙がった。これを受けて、家族と共有できて医療スタッフに示していけるアセスメントの内容を検討することが共通課題として設定された。そして、着任から数か月の新人2名が参加していたこともあり、情報枠組み（ニーズアセスメントの基本図：A－B－Cの枠組み（第2章図8参照））を丁寧に確認しながらアセスメントの基となる情報の共有作業が進められた。

■ **事例検討における検討課題とスーパーバイジーの目標**

全体での共通課題
　アセスメント力の向上

主任医療ソーシャルワーカーの目標
　アセスメント内容の点検と追加・修正に向けた助言等の提示（言語化）

5年目医療ソーシャルワーカーの目標
　共有可能なアセスメント内容の提示（言語化）

2年目医療ソーシャルワーカーの目標
　共有に向けたアセスメント内容の説明（言語化）

新人医療ソーシャルワーカーの目標
　必要な情報項目と枠組みの理解、基本視点の習得

■ **スーパーバイザーの視点と展開の概要**

　スーパーバイザーは、それぞれの目標を意図しながら各自の参加場面（発言）を設定し、実務的な考察を促しながら展開する。今回は情報共有と臨床像の形成を図る情報収集の段階で、初めに2名の新人が質疑応答に取り組んだ後に、主任を含む2名が追加・補足の質疑応答を行う流れで進行した。スーパーバイザーは、情報の意義や活用方法への学びを

図るため、質問の意図や情報を必要とする理由など、質問者各自に説明を求めながら展開していった。そして一定の情報収集が図られた段階で、事例提出者（2年目）→5年目→主任（10年）の順で各自のアセスメント内容を述べさせた。その後に、情報枠組み（ニーズアセスメントの基本図：A－B－Cの枠組み）についてスーパーバイザーの立場から説明し、新人に発言させながらその内容を埋めていった。これらの作業を通じてある程度の情報が整理されたところで、改めて新人→5年目→主任の順で気がついたことを述べ、その内容も含めた考察の結果を事例提出者である医療ソーシャルワーカーが述べる展開で進めた。実践力や経験値の異なるスーパーバイジーのグループに対しては、このような展開を通じてそれぞれの課題に取り組む場面を設定するとともに、他者の発言を通じた知識習得と考察を促すようにしている。

業務としての実践における留意点

このように実務場面を通じたスーパービジョン実践の多くは、業務の経過上で行われることになるが、その都度の対応に応じた実施であるほか、終結の時期や一連の対応が終了した段階であったり、定期的な実施であったりと、具体的なタイミングは様々である。なかでも、リアルタイムで行った指示・指導による対応直後や、実務場面に同席してのスーパービジョン実践は、訓練や振り返りとしても欠かせないものである。クライアントへの対応は適宜行われるものであり、実務上の指示や指導内容を十分に説明できずに対応を優先して促すことは珍しいことではない。しかし、場面のなかで発した指示・指導の内容とその結果を事後に点検しなければ、理解しておくべき意図や身につけるべき技能があいまいとなり、対応にあたったスーパーバイジーの育成（成長）には結びつきにくくなる。振り返りとしての事後の点検を行わないままでは、実施内容の検証も評価もなされないことになる。それでは理解や学びの内容がスーパーバイジー任せになってしまうため、指示を受けて対処することが出来るようになったとしても、役割期待に即して自ら考え、判断、

行動していく上での基準や課題などがあいまいになる。技術だけではなく、思考過程をいかにして伝えるのか。見せるだけ、させるだけでは伝わらない。リアルな体験と客観的な解説は、常に一体的でなければならないと言える。

第3節 外部からの招聘を伴うスーパービジョン実践

業務に位置づけたスーパービジョン実践

　職場内でのスーパービジョン実践は、本来であれば職員内で実践されることが基本だが、外部から助言者やスーパーバイザーを呼んで行う形態がとられることもある。先述の病院での例のように、所属職員として行われるスーパービジョン実践では把握情報も実務に即した内容であり、情報へのアクセスにおけるスーパーバイジーとの相違や制限は生じない。しかし、外部から招聘する形態においては、情報へのアクセスが制限される場合がある。契約内容によっても異なるが、例えば実名や住所などの特定情報を制限した情報（資料）を基に、事例検討やスーパービジョン実践が行われることになる。また、このような形態では、スーパーバイジーの所属機関や上司・管理者等から明確な指導方針や人材育成への指針などが示されていない場合も少なくない。

■ 人材育成の基準が示されている事例

　職場内での教育プログラムと育成・指導体制の構築を図るなかで、部署内のスーパーバイザーとは別に外部の指導者を継続的に導入することで体制強化を図った例がある。ここでの外部指導者（スーパーバイザー）の役割は、部署内のマネージャー（スーパーバイザー）のバックアップと教育プログラムにおける講師である。年間計画による教育プログラムでは、テーマ学習としての講義と実務的演習およびグループスーパービジョン（事例検討）と、個人指導や評価・訓練を図るための個人スーパービジョンが行われる。その際、講義と演習は外部指導者が計画を含

めて担当し、グループスーパービジョンはマネージャーや外部指導者が進行役（司会、スーパーバイザー、助言者）を担当する。また、個人スーパービジョンの実施においては、年度末と中間期（9月〜10月）にまずマネージャーが担当スタッフに個人面接を実施するとともに、外部指導者がマネージャーを含む部員全員に対する個別面接を行う。この個別面接では、ラダーに基づく目標の設定や確認、評価や助言などが行われ、その内容に基づいて日常業務のなかでの指導・育成（スーパービジョン実践）が図られる。

なお、テーマ学習は、2か月に一度の頻度で行われ、その間に随時の個人単位のスーパービジョン実践が入る。マネージャーによる個別のスーパービジョン実践は、業務上で随時に行われる一方で、外部指導者によるスーパービジョン実践は、ラダーにおける年間計画を基にマネージャーや本人の判断で予定が組み込まれてくる。またマネージャーによるスーパービジョン実践では実務的な指導・教育が行われるが、外部指導者によるスーパービジョン実践では知識・技術の習得や実践事例を通じた自己点検／自己評価が主テーマとなることが多い。これは、ラダーへの取り組みの中間評価や自己評価をきっかけとして、スーパービジョン実践に向けての自己課題が職員それぞれに意識化されることに関係していると思われる。これまでのところ、〔講義―演習―事例検討〕を1クールとしてラダーの主旨を基にテーマを設定し、テーマによってその順序を入れ替えながら実施してきている。このテーマ設定や企画・運営に当たっては、年度移行の時期や各回の実施後に、現場のニーズやマネージャーの問題意識を土台としてマネージャーと外部指導者による打ち合わせが行われている。そして、これまでに実施されたテーマとしては、以下のようなものがある。

　相談援助面接の基本視点
　クライアント理解とアプローチ
　情報収集とアセスメントの実践
　ポジショニング視点の理解／自己点検

【資料4-1】
新潟市民病院　ソーシャルワーカー人材育成システム キャリア開発ラダー

『身体知と言語』を参考資料として当該スタッフ（統括およびワーキングメンバー）によって作成されたステップの項目　　（資料提供；新潟市民病院）

項目	ラダーⅠ （1年～3年）	ラダーⅡ （4年～10年）	ラダーⅢ （10年～15年）	ラダーⅣ （15年～）
レベルの定義	自立に向けて指導を必要とするレベル	自律的に日常業務を実施できるレベル	ソーシャルワーク実践においてロールモデルとなるレベル	ソーシャルワーク実践においてロールモデルを育成するレベル
目標	1組織、チームでの役割を認識しメンバーの一員として行動できる。 2倫理綱領を理解している。 3業務指針の内容を理解している。	1自律して担当クライエントの相談に効果的に応じることができる。 2組織、チームの目標に連動した自己目標管理課題の遂行ができる。 3倫理綱領、業務指針を意識して業務ができる。 4効率的かつ効果的な業務実践ができる。	1クライエントの個別の課題について効果的に対応できる。 2組織、チームにおいてリーダーシップが取れる。 3倫理綱領、業務指針を業務に反映できる。 4業務改善に向けた提案及び運営ができる。 5地域社会に対して貢献ができる。	1ソーシャルワーク実践の役割モデルとして質の高いソーシャルワーク援助ができる。 2組織、チームの目標、方針を示し推進できる。 3倫理綱領、業務指針に基づく実践をスタッフに示せる。 4業務改善に向けた評価及び企画に取り組める。 5地域社会に対して貢献ができる。
実践能力	1組織の役割機能を理解し援助できる。 2指導を受けながら倫理綱領を意識して行動できる。 3業務指針の内容を理解し、当院MSW業務の特徴を理解しながら業務実践ができる。 4クライエントは誰かを意識し、各発達段階における生活課題を理解できる。 5職場内における専門職との連携ができる。	1クライエントの生きている世界で理解ができる。 2クライエントシステムの全体像を直観レベルで理解できる。 3組織、組織外のシステムと高いレベルで連携できる。 4倫理綱領、業務指針を基にした行動ができる。	1クライエントシステムの全体状況を理解できる。 2臨床像を描き言語化して伝えることができる。 3組織、組織外のシステムと高いレベルで連携できる。 4倫理綱領、業務指針を理解し、クライエント援助に反映できる。 5スタッフに対し協力、情報提供、助言ができる。	1クライエントシステムの全体状況を理解できる。 2臨床像を描き言語化して伝えることができる。 3組織、組織外のシステムと高いレベルで連携できる。 4倫理綱領、業務指針に基づいたクライエント援助を実践し、スタッフに助言ができる。 5スタッフに対し指導、教育ができる。
マネジメント能力	1メンバーシップをとることができる。 2組織、チームの目標を理解しメンバーとして貢献できる。	1メンバーシップを取りつつ課題達成のための役割を果たせる。 2組織、チーム目標を理解し、課題に対して役割行動をとることができる。	1リーダーとして役割を果たすことができる。 2組織、チームの目標達成ができる。	1管理的な視点でリーダーシップを取ることができる。 2組織、チームの目標達成ができる。
教育研究	1県協会新人研修会等 2院内勉強会 3日本協会基幹研修Ⅰ	1県協会中堅者研修会 2院内勉強会 3日本協会基幹研修Ⅱ 4ソーシャルスキルアップ研修など 5事例を的確にレポートできる。	1県協会中堅者研修会 2院内勉強会 3MSWリーダーシップ研修 4ソーシャルスキルアップ研修など 5研究レポートをまとめることができる。	1県協会中堅者研修会 2院内勉強会 3MSWリーダーシップ研修 4ソーシャルスキルアップ研修など 5研究発表ができスタッフに助言できる。

【資料4-2】
新潟市民病院
ソーシャルワーカー人材育成システム地域医療室

項目	到達目標	レベル別研修	新潟市民病院に求められるMSW像
レベルⅣ	1 ソーシャルワーク実践の役割モデルとして質の高いソーシャルワーク援助ができる。 2 組織、チームの目標、方針を示し推進できる。 3 倫理綱領、業務指針に基づく実践をスタッフに示せる。 4 業務改善に向けた評価及び企画に取り組める。 5 地域社会に対して貢献ができる。	1 県協会中堅者研修会 2 院内勉強会 3 MSWリーダーシップ研修 4 ソーシャルスキルアップ研修 5 実習指導者養成研修 6 保健医療分野ソーシャルワーク専門研修	レベルⅣ 認定医療社会福祉士の認定を受ける。
レベルⅢ	1 クライエントの個別の課題について効果的に対応できる。 2 組織、チームにおいてリーダーシップが取れる。 3 倫理綱領、業務指針を業務に反映できる。 4 業務改善に向けた提案及び運営ができる。 5 地域社会に対して貢献ができる。	1 県協会中堅者研修会 2 院内勉強会 3 MSWリーダーシップ研修 4 ソーシャルスキルアップ研修 5 実習指導者養成研修 6 保健医療分野ソーシャルワーク専門研修	レベルⅢ 認定医療社会福祉士にエントリーする。
レベルⅡ	1 自律して担当クライエントの相談に効果的に応じることができる。 2 組織、チームの目標に連動した自己目標管理課題の遂行ができる。 3 倫理綱領、業務指針を意識して業務ができる。 4 効率的かつ効果的な業務実践ができる。	1 県協会中堅者研修会 2 院内勉強会 3 日本協会基幹研修Ⅱ 4 ソーシャルスキルアップ研修 5 実習指導者養成研修 6 保健医療分野ソーシャルワーク専門研修	レベルⅡ
レベルⅠ	1 組織、チームでの役割を認識しメンバーの一員として行動できる。 2 倫理綱領を理解している。 3 業務指針の内容を理解している。	1 県協会新人研修会等 2 院内勉強会 3 日本協会基幹研修Ⅰ	レベルⅠ

臨床像の形成と言語化／援助関係の理解
退院支援の展開方法

　このテーマ学習においては、その都度に対象職員の経歴や実務経験および年度課題に応じた役割と取り組み内容を設定している。特に、事例検討によるスーパービジョン実践の場面では、質問や発言の順番にも留意しながら展開していく。一例としてあげれば、基本情報に関する質問や臨床像の言語化は実務年数の少ない順であったり、コミュニケーション場面への質問や対応方法への意見はマネージャーからであったりする。いつも同じという訳ではなく、事例提出者が誰であるのかや事例の内容などによって変化させている。私の場合には、求める発言への難易度と全体の時間配分上への判断が大きく関わるが、その意図は考察への促しや言語化の訓練に置いている。

■ **部署内の自主計画による実践例**

　同一法人内における複数の部門や事業所でグループスーパービジョンが展開される例もある。主任介護支援専門員研修を受講後に、同一法人内の複数の事業所に所属する主任介護支援専門員が共同して学習会を立ち上げ、業務の一環として事例検討会を定期的に開催しているグループがある。そのグループでは、CGSVモデルによるスーパービジョン実践を導入し、それをきっかけに私も助言者として依頼を受けて参加している。毎月1回のペースで情報交換や学習会を開催していくなかで、年に3回ほどであるがOGSVモデルによるスーパービジョン実践を学ぶ事例検討会が開催される。司会を兼ねたスーパーバイザーとホワイトボードへの記録係は主任介護支援専門員が持ち回りで担当し、普段とは異なるスーパーバイザーによるサポートを意図して、事例提出者であるスーパーバイジーとは別の事業所に所属する者が司会を担当する。

　事例提出者は主任介護支援専門員を含めた全員が順に担当し、職員の出入りもあるなかで10名前後のメンバーで構成されている。参加職員の経歴や経験年数は様々であり、提出される事例や検討課題も多様となる。その場は主任介護支援専門員によるスーパービジョン実践の訓練を兼ね

ており、スーパービジョン実践の視点や展開方法の確認も交えながら4時間ほどをかけて取り組んでいる。そのため4時間の中では、事例の内容や展開に応じながらA－B－Cの枠組み（第2章図8参照）について確認を行ったり、ジェノグラムやエコマップの活用方法、問題の中核への考察の視点など、事例検討だけではなく臨床像を捉えるための情報収集・分析・統合への学びも意図的に組み込まれていく。平日の午後に業務時間内での実施であるため、業務の電話が鳴ったりすることもあるが、一様に落ち着いた雰囲気のなかで熱心な取り組みとなっている。

　助言者としての私の役割は、必要に応じて展開の流れや焦点化の軌道修正を行うことと、グループでの到達点を評価しつつ臨床像の具体化を補足的に支援することが主となる。前者においては、主任介護支援専門員に対してスーパーバイザーとしての視点や考え方を伝え、事例提出者を支援する方法の示唆を意図している。後者においては、参加者全員に向けて実務に役立てたい知識情報の提供や情報活用の視点を示すことで、援助実践力の向上を目指している。一方、この場におけるスーパーバイザー役の主任介護支援専門員は、実務的な視点を持ちながら臨床像の共有化を図り、日々の実践に生かしていくための教育的視点から取り組んでいる。事例提出者における援助職者としての課題を意識しながら、業務上の指示や方向性を示すということよりも、共に実践力を高めていこうとする意図をもって場を展開している。そのような理由からか、OGSVモデルによる意見交換の過程が「話し合い」というような雰囲気のなかで対話的に展開していく様子が印象的である。

研修に組み入れてのスーパービジョン実践
● 人材育成を契機とした実践例

　現任者の立場からではなく、法人の管理部門が実施する人材育成の企画として、スーパービジョン実践の導入を図った取り組みの例もある。私にとってスーパーバイザー養成を意図した活動の先駆けとなった取り組み（鳥取県厚生事業団[3] 平成14年～16年）は、法人所属の各福祉施

設における指導者を育成し、スーパービジョン実践を業務に定着させようとする試みでもあった。当時は特定の定まったプログラムを持たないなかで、受講者の動向を見ながらの模索と試行が続いた。各施設から2～3名が参加する形で20名ほどのグループが編成され、年度単位でのプログラムを2回（2グループ）実施した。研修として始まったこのプログラムの目標は、一貫して「職員の資質向上を図る目的」と「組織人として役割を果たせるスーパーバイザーの養成をめざすこと」の2点に置かれていた。また、研修における重点課題は、スーパービジョンの方法を習得する上での「臨床像の明確化」を図る情報収集・分析・統合の実践過程と、「気づきを引き出す効果的な質問（問いかけ）」の方法を理解し、現場で実践できるようになることであった。そして結果的に実施されたプログラムの概要は、約2年間に1期、2期の養成対象として選抜された44名（1期24名、2期20名）を中心とした、全体研修（公開研修を含む）、自主研修、ブロック研修、施設内研修の4形態で、事例検討によるグループスーパービジョンが継続的に行われた。

　全体研修では、講義を受けた後に全員で1事例の検討に取り組み、スーパービジョンを意図した事例検討を体験する。また、自主研修は受講者グループでのピア・グループスーパービジョン、ブロック研修はエリア内の職員を集めてのグループスーパービジョンであり、いずれも受講者がスーパーバイザーとして実地訓練に臨むことが意図された。そして施設内研修は、文字通り職場内でのスーパービジョン実践の場となっている。この施設内研修としてのスーパービジョン実践は、各施設内でのスーパービジョン実践を定着させていくための取り組みであったが、実施が各施設と所属する受講者に任された経過のなかで、実施の有無や頻度、継続性に相違がみられた。事後に行った評価（調査研究[3]）によれば、養成研修課程（第1期と第2期でプログラムが異なる）の参加時期による比較で、スーパービジョン実践の必要性への認識やスーパーバイザーとしての自らの取り組みへの意識については差が見られなかったものの、実際の取り組み実態とスーパービジョン実践の受け手としての意欲に差が認められた。この調査

の限りでは研修開催の効果がある程度裏付けられた一方で、24時間体制である施設内でのスーパービジョン実践を定着させていくために、職場全体での理解や協力が欠かせないという実態が確認された。具体的には、①日程や所要時間の改善による業務内への位置づけ、②開催の周知や参加呼びかけの組織的な体制作り、③実践方法の習得に向けた長期継続的な取り組み（支援体制）の必要性、④導入が容易な実践方法の開発（改良）などが、課題として考えられた。なお、その後に同様の取り組みを山梨県内で着手したものの、残念ながら養成や職場内での実施段階にまでは至らず、研修課程を脱却できないまま終了となった。共通して言えることは、トップダウンによるスーパービジョン実践の体制においては、スーパーバイザーとして実践に取り組む人材の確保とともに、スーパーバイジーとなる職員の認識や意欲の醸成とそれを支える職場環境の創出が継続へのカギとなるようである。

■ **教育研修に位置付けた実践例**

　先述に類似するが、職場内で実施している教育研修の中に実務的なスーパービジョン実践を導入する例もある。ある社会福祉協議会では、介護保険サービスに関わる職員向けの教育研修の一環として、居宅介護支援事業所が主体となってスーパービジョン実践の導入を企画し、外部からスーパーバイザーとしての講師を招聘した。また、別の社会福祉協議会でも、年間を通じて開催している介護支援専門員向けの職員研修の中で、一部にスーパービジョン実践を意図した研修内容を組み込んで実施している。双方に共通していることは、第一に職場内でスーパーバイザーの立場にある者が自ら受けたスーパービジョンの研修を契機とし、職員研修の形で業務の中にスーパービジョン実践を組み入れているところである。第二には、職場内での日常業務として自らがスーパービジョン実践に取り組むとともに、それを補完する自らの実践力向上も意図するところから外部にスーパーバイザーを求めていることである。つまり、いずれの例においても、人材育成の軸はあらかじめ職場内に明示されており、援助職者として目指していこうとする姿、求める人材のビ

ジョンを持っているところに特徴がある。

　前者の取り組みは、居宅介護支援事業所の管理者が自主的に参加した研修がきっかけとなり、スーパービジョン実践の必要性を自ら実感したことに始まる。当時その管理者はまだ主任介護支援専門員研修を受講する前であり、管理者としてスーパービジョン（対人援助者監督指導）の必要性は感じながらも未知の実践であった。また管理者として、事業所内の介護支援専門員からの相談や訴えに対応する一方で、自らの実践力向上を目指したいとするスーパービジョンへの自主的な思いもあった。そして自ら教育研修としての企画を立て、職員向けの教育研修としてスーパービジョン実践が始まった。当初は、招聘したスーパーバイザーによるグループスーパービジョンの形態で、介護支援専門員のグループと訪問介護サービス責任者のグループを対象に実施した。その後、回を重ねるなかで管理者自らが日常業務の中でのスーパービジョン実践に取り組むようになり、研修の場でもスーパーバイザー役を担うようになった。さらに、主任介護支援専門員となった事業所内の職員が、交代でスーパーバイザー役（進行）を担うようにもなっていった。そこでは、事業所内の職員がスーパービジョンの意義と必要性を理解するようになり、管理者の熱意に応える形で取り組みが継続されてきている。

　職場内でのスーパービジョン実践が継続されるなかで、その管理者は研修の企画を発展させ、日頃の実践で連携する関係機関の相談援助職者を対象としたスーパービジョン実践にも着手した（資料５参照）。

　この管理者は、事業所内や地域連携チームでのスーパービジョン実践を継続する一方で、自身の向上ために個人スーパービジョンの機会を求めて、個人契約によって別のスーパーバイザーの下にも足を運んでいる。また、主任介護支援専門員研修の講師を担うようになり、自らが担当したスーパービジョンの振り返りを図る個人スーパービジョンを受けるようにもなっている。

【資料5】　　　　四国中央市社会福祉協議会
　　　　　　　　　在宅福祉課スキルアップ研修

平成20年度（初年度）　対象者：介護支援専門員＋サービス提供責任者
　　　　　　　　　　　　　　　　　　　　　　　　　　　　（主任のみ）

第１回　平成20年８月30日　講義・事例検討
第２回　平成20年11月20日　講義・事例検討
平成21年度　対象者：介護支援専門員＋サービス提供責任者
第３回　平成21年11月28日　講義・事例検討
第４回　平成22年２月13日　事例検討（２事例）
平成22年度　対象者：介護支援専門員＋サービス提供責任者
第５回　平成22年７月26日　事例検討（２事例）
第６回　平成23年２月26日　事例検討（２事例）
平成23年度　対象者：介護支援専門員＋サービス提供責任者
第７回　平成23年７月９日　事例検討（２事例）
第８回　平成24年２月11日　事例検討（２事例）
平成24年度　対象者：介護支援専門員＋サービス提供責任者
第９回　平成24年９月29日　事例検討（２事例）
第10回　平成25年３月16日　事例検討（２事例）

相談援助職者スキルアップ研修について

　　　　　　企画；社会福祉協議会在宅福祉課、居宅介護支援事業所管理者
１、趣旨
　相談援助職者が成長し、地域の相談援助職者の実践力を高めていくために、継続的に地域の相談援助職者同士が支え合い、育て合う仕組みやネットワークを作りに寄与することが、社会福祉協議会にしかできない地域福祉活動であり、社会福祉協議会が在宅福祉サービスを実施する意義のひとつである。
２、計画・目標

・地域の相談援助職者が、お互いに支え合い、育て合うネットワークを持つことができる。
・地域に根差したネットワークを持ち、継続的に事例検討会などの機会を持ち、地域の相談援助職者の実践力向上に寄与することができる。
・正しいスーパービジョンや事例検討の方法を学ぶことで、参加者を守り、支えていくことができるネットワークを作ることができる。

達成課題：第1段階
・孤立している地域の相談援助職者が、一緒に研修する場を持つ。

達成課題：第2段階
・相談援助職者同士で継続的に事例検討や学びの時間を共有し、学習の機会を持つことの意義に気付いてもらう。
・自己研鑽及び横のネットワークを広げようとする支えあいの（情緒的な）つながりを築く。

達成課題：第3段階
・市内の相談援助職者（有志）によって自主勉強グループが立ち上がる。
・インフォーマルな横の関係のネットワークを広げていく。
・スーパービジョンや事例検討の手法を継続的に学ぶ。

3、研修内容（実績）

平成25年度

1回目　午前：講義　対人援助技術について
　　　　午後：演習　グループスーパービジョン（事例検討；居宅介護支援）

2回目　午前：講義・演習　スーパービジョンについて（模擬事例による演習）
　　　　午後：演習　グループスーパービジョン（事例検討；介護老人保健施設）

平成26年度

1回目　午前：講義　スーパービジョンについて
　　　　午後：演習　グループスーパービジョン（模擬事例検討；

　　　　　　　臨床像の共有）
　2回目　自主事例検討会　（在宅介護支援事例）
　3回目　午前：講義　グループスーパービジョンの方法（視点）
　　　　　午後：演習　グループスーパービジョン
　　　　　　　　（事例検討；福祉施設事例）
＊午後は受講者が司会（スーパーバイザー）役＊
平成27年度
　1回目　午前：講義　スーパービジョンの方法（展開）
　　　　　午後：演習　グループスーパービジョン（事例検討；居宅
　　　　　　　　介護支援）
　2回目　午前：演習　グループスーパービジョン
　　　　　　　　（事例検討；居宅介護支援）
　　　　　午後：演習　グループスーパービジョン（事例検討；地域相談）
　　　　　＊午後は受講者が司会（スーパーバイザー）役＊
《註；主催者の企画書をもとに加筆修正の上で要約した内容である》
　　　　　　　　　　　　　※平成29年度現在も継続されている

　後者の社会福祉協議会の例においては、主任介護支援専門員研修がきっかけとなりスーパービジョン実践への取り組みを始めている。実施後の経緯や内容は前者の例に共通するところが多いが、年度ごとに増員や異動による新人の介護支援専門員が加わってくる点で、前者の例と職場環境が異なる。そのため、スーパービジョン実践の方法や形態を職員の実践力に合わせながら、年度計画による職場研修の一部として実施してきている。また、事業所内の複数の主任介護支援専門員が日常的な指導を行うのとは別に、本人の希望や指導に当たる主任介護支援専門員の判断で、招聘講師による個人スーパービジョンの機会を設けてきた（個人スーパービジョンの実施については、講師と事業所の間で年度単位でのスーパービジョン実践の契約が結ばれている）。これは実務的な課題

に取り組むスーパービジョン実践が主になっており、直面する具体的場面への考察や点検を内容とするが、一人ひとりの向上心や利用者への切なる思いを原動力にしている印象が強い。

● 派遣研修による実践例

　自ら主体性を持って業務を遂行していこうとする時には、適切な自己評価による自信と課題への自覚を必要とする。援助職者が、上司やスーパーバイザーを通じて指導や評価を得ることができれば、自己評価をもって業務にあたることも可能になるが、その不在やスーパービジョン関係の不調によって自己評価の基礎を確保できない事態を生じてしまうこともある。このような場合には、かつての私のように職場外にスーパーバイザーを求めることも一つの対処法である。私自身、現場の医療ソーシャルワーカー当時に他の病院からスーパーバイジーを受け入れた経験がある。その時のスーパーバイジーは、すでに新人当初から上司である医療ソーシャルワーカーより指導を受けており、一定の実践レベルに達していると認め得るだけの実績も持っていた。しかし、上司であるスーパーバイザーが退職となり、スーパーバイザーとしての上司が不在となっていた。そして自分自身の行っている相談援助面接の点検とともに、より良い面接を展開していきたいとの課題をもってスーパービジョン実践を依頼してきた。受諾にあたっては、双方の管理者の了解の下に病院間での受託契約を取り交わし、私が当時勤めていた病院の研修生としての公式な受け入れとなった。

　実践力向上を目指していたスーパーバイジーは、退院・社会復帰を支援するための相談援助や、患者・家族の自己決定の過程に関わる援助面接の展開方法などを、自らの実務的な課題として捉えていた。そのため、研修としてのスーパービジョン実践の多くは、私自身の相談面接に同席するライブ・スーパービジョンの形で実施することになった。具体的には、特定の担当事例に定めてクライアントの了解を得た上、スーパーバイジーが不定期な面接場面に継続的に同席する形で進められた。スーパーバイジーは、私とクライアントとの間で取り交わされる約束に

従い、自らの日常業務を職場でこなしながら予定される相談面接のスケジュールに合わせて私の職場を訪れていた。この時のスーパービジョン実践は、クライアントに対する支援と並行して進めており、相談面接の前後にその場を設定していた。事前には前回までの経過の確認を行うとともに、当日の面接の目的や意図、課題や計画内容などを私からスーパーバイジーに説明した。スーパーバイジーは、あらかじめ私の意図や胸の内を把握した上で同席し、相談面接の経過を見守る。そして相談面接の終了後に、まずはスーパーバイジーが考察としての振り返りを行い、それに応じる形で私から解説していく。時には、私の失敗を伴うこともあるし、事前の説明通りに展開していないこともある。それらの状況も含めて、スーパーバイジーが気づけているのか、予定外の展開に関して把握され考察が得られているのか。このような見えないことまで見極めるという実務訓練としてのスーパービジョン実践は、私自身がスーパーバイザーを通じて学んできた一期一会の相談面接を体験的に伝え、自らが瞬時に適応していくための思考力を養うためには欠かせない方法の一つと考えている。

第4節 地域で展開するスーパービジョン実践

地域におけるスーパービジョンの活動と体系化に必要となる要素

　スーパービジョンは、業務に伴って職場や法人等の組織内で行われることが一義的であるが、自主的な取り組みと合わせる形で地域単位での取り組みも広がりを見せている。その中でも、地域人材育成を意図する取り組みの例として、新たな組織体を創出してスーパービジョン実践に取り組むものと、既存組織を基盤にスーパービジョン実践を取り入れて人材育成の体系化を図る取り組みについて触れておきたい。ここで紹介する取り組みは、それぞれの実践フィールドの中から生まれた問題意識や目標・意欲を契機として活動が始まり、様々な経緯ののち私自身も何

らかの関わりを得た実例である。いずれの取り組みにおいても、OGSVモデルによるスーパービジョン実践を取り入れているという共通点だけではなく、活動をリードしている援助職者の存在と共感・協働する熱意ある理解者がコアとなり、リーダーの求心力とコア・グループの意欲が活動の原動力となっているという点でも共通して見える。

　私は、これらへの関わりや参画を通じて、スーパービジョン実践やその継承には、実践モデルの伝承を図るとともに、継続的な活動を支える組織化の取り組みが並行して必要であると実感してきた。また、スーパービジョンに関係する地域での活動は、スーパービジョンの機会（場）を提供しようとする趣旨に始まり、スーパービジョンやその方法の普及、対人援助職者の実践力の向上（地域における実践力の底上げ）、人材育成システムの構築（体系化）、そして地域における対人援助実践の継承と発展の仕組みづくり（組織化）など、様々な意図が存在することも確認してきた。スーパービジョン実践は、クライアントへのより良い支援を意図しながらスーパーバイジーに向き合うものだが、それだけではより良い支援の実現には至らない。実践力の向上を図りながら奔走する援助職者を理解し育てていける環境づくり、所属機関や実践フィールド、地域への働きかけが不可欠である。そして、それらを推進していく存在とともに、職場や地域の関係者における理解と協力が得られてこそ、継続的なスーパービジョン実践とその成果に基づくクライアント支援が可能となる。

自主グループが組織化しながら重ねたスーパービジョン実践

　ここで取り上げる組織化の事例は、自主グループから地域の研究会やNPO法人化への経緯を歩んでいる。自主グループ立ち上げのきっかけやその後の経緯は、それぞれに多様である。

　"いいら"の会（静岡県）は、在宅介護支援センター連絡協議会で行われた相談援助技術の研修会が発端となる。継続的な学びと地域の援助職者への伝達を考える受講者の声が、OGSVモデルを意図した事例検討

とスーパービジョン実践に向けた人材育成の研修へと発展したことで、その初期メンバーとなる受講者と私が出会うことになった。1年間の研修プログラムから始まったその研修では、テーマ演習を含む事例検討を繰り返しながらOGSVモデルの基盤となるポジショニング視点やスーパービジョン実践を学ぶ内容となった。結果的には同一受講者による2年間の継続研修となり、受講者が立ち上げたグループが同協議会の支援を受ける形で自主運営へと推移し、メンバーの入れ替えなどもありながら今日に至っている。自主運営とはいっても、構成メンバーは協議会の公式活動とリンクする形で静岡県内でのスーパービジョン実践を展開し、エリアごとに構成されたプログラム（グループ）によって事例検討会としてのスーパービジョン実践を行ってきている。

"特定非営利活動法人ろっきーず"（長野県）は、第6期介護支援専門員指導者養成研修（厚生労働省）がきっかけとなり、長野県から研修に参加した8名が自主グループを立ち上げて活動を開始し、その後の積み重ねを経て法人化に踏み切った。グループの立ち上げは、OGSVモデルによるスーパービジョン実践の初体験から、スーパービジョンの必要性と意義を感じ長野県内への普及・定着を思い立ってのことと聞いている。当初は自主活動の形でグループスーパービジョン（事例検討会）に取り組んでいたものの、点検・検証とレベルアップの課題に直面し、たまたま隣県（山梨県：当時）にいた私に協力要請の声がかかることになった。当初、会での私の役割は、スーパーバイザーというよりはスーパービジョン実践の指導者、OGSVモデルの視点や方法を伝達するという立場から始まった。そして自主グループとしてのグループスーパービジョンをさらに重ねるなかで、初心である地域への普及を意図した活動へと展開するため法人化が進められた。介護支援専門員の活動拠点となる協会などがまだなかった当時に、自ら活動拠点を創出し責任ある立場で取り組もうとするメンバーの姿勢には頭が下がる思いであった。

"いろはの会"（甲府市）は、私が実施した研究事業がきっかけとなり、1年間のプログラムが終了した後に参加者が自主グループを立ち上げ

た。この時の研究事業は、介護支援専門員で構成される異なる４つのグループに対して、同一のプログラムを実施したスーパービジョン実践の比較検証を意図したものであったが、４つのグループのうち３つのグループでプログラム終了後に自主グループが立ち上がった。（ただし、２つはプログラム終了直後に、１つは数か月の経過後に立ち上げとなっている。また、残り１つのグループでは、約１年後に単回のグループスーパービジョンが実施されたものの、自主グループの立ち上げには至らなかった。）特に"いろはの会"は、自主学習会の形態からスーパービジョン研究会へと活動を拡大し、地域の介護支援専門員への啓発・普及活動にも取り組むようになった。そして、見学・聴講による参加や体験的参加を積極的に受け入れることで、スーパービジョン実践への関心と理解の拡大にも取り組んでいる。自己研鑽を通じてより良い支援を実現したいという思い、地域の介護支援専門員のレベルアップによるケアマネジメントの底上げを図ろうとする思いが、活動継続の原動力となっているようである。

これらのグループによる各々の取り組み内容は様々であり、スーパービジョン実践の展開も活動を重ねるなかで独自性を持つものへと変化してきている。それにも関わらず、①１年単位（年度ごと）に活動計画を確認していること、②新規参加者の受け入れに積極的であること、③活動の地域設定が明確であること、④スーパービジョン実践の継承を意図していること、⑤コアとなるリーダーが複数で存在すること、など共通して見えることは数多い。合意形成と意識化を図りながら変化を容認し、新たな理解者、参加者によってグループの新陳代謝を図ることが、グループとしての活動を継続していく必要条件のようにも思えてくる共通点である。

拠点型で取り組むグループスーパービジョン
（地域包括支援センターなどによる開催）

地域の介護支援専門員や対人援助職を対象にスーパービジョンを展開

している地域包括支援センターは、人材育成の重要な拠点でもある。そして、OGSVモデルを活用したスーパービジョン実践の提供や、人材育成プログラムを継続的に企画・実施している地域包括支援センターがある。

　久万高原町地域包括支援センター（愛媛県）では、前述の研究事業において企画段階から協働して1年間の継続研修プログラムを作り上げ、同町内の全介護支援専門員を対象にした内容となって積極的な参加も得ることができた（資料6参照）。研究事業の完了後も学習グループが立ち上がり、スーパービジョン実践を継続するとともに、臨床像の視点や活用を継続して学びながら主任介護支援専門員研修の講師を担うメンバーも出てきた。同地域包括支援センターでは、スーパービジョン実践に限らず、年度計画の中で様々な研修を企画して人材育成の取り組みを重ね、それらの成果が加わるなかでより充実したスーパービジョン実践が展開されてきている。当初の研究事業による実施の段階では、全員が事例提供によるスーパーバイジーになるとともに、スーパーバイザーとしての進行や助言等の役割を経験した。また、各課程を通じてOGSVモデルの視点や方法、ポジショニング視点に関する演習も行った。自主学習会に移行してからも、当初はプログラム内容を継続して1日に2事例（2名のスーパーバイジー）を対象にスーパービジョン実践を行い、実践事例の検討と合わせてスーパービジョン実践の視点と方法を繰り返し確認した。その後、グループメンバーの入れ替えが進むなかで、検討事例を1日で1事例とし、午前中にグループスーパービジョン、午後に演習を通じて臨床像に焦点化した事例検討（臨床像の検証）を行うという構成になった。つまり、同一事例を同日で2度にわたって検討していることになる。

　小布施町（長野県）では地域包括支援センターが拠点となり、町内住民の居宅介護支援を担当する町内外の介護支援専門員を対象としたスーパービジョン実践に取り組んできている。OGSVモデルによるスーパービジョン実践を学んだ主任介護支援専門員が声を上げ、同センターの賛

**【資料6】 久万高原町地域包括支援センターの主催による
OGSV 関連の研修の企画と実績**

- 平成18年度；介護支援専門員スキルアップ研修Ⅱ
  テーマ：介護支援専門員に必要なポジショニング実践
  内容：講義・演習－ポジショニング視点に関するグループワーク
  およびワークシートを用いた事例検討
- 平成19年度；「対人援助のスキルアップ訓練方法を学ぶ」研修会
  テーマ：実践力アップに向けた自己研鑽への取組み
  およびスーパービジョンの実践
  内容：講義・演習　全10回（7月～2月の10日間）
  グループスーパービジョンとワークシートによる演習（1～2事例）
- 平成20年度；OGSV フォローアップ研修
  テーマ：グループスーパービジョンの実践
  内容：講義・演習　OGSV モデルによるスーパービジョン実践
- 平成26年度；介護支援専門員スキルアップ研修
  テーマ：介護支援専門員としての成長を目指すスーパービジョン
  『いま目の前にいる人はどこにいるのかー OGSV を学ぶー』
  　対象：（1）現在、介護支援専門員として実務に携わっている方
  （2）地域包括支援センターの主任介護支援専門員
  （3）居宅介護支援事業所の主任介護支援専門員
  （3）その他スーパービジョンに関心のある援助職者
  　内容：
  　講義・演習　「スーパービジョンと臨床像」
  　演習　OGSV 実践Ⅰ　「利用者世界の理解」
  　演習　OGSV 実践Ⅱ　「課題への焦点化」

＊註：平成21年度～現在まで、自主グループによる OGSV 実践が継続されている

同を得る形でスタートした取り組みである。現在は、その主任介護支援専門員（スーパーバイザー）の遺志を継ぐ形で私が助言者を引き受けているが、スーパーバイザー（進行）役は同センターの指名によって主要メンバーが担当する形で継続されている。なお、この地域包括支援センターでは、町の事業として役場職員を含む地域の福祉従事者を対象にする相談援助技術研修を並行して行ってきている。これは、スーパービジョン実践による学びを下支えしようとする実践力向上への試みであり、面接技術やコミュニケーション技法、ポジショニング視点や臨床像の活用といったテーマで、事例検討や演習、ロールプレイなど様々な内容と方法で実施されてきている。技術習得の研修という位置づけにある事業だが、専門職や関係者の相互理解（ネットワーキング）にも役立っているようである。

　岡山県地域包括・在宅介護支援センター連絡協議会では、同県社会福祉協議会の支援の下に地域の指導者養成を意図した養成講座を実施し、スーパーバイザーの育成を図りながらスーパービジョン実践の伝達・継承に取り組んでいる。（経緯の詳細は小坂田稔編著『真の介護予防と地域包括支援センター』中央法規、2006、p20-22に紹介されているので参照されたい。）ここでの特徴は第一に、ポジショニング視点や相談援助技術を学ぶ基礎課程、OGSVモデルを学ぶスーパービジョン実践の課程、指導者養成の課程（講師養成課程、スーパーバイザー養成課程、スーパービジョン・トレーニング課程と、段階的な編成によって訓練課程の体系を図っていることである。加えて、自己研鑽の場としての自主グループが意図的に組織されているとともに、岡山県内3ブロックの圏域でスーパービジョン実践の場の提供と人材育成に取り組むなど、組織化が図られている。スーパービジョン実践に関しては、①スーパーバイジーとしての体験と自己点検（対人援助実践力の向上）、②スーパービジョン実践の視点と方法の習得（OGSVモデルの学習）、③スーパーバイザーとしてのスキル・アップ（スーパービジョン実践の実施訓練）、④スーパービジョン実践の指導・伝達（指導者養成）のプログラムと達

成課題が設定されている。具体的内容や運営については、達成状況を検証しながら試行錯誤が続けられているが、単なる研修の提供ではなく圏域に応じた実践フィールドが用意されるなど実施を前提にした体制となっている（資料7参照）。

参考文献
1）河野聖夫『職場外スーパービジョンへの取組み』「医療社会事業第17号」山梨県福祉保健部医務課、1999年3月
2）河野聖夫『課内スーパービジョンにおける課題設定への考察～課業評価基準の活用から～』「医療社会事業第21号」山梨県医療社会事業協会、2011年3月
3）河野聖夫『社会福祉施設におけるスーパービジョンの定着化―導入方法と環境的な課題の検討―』「健康科学大学紀要」第2号、健康科学大学,2006年　研修は鳥取県厚生事業団「スーパーバイザー養成研修会」

【資料7】岡山県地域包括・在宅介護支援センター協議会
　　　　　相談援助技術研修会　より

Ⅰ　相談援助技術研修会の目的と概要
　目的　各人の対人援助技術のスキルアップ・スーパービジョン実践力を高めるとともに、地域において相談援助技術の研修システムを重層的に構築することで、継続的で段階的な人材育成の基盤となることを目的とする。
　相談援助技術を身につけ個別課題を適切に解決すること、グループにおけるファシリテーション能力を身につけることは、個別課題から地域課題の解決、ネットワーク形成、社会資源開発、政策形成へとつないでいく、いわゆる「地域包括ケアシステム」の出発点となる。この研修を通して、地域包括ケアを支える人材を育成していくことをめざしている。

目標
① 研修修了生が中心となって県内ブロック単位で基礎研修を運営できること
② 地域で事例検討会の自主グループが育成され、身近な場所で問題解決や相談

援助技術のスキルアップがおこなえるようになること
③ 研修修了生の組織化を図り、人材育成の体制を維持すること

概要

＊スーパービジョントレーニングコース受講生（以下、SVT 生）のための、「対人援助における臨床像の理解」「スーパービジョンへの理解」を中心に講義・演習による研修を行う。

＊上記の研修において、スーパーバイザー養成コース受講者（以下、SV 生）のうち、バイザー受講生は、グループの運営を通して、グループスーパービジョンを展開し、スーパーバイザーとしての実践能力獲得をめざして、その知識や技術を学びスキルアップを図る。また、GSV スキルアップ生は、SV 生同士の GSV 演習を重ねることにより、自己の実践スキルの向上をめざす。

＊さらに、講師訓練コース生（以下、講師訓練生）は、研修全体を運営し、バイザー受講生への支援を通して、スーパービジョンの手法や事例分析・研究の手法を教示できることをめざす。

＊これら3コースの統合的運営によって、この研修会全体の目標達成をめざす。

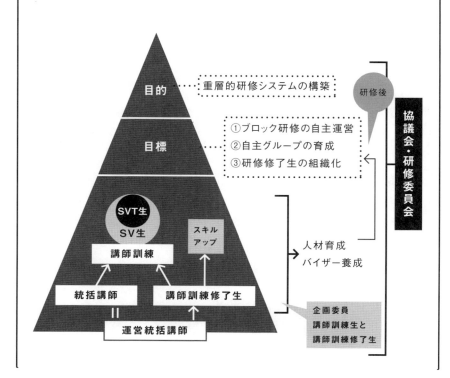

2 相談援助技術研修会のスケジュール

時　間		内　容
第1日目	10:00 ～ 16:30	・講義「対人援助の理解」 ・「SVに必要な基礎知識」 ・「OGSVモデルについて」 講師；過年度の講師訓練修了者 ・GSV演習（全体）
第2日目	9:30 ～ 16:30	前日第1日目に続けて 統括講師の指導によるGSV演習（全体）、振り返り
第3日目	9:30 ～ 16:30	GSV演習
第4日目	9:30 ～ 16:30	GSV演習
第5日目	9:30 ～ 16:30	GSV演習
追加日程	9:30 ～ 16:30	GSV演習
第6日目	9:30 ～ 16:30	GSV演習
第7日目	9:30 ～ 16:30	統括講師の指導によるGSV演習、振り返り 全体進行；講師訓練生、GSV司会；SV生
第8日目	9:30 ～ 16:30	第7日目の振り返り、まとめ講義（統括講師） ※SVT生は不参加
補習日	9:30 ～ 16:30	講義「家族を理解する基礎理論」（運営統括講師）、GSV演習（全体）※希望者のみ参加
第9日目	9:30 ～ 16:30	GSV演習
第10日目	9:30 ～ 16:30	GSV演習
第12日目	9:30 ～ 16:30	GSV演習
第11日目	9:30 ～ 16:30	統括講師の進行（スーパーバイザー）によるGSV演習全体およびグループワーク、振り返り

第7章
Q&Aによる解説
スーパービジョンの実践力を高めるために

第1節 スーパービジョン実践への基本姿勢を整える

■スーパービジョンとして位置づける

　スーパービジョンは、スーパーバイジーとスーパーバイザーによる信頼関係と契約によって成り立つが、そこには双方の認識における一致、共有が必要である。特に、目的や関係性に対するスーパーバイザーの認識の在り方が、効果やスーパービジョン関係の様相に大きく影響を与えることになる。

> どうしても事例研究の傾向になってしまうが、どうしたらよいか？

事例検討の目的からみたスーパービジョンの位置づけ

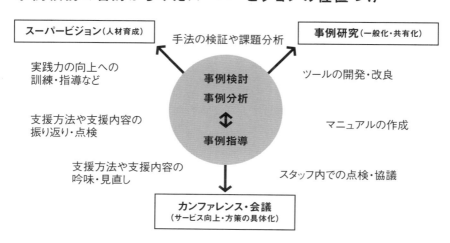

事例検討を行う際には、どのような目的で行うのかを認識している必要がある。スーパービジョンとして行われる事例検討は、人材育成を図る上での一つの方法であり手段である。同様にスーパービジョン実践における臨床像への焦点化は、スーパーバイザーによる意図的な事例検討の視点と方法である。故に臨床像を描き捉えることは、スーパーバイジーである援助職者の実践力向上を図ること（スーパービジョン）を主目的とした事例分析の過程でもある。またスーパーバイジーより出された実践事例の課題に則して事例検討での焦点化が図られるため、その内容によってはケアカンファレンスや事例研究などの要素を含んで展開されることもある。事例研究の傾向が強くなる理由が、スーパーバイザーの視点や力量に影響されているのか（偏りが生じているのか）、スーパーバイジーの中にある課題によって事例研究の傾向（むしろ事例分析の視点）が強くなるのかによって、対処は異なることになる。
　OGSVモデルによるスーパービジョンとして事例検討を行う場合には、スーパーバイジーにおける「意識化」の作業があり、そこにはスーパーバイザーとしての役割（課題）がある。スーパーバイザーが、スーパービジョンとしての事例検討を進める上では、一つに「目の前のスーパーバイジー（援助職者）を思いやる心」がカギになる。スーパーバイジーにおいては、自らの実践において様々な課題を抱えることになり、それは業務遂行に関するものから、情緒的な対処、自己覚知に至るまで多様である。このスーパーバイジーの多様な課題に対して、クライアントとスーパーバイジー（援助職者）との対等な関係性への視野に立って、まずはスーパーバイジーの求めるところ、その思いに共感し受容できるか否かで、その後の展開に大きく異なっていく。この点でスーパーバイジーに対する姿勢のブレ（置き去りにするような事態）が生じていないのであれば、展開で事例研究の傾向が強くなっていたとしても、スーパービジョン実践としての位置づけは失われないと考えて良いのではないか。

> 事例検討とスーパービジョンの違いが分からなくなる、立場の違いなのか？

　スーパービジョンでは、「監督・指導」という表現に象徴されるように、人材育成に関わる方法として援助職者の専門性や専門的業務の総体的な実践力に焦点があてられている。またスーパービジョン実践は、「スーパービジョンを目的として事例検討を行う」という考え方が基盤にあり、基本的な実践過程は変わらないものの、その目的や課題の内容などによって展開や作業の流れ、留意事項などが異なっていく。また、事例検討を行わないスーパービジョンの展開手法もある。スーパービジョンは事例検討をする際の目的であり、事例検討はスーパービジョンの一つの手段である。

> 終了したケースを振り返る意味って？　援助職者はそれぞれ不安を抱えながら、その時々ベストと思える判断で動いていると思う。

　そもそも、スーパービジョンは人材育成がその核となる目的である。経過中のケース以上に、終了ケースから学べることがたくさんある。その一方で、適切な仕事の後ろ盾としての目的もスーパービジョンにはある。そのため本来は、経過中に何回かのスーパービジョンを受け、終了後（終了直後が望ましい）に振り返りのスーパービジョンを行うのが基本となる。そうすることによって、スーパーバイジーは自らの成長と課題の両面から自覚（自己覚知）を得ることが可能となり、クライアントに対する援助に責任をもって取り組むことができるようになる。つまり、実践の振り返りは、自身が対応した個々のクライアントへの援助の質を担保する作業であり、責任を果たすための手段の一つである。援助実践を振り返るということは、結果の出ている内容の効果と問題点を捉える作業でもある（効果測定、支援内容の検証）。それは同時に、援助

職者の熟成段階を評価することにもなる。それ故に、この作業をしっかりと行っておくことでスーパーバイジーにおける達成課題が具体化され、援助職者としての問題意識やモチベーションの維持・向上も図られていくことになる。

　また、OGSVモデルによるスーパービジョンでは、終了ケースがスーパービジョンの場に挙がることによって、効果的な援助方法が確認できると位置付けている。また、グループで行うことによって、参加メンバーがその成果を共有し、新たな方法を得るきっかけになると考えている。援助職者が自信をもって取り組めるようになること、援助職者における「その時々のベスト」のレベルアップは、クライアントの利益につながることであり、クライアントへの福利を図るというスーパービジョンの重要な目的にもかなっていると言える。

　同様に、スーパービジョン実践では、援助職者の中に課題（後悔の念や腑に落ちない思いなど）を残して援助が終了した場合には、その課題をできる限り長期に引きずらないようにする意味での振り返りが不可欠であると位置付ける。その後の仕事におけるリスクを最小限にすることも、クライアントの利益を守る上でのスーパービジョンの重要な役割の一つである。

■スーパーバイザーになる

　スーパービジョンが人材育成を目的とするものである以上、本人の意思に関わらず職務としてスーパービジョンに取り組む場面が生じることになり、スーパーバイザーの位置に立たなければならないこともある。一方で、スーパーバイザーとしての対応では、自らの受けてきたスーパービジョンやスーパーバイザーに多くの影響を受けるとされる。言い換えれば、自らが行うスーパーバイザーとしての方法は、自身の受けたスーパービジョンの方法が土台になるため、スーパービジョンを意識して受けていなければ、スーパービジョンを行うこと自体も困難である。

> 研修を受けただけでスーパーバイザーになれるものではないと思うが、どこで経験を積めばよいのだろう？

　スーパーバイジーとしての積み重ねの上に、スーパーバイザーとしての積み重ねが必要である。ただ、スーパーバイジーとしての経験を重ねるだけで、自然にスーパーバイザーを担えるようになるというものではなく、スーパーバイザーとしての訓練も重ねる必要がある。地域で継続的にスーパービジョン活動を実施しているグループに参加することや、自らグループを結成してスーパーバイザーを招聘する方法などが考えられる（本書第6章を参照）。また、スーパーバイザー養成目的などの研修に参加するなどして、目的意識を共有できる仲間を求めてみるなど、まずは周囲に情報を求めてみることを勧めたい。さらに、自らがスーパーバイジーとしての場、スーパーバイザーとしての場、ピアグループという双方を兼ねた場、を合わせて持てればなおよい。例えば第6章で紹介した特定非営利活動法人ろっきーずでは、その全てに対応できるような複数のプログラムを用意してきている。待つ、求めるに加えて、時には創るという発想、意欲が必要となることを忘れないでほしい。

> グループの中でスーパーバイザーを担うのは、経験年数の長い人が適しているのか？

　スーパーバイザーは、経験年数ではなく力量で決まる。スポーツを例えにおいてみても、年長者が監督になるわけではないし、名選手が監督の力量を持つというものでもない。スーパーバイザーとしての力量が何であるのか、どのように量る（評価する）のかは難しいテーマであるが、私は専門性の基盤を前提にした①情報処理技能、②関係形成技能、③コミュニケーション技能、④コーチング技能の4つを不可欠なものであると考えている。（OGSVモデルの基盤については、『身体知と言語』

（奥川幸子著、中央法規）を参照されたい）

■スーパービジョン実践への理解を深める

　OGSVモデルによるスーパービジョン（スーパービジョン実践）では、スーパーバイジーのもつ力を引き出し、高めていくことに主たる着眼点を置いている。スーパーバイザーにおいては、この着眼点の主旨を理解することや実現に向けた意識と実践力が求められることになる。

> 「自己覚知」は難しい……。技術を磨けば、無意識に感じてしまう「好き・嫌い」という感情を抑えて良い援助ができるようになるのか？

　自己覚知の深まりと（対人援助）技術を磨くこととは、異なるものと考えた方が良い。スーパービジョン実践の取り組みとして考えるとき、自己覚知を深める取組みは内省化（内省の作業）であり、技術を磨くためには訓練や実践が必要である。内省化と訓練・実践とは連動するものだが、援助職者の課題によってそれぞれに対応する場面や取り組みを必要としている。自らの「好き・嫌い」の感情への対処は、内省化によって自己覚知を深めることから始まる。そもそも、私自身は「好き嫌い」という人間的な感情を抑える必要はないと考えている。ただ、「好き嫌い」の感情から、援助場面で差別（異なった対応を）することは避けなければならない。（「統制された情緒的関与の原則」バイステックによれば、抑制ではなく統制が求められるもの。）援助職者の基本は、自らの感情を自覚してクライアントに関わることであり、そのために必要となるのが自己覚知の深まりである。この点では、磨くべきはむしろ技術ではなく人間性になる。なおOGSVモデルでは、例えば「好き嫌いの感情がどこから生じているのか」を明らかにしたり、その「感情との上手な付き合い方」を考えたりする（スーパービジョンの焦点となる）。難しい（というよりは手間ひまかかる）からこそ、自己覚知を深め、自らの人間性を整えていくための内省化を図るスーパービジョン実践が必要

となる。

> スーパーバイザーの能力により事例検討の進め方や結果が変わってしまわないのか？

　スーパービジョンは、スーパーバイザーからスーパーバイジーへの伝達作業であり、スーパーバイザーの力量や関わり方などによって、結果や到達点が大きく変わってしまう可能性がある。スーパービジョンは手法や方法・モデルとともにスーパーバイザーの力量にも大きく影響される。手法やモデルは道具に過ぎないので、取り扱う人間によって異なった結果を生じることになる。ただ、「目指すべき方向（真理）は本質的に同じである」との考え方が対人援助（科学）の基本であり、「異なる結果」というのは「到達点（到達度）」の相違の範囲で許容できるものでなければならない。明らかに方向性を異にする結果がでているとすれば、再吟味の必要がある。
　OGSVモデルの場合、臨床像や問題の中核の捉え方によって、スーパービジョン実践における焦点化の作業や道筋が異なっていく。また、捉えている臨床像や問題の中核は共通している場合でも、焦点化への展開（流れや組み立て）はスーパーバイザーの個性を反映したものになっている。やはり、問題の中核を的確に捉えることが何よりも肝心である。

> OGSVモデルの展開方法は、グループで1つのイメージを作り上げてしまう危険もあるのではないか？

　展開方法によるというよりも、スーパーバイザーの姿勢によって、特定のイメージに誘導する危険性は否定できないだろう。この危険性は、多くのモデルや方法において内在していると考えるべきである。この危険を回避するためには、やはりスーパーバイザーの力量が問われる。スーパーバイザーが誘導したり、イメージを固定化したりせず、またメ

ンバーの発言に惑わされることなく、多面的で柔軟な視点（多様な発想）をメンバーから引き出し、様々な可能性を検証していこうとする姿勢を持つことである。そしてそれを可能にする技能を、スーパーバイザーは身につけている必要がある。スーパービジョン実践は、説得（術）ではないし、一方的な指導（方法）でもない。スーパーバイザーは、スーパービジョン関係を通じてスーパーバイジーの言葉や考えに耳を傾け、謙虚に向き合うことを忘れてはならない。

> グループメンバーのレベルが低い場合、間違った方向に行くことはあるのか？

　グループでの検討内容が本質と異なる方向に向かうことは、どのような議論の場であっても当然ながら起こり得る現象（リスク）である。スーパーバイザーの存在が必要となる所以であるが、スーパーバイザーの姿勢や力量によっては、スーパーバイザーがいても起こりうる状態でもある。また、ピア・グループスーパービジョンでは、グループ全体の力量によって起こりうることになる。残念ながら、力量に起因するリスクをスーパービジョンの場面の中ですべて取り除くことは難しいのではないだろうか。ただ、リスクを恐れるあまりに自己研鑽の場を否定してしまっては、力量を高める可能性を失ってしまうことにもなり兼ねない。自分たちの力量不足や課題を自覚した上で、時々でも良いのでスーパーバイザーを求めて検証や指導を受けていこうとする方がよほど意味がある。スーパーバイザーの立場においても同様であり、自らのスーパービジョン実践の内容についてスーパービジョンを受けていくことをお勧めしたい。

> 質問の整理、情報の整理は訓練次第で向上するのか？

　OGSVモデルでは、"問いかけ"の技能が求められている。そして、

対人援助技術と同様に訓練しだいで向上が可能であると考えている。そもそも、スーパービジョン実践における質問や情報収集の技能は、相談援助面接におけるそれと変わらない。異なっているのは、情報収集の枠組みと流れの組み立てである。このことを「質問の整理」として考えるのであれば、知識を身につけ使いこなしていけるようになれば、質問の力を向上していける。一方の、「情報の整理」は枠組みとともに情報分析・統合を図るための知識と、その活用を図る技能が必要である。「情報の整理」は、理論と実践をつなぐ作業でもある。こちらの方は、その向上のための訓練が容易ではないのかもしれない。ただ、事例分析のツールや手法がたくさん存在し、その習得プログラム（教育訓練の場）も数多い。その場への参加と訓練によって、スーパービジョン実践における「情報の整理」の幅と手法を拡大していくことは可能である。そして、その向上のためには、意図的な訓練と実践的経験の積み重ねが不可欠である。

> 臨床像には個人によって見方の違い、正解・不正解はあるのか？

　OGSVモデルにおける臨床像は、そもそも個々人の中に生成されるイメージを意味するものであり、違いが生じることを前提としている。そして、OGSVモデルによるスーパービジョン実践の展開過程においては、その違いを尊重しつつも、真の姿（本質的な臨床像の実像）に近づいていく過程が重要と考えている。正解、不正解という2極判断はそぐわないが、真の姿に迫っていくという意味で適切（沿う）・不適切（沿わない）の相違は存在する。スーパービジョン実践における臨床像の共有とは、正解探しをすることではなく、様々に表現される臨床像の違いと共通点を相互に話し合い、捉えられるべき真の姿（「どのような人が」「どのような状況に置かれているか」や「問題の中核」）への認識を深めていくことである。名画が人々に与える印象は多様であるが、描かれている世界、描き手の表現の核心は揺るがないものであるように、

クライアントが生きてきた軌跡と生きている世界（いま）は、クライアントにとって無二である。

> スーパーバイジーが、スーパービジョンを受けた内容について他のスーパーバイザーを求めて再度スーパービジョンを受けることはできるのか？

　組織的な位置づけや職務規定、守秘義務などによる制約を受ける可能性は考えられるが、同一の実践について複数のスーパーバイザーからスーパービジョンを受けることは、実際に行われている。また、一人のスーパーバイジーが、並行して複数のスーパーバイザーからスーパービジョンを受ける体制をもつことも可能である。相互に補完し合いながらスーパービジョンの効果を深めたり、多面性をもって育成が図られる効果が期待できる。ただ、双方において、複数のスーパーバイザーの関係性による混乱が生じないように留意する必要がある。

　例えば、まず職場の指導者や先輩などによるスーパービジョンを受けて後に、さらに上位の上司や管理者によるスーパービジョンを受ける場面や、職場内のスーパーバイザーによるスーパービジョンに納得できず外部にスーパーバイザーを求める場面があるとする。この時に生じるであろう複数のスーパーバイザー間における差異は、スーパーバイジーの負担となったり判断を誤らせる要因になってしまう可能性も否定できない。そのため双方の位置づけをどのように扱うのかは、あらかじめ明確になっていることが望ましい。同様に、並行して複数のスーパービジョンの場面を持つときには、複数のスーパーバイザーが担う役割や内容が異なっていること、あらかじめ役割分担が図られていることなどが求められることになる。

　スーパーバイザーとしての取り組みを始めるには、スーパーバイザーになるという自覚をもつところから始まる。そのため、きっかけや経緯に関わらず、誰もが改めて自分自身と向き合うことを必要とする。人材

育成に係るスーパーバイザーとして、自分からは何を伝えていくのか、伝えられるのかを認識する。対象となるスーパーバイジーの向かう先は、自分自身の辿ってきた道に重なるものである。スーパーバイザーになるということは、職業人（援助職者）としての自分を整えることでもあるのだから。

第2節 スーパービジョン実践を始める

●スーパービジョン実践を準備する

　先ずはスーパービジョン実践を開始し、継続していくことが必要である。しかし、ただ集まれば実施できるというものでもない。意義や効果のあるスーパービジョン実践を継続的に進めていくためには、やはり環境づくりや準備が必要である。また、共に取り組む仲間づくりやグループの関係性が、スーパービジョン実践における学びや発展に大きく関わってくる。思いや目的意識を相互に確認し、一定の共有化を図っていく姿勢と行動が求められている。

> どの程度の時間が必要か？　長時間では、現場には活用しにくいと思うが。

　スーパービジョン実践では、慣れても60分〜120分程度は必要である。3時間の設定で開催している地域のグループや、複数回の実施も想定しながら2時間設定で繰り返して実施している例もある。また、施設内や居宅支援事業所内、法人内などで「月に1回実施」というような取り決めをして1〜2時間程度で実施している例もある。つまり取り組む方々の意識に委ねられている。時間の確保が限られる職場内では、個人スーパービジョンとグループスーパービジョンを組み合わせて実施するとよい。慣れれば、個人スーパービジョンは内容や場面によって10分〜60分程度で実施できる。

> メンバーの力量は同じくらいのほうがよいのか？ばらばらでもよいのか？

　目標や課題を共有する上では、一定の範囲内で力量も同様の方が効果は高いと考えられている。力量と同様に、問題意識や目的意識も共有可能な範囲でまとまった方が効果的である。共有される点が明確であれば必要以上にまとまる必要はないと思うが、力量や意識があまりにもばらばらでは、達成感や満足度に格差を生じ、活動そのものの継続も困難さをますことになる。不本意な離脱者を生じないためにも、相互の違いや差異を補完的に生かしながら、お互いに学んでいける関係づくりを図りたい。

> グループスーパービジョンが良いか、個人スーパービジョンが良いかの基準はあるか？

　一般的に客観化された基準の存在は明確ではないが、スーパービジョンの実施は個人スーパービジョンが基本とされている。一方で、グループスーパービジョンでは、メンバー間の力動や関係性を生かした展開に着目され、学びの広がりを指摘する声もある。また OGSV モデルは、グループ力動を意図しながら、グループでの展開を基盤に形成され発展してきた。しかし、グループの力を生かした学びが効果的なときもあれば、グループでは自己表現が難しいスーパーバイジーの状態や実践内容もある。このようなことを考えれば、スーパーバイジーの課題や状態（心身の状況や学びの姿勢など）によって、個人スーパービジョンとグループスーパービジョンの区別や使い分けを図ると良いだろう。私は職場内でのスーパービジョン実践では、両方を組み合わせて、並行した実施を基本にして場を設定してきている。

> スーパーバイザーが司会をするべきなのか？司会者とは別にスーパー

バイザーを作るべきなのか？また、スーパーバイザー不在でもセッションは成立つのか？

　グループ構成員の力量や課題によって、可否やより良い状況は異なると思われるが、OGSVモデルでは、司会役をスーパーバイザーに固定してきてはいない。司会役をメンバーから互選したり、複数の指導者等（例えばファシリテーター）が助言者と司会役に分かれて役割分担する形態もとられている。ただ、司会役にも訓練（一定の力量）が必要であり、メンバーにそれがない場合にはスーパーバイザーが司会役を担うことになる。また、特定のスーパーバイザーがいない構成でのスーパービジョン実践は、ピア・グループスーパービジョンとして位置づくものであり、構成員の力量次第で臨床像の深まりや的確さが異なるものの、手順的な流れは応用が可能である。

●スーパービジョン実践を展開する

　スーパービジョン実践を展開していくためには、スーパーバイザーや司会役に一定の実践力が求められる。だが、その実践力はスーパービジョン実践を行うことによって獲得され、高められていくものでもある。実際に取り組まなければ身につかない現実と、取り組むための力量が求められる現実の双方を受容し、踏み出さなければいつまでも思うだけのところに留まってしまうことになる。とにかくは、見様見まねで始めて見るところからスーパービジョン実践の実践力の獲得が進行していく。自らの援助職者としての実践力を高め続けながら、スーパービジョン実践を通じて更なる向上の場に臨んでいきたいものである。

・質問や確認は当初の課題に基づき行われていくのか？
・セッションの最中で検討課題が変わってしまうことはあるのか？

　臨床像を理解する段階では、当初の課題に関わらず必要な情報があ

り、それらの情報も含めて質問していくことになる。また、スーパーバイジーの気づきによって、スーパーバイジー自身が真の課題や直面している課題（優先するべき課題など）に気づき、その場の検討課題が変化する（変更される）ことはよく見られる現象である。

> 司会者が、事例に対する検討課題と、スーパーバイジーが何を持ち帰りたいのかのイメージをしっかりと持つことは必要か？行き当たりばったりでは無理なのか？

　まず大切なことは、イメージではなく、その場のスーパービジョンの目標（設定）である。事例提供者であるスーパーバイジーの思いを共有すること、それに基づく目標を言語化して確認することが不可欠である。ただし、この目標はその後の進行によって変更が可能なもので、必ずしも最初から確定的、固定的に定める必要はない。スーパーバイジー自身の中で定まっていない場合もあれば、スーパーバイザーが最初から把握できている訳でもなく、導入時は「とりあえず」の課題設定にしなければならいことも多い。これは、クライアントへのインテーク段階と全く同じ構造にあり、クライアントへの支援と同じように変化や変更が伴う。当然ながら、あてのない行き当たりばったりでは了解されないものである。

> 検討課題の焦点化の時にポイントがずれていた場合、メンバーやスーパーバイジーから発言があれば修正できるが、修正できなければそのまま質問に入ってしまうことがあると思う。そのときは課題の再確認の段階で修正することで問題ないのだろうか？

　最初の課題の焦点化（課題設定）においてポイントにずれが生じたり、導入時はずれていなくても途中で課題の焦点が変化することもある。必要に応じて、随時に検討課題の修正（ポイントの再確認）を行う

ことが可能であり、課題の再確認（意見交換に入る前の焦点化）の段階で修正が図られれば問題はない。また、メンバーからその発言（提言）が行われて修正を図る姿勢に問題はないが、スーパーバイザーの責任（力量）であることを忘れてはならない。スーパーバイザーとスーパーバイジーの双方にとって重要な最初の局面であり、丁寧に対応していきたい。

> 焦点化と課題設定とは同じか？

「（課題の）焦点化」はスーパーバイジーのつまずきや悩み、問題意識がどこに向いているかを明らかにすることである。一方の「課題設定」は、スーパービジョン実践におけるゴール（目標）の想定であり、スーパービジョン（事例検討など）の場面においてスーパーバイザー、スーパーバイジー、メンバーの間で共有が図られる作業目標のことである。

> 検討したい内容が変わってしまった場合の進行の仕方は？

まず、修正はいつでも可能である。また課題の焦点に変化が生じても、OGSVモデルによる展開の流れは基本的に変化しないので、進行に修正を図る必要はない。途中で検討したい内容が変わるということは、スーパーバイジーに何らかの気づきや発見が得られた場合が多いので、随時に気づきの内容や変更点を確認し、作業（流れ）は継続する。その段階までの成果（気づきや変化）を相互に確認して共有し、「さらに前進する」つもりの意識で流れを組み立てていけば良い。

> ・事例研究やケアカンファレンス（調整会議）になりがちな展開から、スーパービジョン実践への修正が難しい。司会が進行途中、修正の必要性を感じたときどうすればよいか？
> ・メンバーの立場から司会進行の流れに疑問を感じた場合でも、メン

> バーは発言しないほうがよいのか？

　事例研究としての事例分析に傾斜してしまうことでスーパーバイジーを置き去りにしたり、スーパーバイジーの課題からずれたりするような場面では、課題の再確認を行うようにする。つまり、事例分析（もしくは事例検討の作業）がゴールや目標ではなく、事例分析の先にグループの目標を置いていることを司会役が再確認する。場が混乱していて修正が難しい場合には、休憩を入れてから再開し、再会時に改めて確認することも一つの方法である。休憩を取ることで、司会役、スーパーバイザー（司会役を兼ねる場合は同一）、スーパーバイジーで課題を協議し直したり、頭と気持ちを整えること（クールダウン）が可能になる。

　一方、ケアカンファレンスのような展開となり、支援方法やケアプランの作成に傾斜してしまうような場面では、その内容についての結論を求めようとせずに、スーパーバイジーの思いや問題意識（スーパーバイジーの語り・表現）を引き出すように心がける。メンバーから出されるアセスメントやケアプランなどへの意見が、スーパーバイジーの気づきや成長に役立つことは少なくないが、押しつけとならないことが大切である。どのような情報から引き出されてくるアセスメントであるのか、どのような理由から提案されるケアプランなのか、その理由をメンバーに問いかけ語ってもらうことで、その発言（思考過程）がスーパーバイジーの学びのきっかけとなっていく。

　流れに対するメンバーからの発言に対してもスーパーバイザーは考慮しつつ、場の展開を修正していくことになる。（つまり、メンバーの立場から質問や意見・提案として発言しても良い。）場が乱れたり、スーパーバイザーやスーパーバイジーに混乱・過度な困惑が生じているようであれば休憩をとる。（メンバーから休憩を提案・要望しても良い。）

> ・メンバーからの質問がその場にあわないと司会が感じたとき「その質問は後にしましょう」と言ってもよいのか？

- 質問をしながら臨床像を明らかにしていく段階で、メンバーから意見が出たときに流れによってはそのまますすめても大丈夫か?

　できれば言わない方がよい発言だが、司会(スーパーバイザー)のスキルが未熟な場合など、ほかに方法がない場合もある。本来はその質問を受け付けた上で、スーパーバイザーがスーパーバイジーに質問し直す(質問を適切な形に加工、修正する)方法や、とりあえずスーパーバイジーの答えを得てから、本来の質問に戻れるような発言(スーパーバイザーによる質問やメンバーへの投げかけなど)を行っていく。質問の内容や性質によっては、質問したメンバーに対してスーパーバイザーからの質問(質問に対する質問)を返していくことによって、流れを組み立てる場合もある。なお、質問の場面で、メンバーから意見が出された場合にも同様の方法をとっていく。

- スーパーバイジーが言葉に詰まったとき、スーパーバイザーはどのようにフォローしたらよいのか?そのまま待っているほうがよいのか?
- 話が止まってしまったときの展開方法を知りたい。

　場面や状況によって対処法が異なるため、まず何故言葉に詰まっているのか、を考えて適切な対処を図る。基本は、コミュニケーション技法における「沈黙への対処」を参照したい。スーパーバイザーはスーパーバイジーの様子に細心の注意を払い、「沈黙」(言葉の詰まり)には重要な意味があることを忘れないでいたい。
　＊参考:沈黙への理解と対処
　　①質問の意味を考えたり、意味が分からなくて困っている場合
　　　・質問の方法や内容を変えて問い返す。質問の意味・意図を解釈する。
　　②応える内容を考えたり、整理したり、思い出そうとしている場合

・応えやすい雰囲気作りを意図しながら、応答を待つ。
　⇒考えがまとまらないような場合には、要約して問い返したり、例や選択肢を挙げて、確認してみることもある。
③質問に応えたくない場合、応えようか否か迷っている場合など
　・質問を変える。
　・少し待ってみる。
　・無理に応える必要のないことを伝える。
　・感情や態度を支持的な態度で受け止め、その意思を尊重する。
④抵抗感、不信感の表明などの場合
　・不適切な対応がなかったかを振り返り、謝罪や修正を行う。
　・感情の理解に努め、傾聴や受容の態度を明確にする。

・質問が行き詰った場合の展開方法はどのようにすればよいか？
・事例に関する質問がずれてしまったときの修正の仕方を知りたい。
・質問は流れに沿ったものでなくてはならないのか？
・自分の質問に対して知りたい情報が得られない場合、質問を繰り返してよいのか？
・知りたいと思う情報をなかなか引き出せないときの話のもっていきかたはどのようにすればよいか？
・確認や質問の仕方で答えを誘導してしまうリスクがあるのでは？
・質問のつるし上げにならないようにする方法は？

　基本的な考え方としては、スーパーバイザーが質問をリードすることである。また、情報収集は「知りたい」から行うのではなく、「必要である」から行うことを前提に考え、簡潔に質問する必要がある。さらに、スーパーバイザー自身は情報や発言（意見等）の整理を行なう視点から、スーパーバイジーやメンバーに質問を行っていく。メンバーの質問を補足するように情報収集の質問を重ねたり、発言の主旨を押さえるような質問を投げかけたりする。メンバーによる質問が続いているとき

はできるだけ場を見守りつつ、質問が行き詰まったりズレた場面に合わせて介入しスーパーバイザーとして押さえていきたい内容への質問を行うと良い。板書やメモ（シートを使った作業）を活用することで情報の整理を行ったり、休憩をとることで思考の整理や修正を図る方法もある。

　スーパービジョン実践において捉えておくべき流れとしては、「場の流れ」と「スーパーバイジー（メンバー）の思考の流れ」の２つがある。この「流れ」とは順序を意味するものではなく、『問いかけ⇒考察（思考）⇒学び（発見・気づき）の構造（ダイナミクス）』を有効に活用できる流れのことである。質問の流れは考察を深める上で大切であるが、この流れは手順に沿ったものでなく、場の流れを意味する。無理やり手順表に従って流れを作るのではなく、基本的流れ（手順）を土台としながらも、場の展開を活用したい。

　＊参考：スーパーバイジーへの質問の仕方の例
　○スーパーバイジーが情報を持っていない
　　　　　　　　　→関連情報の収集で補足する
　○質問の主旨が伝わらない　→質問の方法や表現を変えてみる
　○スーパーバイジー自身に情報を持っている自覚がない
　　　　　　　　　→ポイントを絞ってこまめな質問を重ねていく
　○スーパーバイジーが情報提供をためらっている
　　　　　　　　　→その情報を必要とする理由を説明する
　○スーパーバイジーが情報提供に否定的（拒否的）である
　　　　　　　　　→無理やりの質問をやめ、タイミングを改める

　例えば、自分の知りたい情報が得られない場合、なぜその情報が得られないのかを考えることが重要であり、その状態によって有効な対応の仕方（流れ）が変わってくる。多くの場面では、質問の仕方が悪いか、情報がない（スーパーバイジーが把握できていない）ことがその理由として考えられる。質問の仕方が悪い場合には、質問の方法や内容を変え

る必要がある。情報がない（スーパーバイジーが把握していない）ところに質問を繰り返しても、責められているように感じさせてしまうだけで、情報は得られない。少なくともスーパーバイザーは、その状況を見極めて介入していく（流れをリードしていく）必要がある。そして「質問による誘導」「問いかけによる誘導」のリスクを回避するには、一方的な結論への誘導に偏重するスーパーバイザーの視点（展開）は避けなければならない。質問の偏りや誘導を防ぐためにも、スーパーバイザーとしては、スーパーバイジーにおける事実関係の記憶（対応の場面）や気持ちに関する発言（質問）から引き出していくように心がけると良い。さらに、あらかじめ答えを限定したり特定の気づきを期待するような質問にならにように気をつけておきたい。（知識の有無やその理解の内容などを確認する質問では、あらかじめ期待される答えが存在することになるが、これは誘導とは異なるので問題はない）

●スーパービジョン実践の成果と実践力を高める

スーパーバイザーとしてスーパービジョン実践に取り組む以上は、クライアントとスーパーバイジーに役立てる存在でありたい。しかし、スーパーバイザーとしてどのようにその役割を果たしていくのか、スーパーバイザーとしての実践力を如何にして高めるのか、その答え（課題）は一つではなく、それぞれのスーパーバイザーによって異なっているようにも思われる。それでも答えを求めるとするならば、スーパーバイザーとしての「私」が自分を知り、自分という存在をスーパーバイジーに柔軟に提供できるようになることではないだろうか。自分の得てきた知恵や技術を伝えていくとは、その姿を分かりやすく伝えることから始まる。見せることから始まるが、見せるだけでは伝わらない。見せて、説明して（語って）、させてみるなど、具体的にわかりやすく表現すること、その場を持つことから始めたい。

> どの時点でまとめに入るべきなのか？

スーパーバイジーの達成段階や課題、気づき（思考や発見など）に応じて行われるが、グループスーパービジョンの場合には共有課題や時間設定に応じて行なう視点も求められる。当然ながら、それまでの流れを活かすなどスーパーバイザーの判断（力量）が問われる段階でもある。臨床像の共有作業を行った段階で、臨床像についてのまとめ（絵解き作業）を行ってから、共有課題への取り組み（協働作業としての話し合い）に入る場合もある。この場合には、話し合いの後にも改めてまとめを行う必要がある。臨床像の共有からまとめを行わずに話し合いに移行した場合には、その深まりと時間制約とのバランスからまとめのタイミングを見極めることになる。そして深まり具合の見極めにおいては、事例提供者であるスーパーバイジーの状態を第一に考える。例えば、スーパーバイジーの気づきや考察の適度な深まりを求めつつ、辛くなりすぎない段階（思考や受け止めの余力が残されている状態）でのまとめ作業を意図する。スーパーバイザーの満足感や納得が、スーパーバイジーと同じであるとは限らないので注意しておきたいところである。

> スーパーバイザーが思っていたこと（想定）と、スーパーバイジーが得た答え（気づきや学びの内容）がずれてしまうことはあるか？　あるとすれば修正するのか？

　スーパービジョン実践に挙がってくる実践内容を通じてのスーパーバイザーの想定と、スーパーバイジーの状況や気づきの内容にズレを生じることは珍しいことではない。しかしスーパーバイザーは、スーパービジョン実践を通じてスーパーバイジーの実践力を見積り、それに応じた学びの場をスーパーバイジーに提供していく役割を担う。OGSVモデルでは、スーパーバイザーがスーパーバイジーの学び（気づきや発見）を引き出すことを意図するが、強引な誘導を意味するものではない。スーパーバイジーの実践力や状態に応じた対応が基本である。
　ただ、クライアントの福利を重視する側面もあり、スーパーバイザー

の立場からスーパーバイジーに対する指導や示唆を行う。この指導や示唆の内容が、スーパーバイジーの得た内容に対して修正を加える形になることは起こりうる場面でもある。スーパービジョン実践においては、スーパーバイジーの得た答え（気づき）を一方的に修正する視点には立たず、「補う（助言する）」視点に立つ。例えば、「〜ではなく、〜ですよ」という表現ではなく、「〜と気づかれたのですね。では、〜との考え方はいかがでしょうか」と問いかけ、解説を加えたりする。（場面や内容によって異なることから、具体的な対処法も場面に応じた多様な方法を習得する必要がある。）また、明らかに間違った内容であり、スーパーバイジー自身で気づくことが出来なければ、スーパーバイザーより指摘しなければならない。大切なことは、押しつけの修正や提示ではなく、スーパーバイジーの理解や納得を尊重しながら進めていくことにある。

> 問題の中核を見つけ出すための注意点を知りたい。

　客観性、科学性つまり知（身体の知、経験の知、臨床の知、科学の知）の活用である。感覚や経験に頼って思い込まないこと、決め付けないこと、を心がけ、あらゆる可能性を探ること、簡単に納得しないこと、安易に結論付けないこと、など様々に考えられる。私の場合で言えば、知識の積み重ね（情報収集）、知識の活用の繰り返し（試行錯誤）、検証の反復（振り返り）、内省作業を通じた言語化（例えば、記録に残したり、説明したりすること）による鍛錬を行ってきている。

> 対処的具体例を示すのではなく、援助職者に気づきを与える手法は難しいがどうすればいいか？

　「気づきを引き出す」手法は簡単ではないが、コーチング・スキルなど様々な技法が広く紹介されている。OGSVモデル特有の手法というわ

けではないので、知識の獲得と活用に心がけながら訓練していきたい技の一つでもある。また本質的には、援助職者としての実践力を高める視点に立ち、援助実践に生じている問題の中核を捉え臨床像の共有化を図っていくことができれば、スーパーバイジーにおける気づきは得られていくと考えられる。つまり手法の難しさというよりも、問題の中核を捉え臨床像を捉えていくことの難しさではないか。

なお OGSV モデルでも、スーパービジョン実践において「対処的具体例の提示」は行われる。その段階（時期）が、「サポーティブな支援」の場面であり、スーパーバイジーの意思と実践力（熟成段階）を尊重しつつ、今後に向けて必要となる助言（提案）を行っていく。この段階までに、「問いかけ」という過程を重ねる意味は、「スーパーバイジー自身が考える時間を確保する」ことであり「考えさせてから、教える」ということにある。「自ら考える力」こそが、援助職者の自立の一歩であり、基盤であるとの基本的な考え方に立っている。

・司会を行いながらホワイトボードへ記入するのは大変だが、別に書記を置いても良いのか？
・事例を板書する仕方に決まりはあるか

スーパービジョン実践における定めはなく、記述する目的や内容などによって、司会（またはスーパーバイザー）が記述したり、スーパーバイジーに記述させたりすることもある。また、記録係や司会の助手を置くなど、様々な方法によって役割分担を行ってよい。グループスーパービジョンの目的や構成メンバーによって対応を判断することが望ましい。ホワイトボードを活用する場合には、「何を、どのように記述するのか」をあらかじめ決めておく場合もあれば、場に応じて活用されることもある。スーパーバイジーやグループのレベルと課題に応じて選択、設定することが期待される。

・スーパーバイジーが気づけたか、そうでないのかは何処で判断するのか？
・どのように気づかせたら良いか？
・情報が十分に取れていない場合、スーパーバイジーを傷つけない質問の仕方は？
・課題の焦点化や目標の再設定などで使う言葉掛けを知りたい。
・スーパーバイジーの問題意識が低い場合に、スーパーバイザーとしてどのように介入するか？

　コミュニケーション・スキル（観察力、質問力、洞察力、共感力など）を身につけることが基本である。スーパーバイジー自身については、スーパーバイジーの様子や言動（発言）、振り返りなどから把握していくことになる。一方、スーパーバイザーの「気づかせる」という視点（姿勢）からでは、スーパーバイジーの気づきは得られない。課題の焦点化を通じた流れの中での学びへといざなう視点が肝心である。

　スーパーバイジーを傷つけないように展開するためには、信頼関係に裏付けられたスーパービジョン関係が不可欠であり、関係形成のコミュニケーション・スキルが役立つ。課題の焦点化や目標の再設定などでも同様であり、面接技法や面接技能が基盤となる。（例えば、要約、解釈、焦点化の技法など）。またスーパーバイジーの問題意識に対しても、スーパービジョン関係が不可欠である。OGSVモデルの視点から考えれば、「問題意識が低い」ことがスーパービジョン実践における最優先課題となるが、業務上であれば指導が必要である（「問いかけ→気づき」とは異なる方法）。業務外（個別契約、研修など）であれば、スーパービジョン関係を土台とする話し合い（相互理解）から始めることになる。意欲の無いところに学びは得られないと言われ、その意欲を引き出すことから始めなければならないからである。この点で見れば、OGSVモデルによるスーパービジョン実践では及ばない限界もあると言わざ

を得ない要素である。

　スーパーバイザーとしてスーパービジョンに取り組むとき、ほとんどの援助職者はスーパーバイジーに対して何かを伝えようとしているし、伝えたいと考えている。それはスーパーバイザーの役割の一つであり、必要なことである。だが、伝えようとしていることをスーパーバイジーが受け取っていけるようになるためには、スーパーバイザーとスーパーバイジーのそれぞれにおいて、それなりの準備状態と環境、場と関係性を必要としている。スーパービジョンの第一歩は、そのモデルや手法に関わらず、スーパーバイザーが自らのスーパーバイジーを知ることである。OGSVモデルによるスーパービジョン（スーパービジョン実践）では、そのための第一段階として「聴く」ことから始めていく。スーパーバイジーによる語りに耳を傾け、スーパーバイジーの思いに向き合う。援助実践の基礎と同様であるその第一歩は、スーパーバイザー自身の援助職者としての実践力を土台としている。

　スーパービジョン実践に向けて、まずは

援助職者としての自分づくりから始めよう

　　　　　　　　　　　　　　　　　　　ではありませんか。

巻末資料

巻末資料1

対人援助職者のポジショニング・シート
〈演習用・ダイジェスト版〉

－援助職者としての私が置かれている状況をポジショニングしておく－
私は、誰に対して、どこで、何をする人か。

【援助職者のポジショニング】

個人の心とからだの歴史

1. 生育歴／生活歴－印象に残る出来事。これまでの人生の軌道と自身の受け止め（感想）。
 （例；病気や事故の経験、家族の困難、受賞や功績、転居・転職、出会い　など）

___

___

2. 進学／職業志望の動機－なぜ、援助職者（現在の職種、専門職）になったか。なぜ、今の職場を選んだか。進学時の動機や進路選択時の理由・条件、思いやこだわり。

___

___

3. 自身のソーシャルサポート・ネットワーク－心の支えや人生の支援者は誰か。周囲の関係者が、自身の意思決定や行動にどのように影響しているかを、考察してみる。

___

___

「私」の立場の確認（意識して、明確にする）

1. 誰に対して－実践の対象としているのはどのような人（クライアント）たちか。自らが対象として望んでいるのは、どのような人たちへの援助か。

   _____
   _____
   _____

2. その誰（クライアント）とは、どのような問題を持っている人か。－対象となっているクライアント達の、置かれている状況や抱えている課題は何か。

   _____
   _____
   _____

3. 「私」が働く場のポジショニング１－所属している機関や施設・法人等の機能と役割を、設立の経緯、設立理念、経営姿勢や実践理念の発展経緯とその内容、などから理解する。また、サービス内容の特徴や規模、その展開の実態などの説明を可能にする。

   _____
   _____
   _____

4. 「私」が働く場のポジショニング２－所属する組織、部門の機構・組織図を把握し、命令系統や意思決定の流れを明確化する。また、責任の範囲や分担・分限の特性を知る。

   _____
   _____
   _____

5.「私」が働く場のポジショニング3－地域での位置付け、地域との関係を把握・考察する。周辺マップ、地域における社会資源マップを作成する。

_____
_____
_____

6.「私」が働く場のポジショニング4－組織や他職種との関係における自らの位置を知る。ネットワーク図（エコマップ）を把握し、自己の意思決定や行動（実践）への影響を考察してみる。（バックアップ、サポート、ブレーキ、ブロック……となる存在）
　また、自らの責任の範囲を整理する。

_____
_____
_____

【対象者・利用者のポジショニング】

　歴史的認識・時代背景。国際（国家・政治）的地域特性。広域的地域特性（県内とその周辺など）。生活地域の特性（居住地域や職場など、日常的な生活範囲）。行政区域的な特性（都道府県、市区町村における特徴や周辺区域との関係）。

_____
_____
_____

【実践過程における対象者のポジショニング】　事例演習課題

今、目の前にいる人はどこにいるか。－過去、現在、未来の座標軸でみる。対象者自身と取り巻く状況をみる。

1. 問題の種類と性質、程度の理解－問題とニーズの把握〜４つの問題「表現された訴え complaint、悩み・困っていること trouble、必要不可欠なこと need、要求 demand」、隠されたニーズを引き出す。→アセスメントの中核
   意思決定や行動の傾向や特徴を捉える。

   _____
   _____
   _____

2. クライアントが有している力の把握と理解－ソーシャルサポート・ネットワーク、個人的な資源（性格、対処能力、強さ）を把握する。→エコマップの作成など

   _____
   _____
   _____

3. 生育歴／生活歴－個性と歴史（時代、文化、社会の影響）、置かれている状況や背景を理解する。

   _____
   _____
   _____

巻末資料

【実践過程におけるポジショニングの統合化】

クライアントの置かれている状況を的確に把握し、分析する。
自分（援助者）の置かれている状況を明確に洞察し、分析する。

クライアント・システムと援助者、援助者の
バックアップ・システム（背景）の相互交流をとらえ、
専門的援助関係の構図とその過程（推移）を分析する。
↓
ストーリーを描く。（絵解き作業）
対人援助実践の枠組みをもつ。（構造と手順）
↓
援助実践の目標と達成過程（計画）を想定する。
↓
サポートシステムの形成と役割機能の設定を行い、
自身の位置付け（役割機能の明確化）を図る。ーシナリオと演出

＊注ーこの過程では、自らに必要な知識・技術、技能を理解し、その把握、習得に努めることが求められる。

【事例演習の作業過程】

演習事例1

①必要な情報を話し合う。ー特に、重要な情報、はじめに把握する必要のある情報。
（何から確認するか。何から把握していくか）

_____
_____
_____

②クライアントの抱える問題、課題を話し合う。
___
___
___

③アセスメントと援助計画を作成する。
___
___
___

演習事例2
（職種別の例）
2-1）臨床像を描いてみる（絵解き作業の実践）
　a クライアントや介護支援専門員（ケアマネジャー）の状況（心情や直面課題）を理解する。
　b クライアントと介護支援専門員（ケアマネジャー）の相互交流を理解する。
　c 要介護者とクライアントの置かれている状況を話し合う。（クライアント・システム）
　d 援助実践をシミュレーションする。
　e 意見交換と考察。

2-2）臨床像を描いてみる（絵解き作業の実践）
　a クライアントや医療ソーシャルワーカーの状況（心情や直面課題）を理解する。
　b クライアントと医療ソーシャルワーカーの相互交流を理解する。
　c 患者とクライアントの置かれている状況を話し合う。
　d 援助実践をシミュレーションする。
　e 意見交換と考察。

巻末資料2

クライアントを理解するためのワークシート（2-1）

＊クライアントの生きがいと人生の指標がどこにあると考えられるか？

「1」（クライアントについて）

クライアントは何に困っている（悩んでいる）か？（クライアントに起こっている出来事は何か）

___
___
___

クライアントは、それを、いつ・どこで・だれに・どのように、訴えているか？

___
___
___

クライアントが望んでいること（期待）は何か？→求める結果は何か？

___
___
___

クライアントが期待の実現に向けて、具体的に求めている（要求している）ことは何か？

___
___
___

そのクライアントが望み、また求めている内容は、どのような理由、経

緯や背景からか？
_____
_____
_____

クライアントはどのようにして問題（困難）を解決しようと考えていると思うか？
_____
_____
_____

クライアント・システム／エコシステムから何が捉えられるか？
_____
_____
_____

あなたが考える有効な方法、解決策は何か？（クライアントの考える方法は有効と考えるか？）
_____
_____
_____

支援システムを把握するためのワークシート
（2-2）

援助職者（スーパーバイジー）が困っていることは何か？
－自覚する課題や問題意識
（例えばクライアント理解、援助の方針や方法、スタッフの方針等）
_____
_____
_____

援助職者が困っている内容は、誰のことか？（クライアント、職場内、援助者自身、その他）
_____
_____
_____

その対象（誰）は、援助職者をどのように認識（理解）していると考えられるか？
_____
_____
_____

援助職者はその対象（誰）をどのように受け止め、問題点をどのように考えているか？
_____
_____
_____

＊以下は、援助職者（スーパーバイジー）、支援担当者（スーパーバイジー以外の援助職者）、関係スタッフ（支援チーム）間の相違の有無を考慮して

援助職者・支援担当者や関係スタッフのクライアントに対する方針は適切と考えられるか？　どこが良く、どこが問題と考えられるか？
_____
_____
_____

援助職者・支援担当者の考えや姿勢、その対応などに対し、プラスの評価ができるところは何か？
_____
_____
_____

援助職者・支援担当者とクライアントの関係（援助関係）はどのようになっていると考えられるか？
（クライアント・システムと援助職者・支援担当者の相互作用、エコシステム内での援助職者・支援担当者の位置・役割機能）
_____
_____
_____

あなたは、援助職者（スーパーバイジー）にどのような問題提起、指摘、アドバイスを考えるか？
_____
_____
_____

あとがき

　OGSV モデルに関する集約と本書を通じてのご紹介については、本来であればスーパーバイザーである奥川幸子氏と関係する多くの先輩スーパーバイジー、グループメンバーと議論し、精査しながら進められるべきものと考えております。本書の中でもお伝えしてきましたように、スーパーバイザーとしての奥川幸子氏と私を含むスーパーバイジー・メンバー、仲間による協働の結果として具体化されてきたスーパービジョンの形が、OGSV モデルによるスーパービジョンという成果物です。成果をまとめる本書の企画は、今から10数年も前より中央法規出版の松下寿氏よりいただいていたお話であり、当初は奥川氏による人選を経て、同氏を筆頭にしながら先輩スーパーバイジーである髙橋学氏、メンバーとして取り組んできた齊藤順子氏や取出涼子氏をはじめとするチームでの取り組みとして進められるはずでした。しかしながら、様々な事情が重なるなかで、なかなかチームとしての具体化を図れないままに時が過ぎてしまい、髙橋氏や齊藤氏はそれぞれの研究成果も合わせられてスーパービジョンについての集約を成されてこられました。また取出氏は所属法人におけるソーシャルワーカー全体のスーパーバイザーとして活躍され、新潟でもその名が知られています。

　一方の私はと言えば、スーパービジョン実践やその紹介を図る研修活動にこそ熱心に取り組んできたものの、それらの集約や検証は置き去りにしてきた状態でもありました。そのような状況を受けて、奥川氏が2年ほど前に本書への取り組みを改めて企画

し、私に執筆を促してくださいました。私にとっては、卒業論文を提出するように指導されたような状況であり、緊張感を持ちながら執筆作業に取り組んできました。

　このような経緯から、本書の内容は私自身の取り組みを素材にしながら、OGSVモデルによるスーパービジョンの集約を試みたものであって、OGSVモデルの全体を集約したものでも標準化されたものでもありません。それでも、奥川氏に出会って師事し30年以上にも及ぶ私自身の取り組みの内容が、同様にスーパービジョン実践に取り組んでおられる多くの方々の参考になるのであれば、奥川氏へのささやかな恩返しになるのだろうと感じております。そして何より、このような形で本書をまとめることができたのは、奥川氏や松下氏はじめ多くの方々のご理解とご支援のお陰でしかありません。

　この場を借りて、それらすべての皆様に感謝の気持ちをもって、心よりお礼を申し上げます。これまで本当にありがとうございました。そして、引き続きご指導ならびにご指南をいただきますよう、お願い申し上げます。

　　　　　　　　　　　　　　　　　　　　　　　　河野聖夫

奥川　幸子（おくがわ　さちこ）
対人援助職トレーナー

略歴
- 1972年3月　東京学芸大学聾教育科卒業
- 1972年4月より東京都養育院附属病院（現・東京都老人医療センター）で24年間、老人医療の場で医療ソーシャルワーカーとして勤務
- 金沢大学医療技術短期大学部および立教大学社会学部の非常勤講師として教鞭もとる
- 作家の遠藤周作氏が提唱した「病院ボランティア―患者の話を聴く―」の組織化を手伝い、研修を担当
- 1984年からグループスーパーヴィジョンを始め、毎月1回「奥川グループスーパーヴィジョン」として仲間同士が互いに支えあい高めあうグループに発展した
- 同時期より時間が許す範囲で、個人スーパーヴィジョンも引き受けてきた
- 1997年より、さまざまな対人援助職に対するスーパーヴィジョン（個人とグループ対象）と研修会の講師（講義と演習）を中心に活動
- その他、日本社会事業大学専門職大学院客員教授、国際医療福祉大学大学院乃木坂スクール講師、学習院大学社会学部非常勤講師、小平市及び東大和市ケアプラン指導員などを歴任

著書等
未知との遭遇〜癒しとしての面接　三輪書店　単著　1997
身体知と言語　中央法規出版　単著　2007
ビデオ・面接への招待〜核心をはずさない相談援助面接の技法　奥川幸子＆渡部律子監修　中央法規出版　2002
「いま、実践家に必要とされているスーパーヴィジョン〜臨床実践の自己検証と絵解き作業ができるように援助すること」社会福祉研究　第77号　など

河野　聖夫（こうの　せいお）
新潟医療福祉大学　社会福祉学部社会福祉学科　准教授

専門分野
ソーシャルワーク、医療ソーシャルワーク、対人援助スーパービジョン

略歴
- 大正大学大学院文学研究科修士課程社会福祉学専攻修了（修士）2001年3月
- 甲府市立甲府病院　医療相談室（医療ケースワーカー）1986年4月入職
  加納岩総合病院 医療福祉相談課（課長　医療ソーシャルワーカー）
  健康科学大学健康科学部福祉心理学科を経て2009年4月より現職
- 加納岩総合病院 医療福祉相談課（スーパーバイザー）
- 特定非営利活動法人ろっきーず（長野県）　顧問・講師
- 小布施町（長野県）相談援助職アドバイザー
- 新潟市民病院院内教育講師（スーパーバイザー）
- 新潟県医療ソーシャルワーカー協会研修アドバイザー　ほか（2018年4月現在）
  1986年4月より奥川幸子氏によるスーパービジョンを継続的に受け、1992年ごろより実践者を対象としたスーパービジョン活動にも私的に取り組み始める。現在は、対人援助職者の技術向上を目的とするスキルアップトレーニングへの支援活動や、医療ソーシャルワーカーや介護支援専門員、在宅介護支援センターや福祉施設の職員を対象にスーパービジョンを実施している。それらの活動を通じて、現任者訓練の方法としての「スーパービジョン実践」について、他の研究者や現場実践者とともに習得プログラムの開発・検討も進めている。

著書等
現代社会福祉概論　学文社　川池智子、田畑洋一ほか編著　共著　2001
OGSV －グループスーパービジョン実践モデル　OGSV 研修企画　奥川幸子監修　共著　2001
ソーシャルワーク実践の基礎理論　有斐閣　高橋重宏、渡部律子ほか編著　共著　2002
創ること　護ること　探ること…福祉社会を拓く途　へるす出版　大正大学社会福祉学会記念誌編集委員会編　共著2004
新版社会福祉援助技術　建帛社　佐藤豊道編著　共著　2004
わが国におけるソーシャルワーク実践の展開　川島書店　伊藤冨士江編著　共著　2008
社会福祉の可能性　相川書房　新潟医療福祉大学社会福祉学部編　共著　2011
OGSV モデルによるスーパービジョン実践の基礎～臨床像への理解　入門編～　特定非営利活動法人ろっきーず編　単著（テキスト版）2018

スーパービジョンへの招待
「OGSV（奥川グループスーパービジョン）モデル」の考え方と実践

2018年10月20日　初版発行
2025年4月20日　初版第2刷発行

監　修　者　　奥川幸子
著　　　者　　河野聖夫
発　行　者　　荘村明彦
発　行　所　　中央法規出版株式会社
　　　　　　　〒110-0016　東京都台東区台東3-29-1　中央法規ビル
　　　　　　　TEL 03（6387）3196
　　　　　　　https://www.chuohoki.co.jp/

印刷・製本　　新津印刷株式会社
カバーデザイン　渡邊民人（TYPEFACE）
本文デザイン　清水真理子（TYPEFACE）

ISBN 978-4-8058-5776-2

定価はカバーに表示してあります。落丁本・乱丁本はお取り替えいたします。
本書のコピー，スキャン，デジタル化等の無断複製は，著作権法上での例外を除き禁じられています。また，本書を代行業者等の第三者に依頼してコピー，スキャン，デジタル化することは，たとえ個人や家庭内での利用であっても著作権法違反です。
本書の内容に関するご質問については，下記URLから「お問い合わせフォーム」にご入力いただきますようお願いいたします。
https://www.chuohoki.co.jp/site/pages/contact.aspx